# 검은, 그러나 어둡지 않은 아프리카

프랑스어권 흑아프리카의 이해

서울대학교 불어문화권연구총서 ― 02

# 검은,
# 그러나
# 어둡지 않은
# 아프리카

## 프랑스어권
## 흑아프리카의 이해

이영목·오은하·노서경·이규현·심재중·강초롱·김태희·심지영

사회평론

# 정체성(들)에 관한 질문

2013년 9월 외교부가 발표한 보도자료(2013년 9월 13일 외교부 보도자료 13-610호)에 따르면, '떠오르는 대륙, 아프리카가 부른다'라는 주제로 열린 세미나에서 윤병세 외교부 장관은 "박근혜 정부의 아프리카 중시 정책을 설명하고, 한국과 아프리카의 협력관계를 한 단계 격상하기 위한 제반 여건이 성숙되고 있는 시점에서 우리의 대아프리카 외교가 질적으로 도약을 이룰 때가 되었다고 강조"했다고 한다. 이어서 윤 장관은 "아프리카에 대한 세계의 시각이 '절망의 대륙'에서 '희망의 대륙'으로 바뀌는 전환기적 상황이라고 진단하고 이러한 추세에 발맞추어 우리 정부도 블루오션으로서의 아프리카를 '자원개발의 보고'가 아닌 '새로운 시장'으로, 기존의 원조 개념에서 교역 중시로, 사고의 전환을 이룸으로써 아프리카와의 새로운 상생의 파트너십을 만들어나갈 방침"임을 밝혔다고 한다.

고무적이라고 평가하고 싶은 정부의 이러한 입장 표명, 그리고 최근에 쏟아져 나오는 아프리카에 관한 수많은 책들이 증명하듯이 아프리카는 더 이상 '미지의 대륙'이 아니다. 그렇게 말하는 사람은 자신의 지적 태만을 드러낼 뿐이다. 그러나 아프리카에 대한 우리 사회의 지식이 충분한 수준에 이른 것도 당연히 아니다. 정부의 표현을 차용하면, 아프리카에 대한 우리의 지식은 "한 단계 격상하기 위한 제반 여건이 성숙되고 있는 전환기적 상황"이다. 이 책을 펴내는 목적은 아프리카에 대한 지식의 '질적인 도약'에 조금이나마 기여하는 것이며, 아프리카에 대한 우리 사회의 관심에 문제를 제기하는 것이다.

이 책은 아프리카에 대한 관심에서 몇 가지 특징을 갖는다.

첫째, 아프리카를 하나의 단일한 대상으로 바라보는 관점을 넘어설 필요성을 강조한다. 아프리카 대륙의 여러 국가들이 가지고 있는 공통성과 보편성이 분명히 존재한다. 그러나 그 보편성은 때로는 매우 피상적이다. 50여 개가 넘는 아프리카 대륙의 여러 국가를 하나로 묶는 것은 아라비아 반도의 어느 국가와 우리나라를 아시아라는 하나의 개념으로 묶는 것만큼이나 자의적이고 대상의 실체를 이해하는 데 비효율적일 수 있다. 그러나 개별 연구가 절대적으로 부족하다는 현실과는 별도로 대상을 실제적인 보편성하에서 파악할 필요도 분명히 존재한다. 오늘날 아프리카의 몇몇 특징은 유럽 제국주의라는 세계사의 한 단계에 의해 규정되었다는 점, 그리고 그 제국주의에서 프랑스가 영국 못지않은 큰 역할을 담당했다는 점은 부정할 수 없다. 이러한 과거는 프랑스어권 아프리카라는 개념으로 아프리카의 많은 나라들을 한데 묶을 수 있게 해준다. 그러나 다른 한편으로 마그레브 지역이라 부르는 북아프리카 국가들과 사하라 이남의 아프리카 국가들 사이에서는 커다란 역사적·문화적 차이가 존재한다. 바로 이러한 이유 때문에 이 책의 연구 대상은 프랑스어권 흑아프리카로 한정된다.

둘째, 이 책은 프랑스어권 흑아프리카 지역이 보여주는 능동성에 주목한다. 필자 가운데 한 사람이 지적했듯이 "침략에 의해 강요된 언어적 정체성에 따라 지역에 이름을 붙이는 것은 여전히 지속되는 식민주의의 흔적이라는 비판을 받을 만도 하다." 그러나 이미 '네그리튀드' 운동이 증명했듯이, 프랑스어권 아프리카는 프랑스어뿐만 아니라 정치, 경제 등 여러 분야에서 식민지의 유산을 능동적으로 자기 것으로 만들고 자신의 필요에 따라 발전시키는 창의성을 발휘해왔다. 물론 프랑스어권 아프리카의 현실을 장밋빛으로 볼 수만은 없다. 하지만 프랑스어권 아프리카 사회가 가진 역동성과 그 역동성의 발현을 제한하는 여러 굴레들을 함께 파악하는 것은 현실주의의 탈을 쓴 냉소적인 비관주의와 상업성 광고로 변하기 쉬운 근거 없는 낙관주의 사이에서 균형을 유지할 수 있게 해줄 것이다.

셋째, 이 책은 무엇보다도 이 지역이 보여주는 문화의 풍요로움을 강조한다. 아프리카를 '자원의 보고'로 한정지으려는 태도에 어떤 식민주의적, 제국주의적, 또는 신자본주의의 팽창주의적 이데올로기가 감추어져 있지 않은지 자문해볼 필요가 있다. 그렇지 않더라도 이러한 태도는 인류 전체의 문화에서 중요한 한 부분에 눈을 감는 일이다. 아프리카의 문화 예술은 '원시 예술'로서의 '민속학적 가치'에 환원되기에는 너무나도 크고 풍부하다. 이러한 언명이 단지 수사에 불과한 것이 아니라는 점은 구전 문학, 현대 문학, 영화, 미술에 관한 필자들의 글이 증명해줄 것이다.

문명국가라고 자처하는 식민종주국이 강요한 기나긴 굴종과 예속의 나날들, 싸워서 얻어냈다기보다는 어느 날 갑자기 주어진 독립, 오랫동안 나라를 분열시킨 내전, 국제화된 자본시장의 맥락에서 허덕이는 경제, 포스트콜로니얼 시대에도 계속되는 민족적·문화적 정체성의 힘든 모색. …… 이러한 것들은 프랑스어권 아프리카 여러 국가들의 현실이기도 하지만, 냉정하게 따져보면 G20을 자처하는 우리의 현실이기도 하다. 프랑스어권 흑아프리카의 사회와 문화를 연구하는 것은 결국 우리 자신의 정체성에 관한 질문의 일환이기도 한 것이다. 이처럼 어쩌면 서로에게 전혀 무관하다고 생각되는 지역에 사는 사람들이 각자 그들의 과거를 극복하고 발전시켜나가면서 얻는 지혜를 공유하는 것이야말로 진정한 '상생의 파트너십'이 아닐까? 프랑스어권 흑아프리카의 사회와 문화를 연구하는 것은 우리 자신을 연구하고 인류 문화의 다양성을 그 근본적인 통일성 속에서 파악하는 또다른 방법이다.

2014년 2월
필자들을 대표해
이영목 씀

# 차 례

# 원칙과 현실

프 랑 스 의   흑 아 프 리 카   식 민 화   과 정     이영목

## 1. 서론: 원칙과 현실 또는 명분과 실제

아프리카 대륙의 사하라 사막 이남에 위치한 여러 국가들 가운데 프랑스어를 주로 사용하는 나라들을 프랑스어권 흑아프리카라고 통칭한다. 프랑스어권 흑아프리카는 19세기 후반에 시작된 제국주의 열강에 의한 세계 분할 점령의 산물이다. 이는 서구 자본주의의 세계 지배가 가지는 보편적 성격을 프랑스어권 아프리카가 공유하고 있음을 의미한다. 다른 한편 프랑스어권 흑아프리카는 주로 프랑스에 의해 식민화된 아프리카 지역이다. 이는 이 지역이 영어권 아프리카 또는 서인도 제도의 프랑스 식민지와는 다른 특수성을 노정하고 있다는 의미이다. 이 글의 첫 번째 목적은 프랑스에 의한 흑아프리카 지역의 식민화 과정을 이러한 보편성과 특수성의 관점에서 복합적으로 조명하는 데 있다.

프랑스의 아프리카 진출, 식민 제국의 형성과 그 결과, 해방과 독립에 이르는 길고 복잡한 역사적 과정을 제대로 서술하기에는 능력과 주어진 지면은 너무나 부족하다. 따라서 이 글에서는 프랑스어권 흑아프리카의 식민화 과정의 여러 구체적 현상보다는 그 과정을 통해 두드러지게 드러나는 이중성에 초점을 맞추려 한다. 프랑스가 아프리카로 식민지를 확장하면서 내세운 원칙 또는 대의명분과 실제에서의 부분적인 실현 및 왜곡이 바로 그것이다.

식민주의가 절정기에 이르렀던 20세기 초반, 프랑스 제3공화국의 역사교과서를 대표하는 라비스(Ernest Lavisse)의 『프랑스사, 중등 과정(Histoire de France: Cours moyens)』(1930년판)은 프랑스 식민지의 역할을 다음과 같이 설명한다.

식민지는 프랑스의 교역과 산업에 매우 유용하다. 우리는 식민지에 우리의 생산물을 많이 팔며, 이는 국가의 부를 증가시킨다. 우리는 또한 거기서 우리가 필요로 하는 산물들을 많이 사온다.

그러나 프랑스와 같은 고귀한 국가가 돈벌이만 생각하는 것은 아니다. 인도차이나에서 프랑스는 중국에서 온 강도들의 행패에 종지부를 찍었다. 북아프리카에서는 프랑스에 복속된 민족들이 서로 싸우는 것을 막았다. 서부 아프리카에서는 노예제도를 폐지하고 약탈과 학살을 자행하던 작은 폭군들의 잔혹행위를 끝냈다.

어디에서나 프랑스는 주민들에게 노동을 가르친다. 프랑스는 도로, 철도, 전보선을 건설한다. 프랑스는 식민지에 학교를 건설했다. 프랑스는 그 신민들을 교육하고 그들을 문명화하는 데 노력하고 있으며 앞으로도 더욱더 노력할 것이다.

식민지가 프랑스에 가져오는 경제적 이익을 부정하지는 않지만, 프랑스는 그러한 세속적 이익에 만족하지 않는다는 것이다. 프랑스의 식민지 건설은 인권과 평화의 확립, 그리고 무엇보다도 문명화라는 '고귀한' 사명을 위한 행위라고 말하고 있다.

이러한 이상 또는 대의명분이 프랑스의 아프리카 식민화 과정에서 구체화되는 방식을 살펴봄으로써 원칙과 현실이 때로는 일치되기도 하며 모순되는 두 차원에서 프랑스의 흑아프리카 식민화 과정을 파악하고, 이를 통해 현상의 복합적 조명이라는 이 글의 목표에 더 효과적으로 접근할 수 있으리라고 기대한다.


## 2. 프랑스 식민 제국의 형성

### 1) 전초전: 탐사

유럽의 식민지 진출은 16세기 말 '지리상의 발견'과 함께 시작된다. 이 발견은 주지하다시피 남·북 아메리카 대륙의 식민지화로 귀결된다. 그런데 19세기로 접어들면서 아메리카 대륙에 위치한 국가 대부분은 유럽의 식민 종주국으로부터 독립하게 된다. 이를 계기로 유럽 열강들은 지구의 다른 지역, 즉 아시아와 아프리카로 눈을 돌린다. 유럽 세력의 아프리카 대륙 진출은 19세기 중엽까지 대체로 해안에 위치한 '상관(商館)'—말 그대로 '계산대' 또는 '카운터(comptoirs)'—로 국한된다[지도 1 참조]. 세네갈의 생루이(Saint-Louis)와 고레(Gorée)가 대표적인 프랑스 상관이었다. 19세기 초까지 아프리카에서 유럽의 주된 수입원이었던 노예무역은 유럽에서 적어도 공식적으로 금지되었다. 노예무역을 대체할 수입원의 확보,

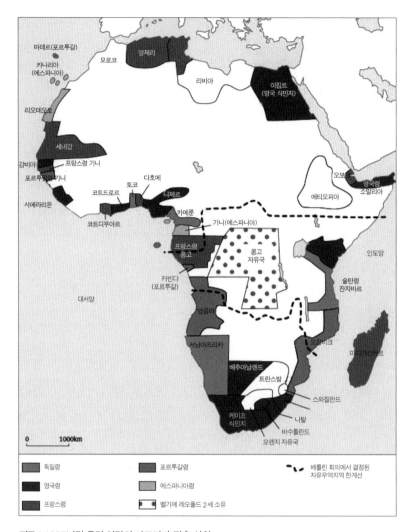

**지도 1** 1885년경 유럽 열강의 아프리카 진출 상황

마데르(포르투갈)

카나리아
(에스파니아)

리오데오로

세네갈

감비아

프랑스령 기니

포르투갈령 기니

시에라리온

코트드르르

토고

다호메

니제르

카메룬

코트디부아르

프랑스령
콩고

카빈다
(포르투갈)

대서양

서남아프리카

앙골라

모로코

알제리

리비아

이집트
(영국 식민지)

기니(에스파니아)

콩고
자유국

오브

에티오피아

영국령
소말리아

술탄령
잔지바르

인도양

모잠비크

마다가스카르

베추아날랜드

트란스발

스와질란드

케이프
식민지

나탈

바수톨란드

오렌지 자유국

0    1000km

독일령

영국령

프랑스령

포르투갈령

에스파니아령

벨기에 레오폴드 2세 소유

베를린 회의에서 결정된
자유무역지역 한계선

유럽의 생산력 증대로 인한 새로운 시장 개척의 필요성 등은 아프리카 대륙, 특히 미지의 땅으로 남아 있던 내륙 지역에 대한 새로운 관심을 불러일으켰다. 풍토병, 교통이 불가능한 험난한 지형 등 여러 가지 자연 조건이 유럽인의 내륙 진출을 방해했다. 따라서 유럽의 아프리카 진출은 먼저 지리적·학술적 탐사의 형태로 시작되었다.

1842년에서 1845년까지 세네갈 총독이었던 부에–위요메(Édouard Bouët-Willaumez)의 지휘 아래 진행된 작업들은 프랑스의 초기 아프리카 탐험 및 식민지 확장의 전형적인 모습을 보여준다. 그가 라프넬(Anne Raffenel)에게 책임을 맡긴 탐험대(1842~1843)는 해군성의 명령을 받아 세네갈에서 니제르 강으로 이어지는 수로를 개척하는 것이 주 임무였다. 이는 니제르 강 상류 유역으로 시장을 개척하려는 생루이와 고레의 유럽 상인들의 이익을 대변하는 것이었다. 또한 이 원정대는 과학 아카데미의 도움을 받아 천문학, 기상학, 식물학, 인종, 제도, 역사적 전통 등 다양한 학술 탐험을 진행했다.

초기의 탐사와 원정에서 종교적 동기도 중요한 역할을 차지했다. 개신교의 선교사들은 영국 정부의 대폭적인 지원을 받았다. 1970년대까지만 해도 우리나라에서 출판되던 위인전에 거의 빠지지 않고 등장한 리빙스턴(David Livingstone)은 그 대표적 사례이다. 정교분리(laïcité) 원칙을 내세우던 프랑스 제3공화국도 가톨릭 선교단체가 통제하던 몇몇 지역의 지배권을 확보하기 위해 선교단체들에게 재정 지원을 아끼지 않았다. 일반적으로 식민지에서 활동하던 프랑스 선교사들과 프랑스 당국의 대표자들의 관계는 적대적이지 않았다. 그들은 모두 '문명화'라는 대의에 서로 공감하며 동참하고 있다고 생각했다.

유럽의 여러 학회는 아프리카 식민화에서 중요한 역할을 담당했다.

런던에 있는 왕립 지리학회가 파견한 버턴(Richard Francis Burton)의 원정대는 1858년 탕가니카 호수를 발견했다. 그는 당시 관습(예를 들어 나일 강 상류의 빅토리아 호수는 영국 여왕의 이름을 딴 것이다)과는 달리 이 호수에 아프리카식 이름을 남긴 일은 주목할 만하다. 바로 그 탕가니카 호수 근처에서 스탠리(Henry Stanley)가 리빙스턴을 만난 일은 유럽의 아프리카 식민화를 대표하는 유명한 일화이다. 스탠리는 벨기에 왕립 지리학회의 지원을 받아 중앙아프리카 지역을 탐험했다. 이 탐사는 콩고독립국가(État indépendant du Congo, 1885~1908) 건설의 토대를 놓았다. 콩고독립국가(1908년 이후 벨기에령 콩고, 1960년 이후 콩고민주공화국)는 아프리카의 다른 지역들과는 달리 벨기에 국왕 레오폴드 2세의 개인 소유로 가혹한 수탈과 폭정의 대상이 되었다. 파리에 있는 지리학회는 스탠리와, 뒤에서 보게 될 피에르 사보르냥 드 브라자(Pierre Savorgnan de Brazza)의 원정대를 지원했다.

끝으로, 아프리카 대륙 식민화의 초기부터 탐사는 아랍 상인들에 의해 여전히 자행되던 노예무역을 근절하려는 십자군 운동이자, 흡혈귀처럼 묘사되던 작은 왕국들의 잔혹한 독재자들을 대항한 투쟁, 그리고 무엇보다도 문명화라는 임무를 실현하는 원정으로 간주되었다. 이처럼 초기의 탐사에는 학술적 목적, 상업적 이익, 종교적 동기, 인권의 확립과 문명화라는 대의명분이 복합적으로 뒤섞여 있다. 이러한 복합성은 본격적인 식민지 건설의 단계에서도 계속 확인된다.

## 2) '아프리카 쟁탈전'과 프랑스 식민 제국

1880년대에 들어 유럽 열강은 '아프리카 쟁탈전(scramble for Africa)'에 돌입한다. 이 용어는 1880년에서 제1차 세계대전 사이에 아프리카 대류의 거의 전체를 유럽 열강이 차지한 것을 의미한다(지도 2 참조) 프랑스어로 이 용어는 'course au clocher'라고 표현되는데, 그저 목적지인 '종탑(clocher)'만 바라보고 그곳에 가장 먼저 도착하기 위해 모든 장애를 무릅쓰고 앞으로 내달린다는 뜻이다. 이 표현은 아프리카의 분할 점령이 얼마나 빠르게 그리고 얼마나 수단 방법을 가리지 않고 진행되었는지 짐작케 한다.

　아프리카 대륙 전체를 놓고 보면, 프랑스는 유럽의 다른 나라들에 비해 유리한 위치를 선점하고 있었다. 1830년 알제 상륙으로 시작된 프랑스의 알제리 정복은 1847년 아브델카데르(Abd el-Kader)의 항복을 거쳐 1848년 알제리 합병으로 대체로 완성된다. 북쪽으로는 마그레브 지역을 장악하고, 서쪽의 세네갈과 중부 해안의 기니 만에 전초기지를 확보한 프랑스로서는 이 세 지역을 연결하는 동서 교통로 및 남북 교통로를 개척하는 것이 당연한 과제였다.

　그러나 프랑스의 식민지 확장 정책은 다른 열강들의 확장 정책과 충돌을 빚는다. 1880년대 초 벨기에를 위해 일하던 영국 탐험가 스탠리, 그리고 브라자가 이끄는 프랑스인이 콩고 강 하구 양안의 여러 영토를 장악했다. 그런데 그 지역에 대해서 포르투갈 역시 권리를 주장하고 있었다. 포르투갈은 벨기에와 프랑스의 야심을 가로막기 위해 영국과 독일에 지원을 요청한다. 이를 계기로 독일의 재상 비스마르크는 아프리카 문제를 정리하기 위해 1884년 11월에서 1885년 2월에 걸쳐 대규모 국제회의를 베를린에서 개최한다. 포르투갈, 벨기에, 독일, 오스트리아헝가리 제국, 스페인, 이탈리아, 네덜란드, 프랑스, 영국 등이 참여한 이 회담 결과는 베를린 조약으로 정리·발표된다. 여기서도 아프리카 진출이 가진 문명화라는 이상이 전면에 부각되지만(제6조), 회담의 주목적은 유럽 열강이 동일한

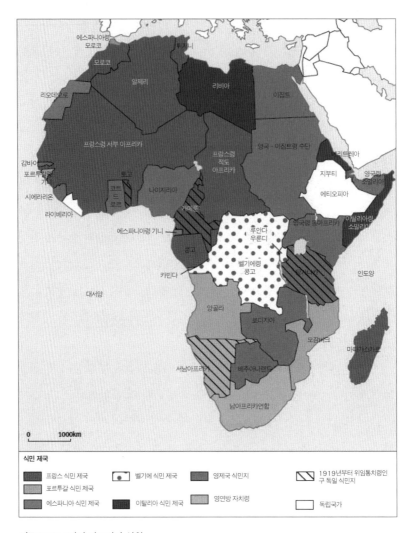

에스파니아령
모로코

튀니지

모로코

알제리

리비아

이집트

리오데오로

프랑스령 서부 아프리카

프랑스령
적도
아프리카

영국·이집트령 수단

에리트레아

감비아

포르투갈령
기니

토고

코트
드
부아르

나이지리아

지부티

영국령
소말리아

시에라리온

커메룬

에티오피아

라이베리아

에스파니아령 기니

콩고

카빈다

루안다
우룬디

벨기에령
콩고

영국령 동아프리카

이탈리아령
소말리아

탕가니카

인도양

대서양

앙골라

로디지아

모잠비크

마다가스카르

서남아프리카

베추아나랜드

남아프리카연합

0    1000km

**식민 제국**

| | | | |
|---|---|---|---|
| 프랑스 식민 제국 | 벨기에 식민 제국 | 영제국 식민지 | 1919년부터 위임통치령인 구 독일 식민지 |
| 포르투갈 식민 제국 | | | |
| 에스파니아 식민 제국 | 이탈리아 식민 제국 | 영연방 자치령 | 독립국가 |

**지도 2** 1914년의 아프리카 상황

영토의 관할권을 동시에 주장하는 것을 막음으로써 열강 사이의 직접적
인 충돌을 피하는 데 있었다(제34조).

　　제국주의의 세계 분할이 완료되는 1914년 무렵 프랑스 식민 제국
은 그 넓이로 세계에서 2위를 차지한다. 그리고 프랑스 본토의 15배에 달
하는 그 영토는 대체로 아프리카에 퍼져 있다. 마그레브 지역과 마다가
스카르, 다카르가 수도인 프랑스령 적도 아프리카(Afrique Équatoriale
française: AEF)와 브라자빌이 수도인 프랑스령 서부 아프리카(Afrique
Occidentale Française: AOF)가 그것이다.

　　세네갈 해안에서 시작된 프랑스의 식민지 개척은 AOF으로 마무리된
다(**지도 2 참조**) AOF는 모리타니, 세네갈, 프랑스령 수단(오늘날의 말리), 기
니, 코트디부아르, 니제르, 오트볼타(부르키나파소), 다호메(베냉) 등 8개
의 프랑스 영토의 연합이다. 1895년 6월 16일 세네갈, 프랑스령 수단, 기

니, 코트디부아르의 연합으로 창설된 AOF는 1904년 완전한 형태를 갖추었으며, 총독은 초기에는 세네갈의 생루이에, 1902년부터는 다카르에 주재했다. AOF는 1958년 9월 제5공화국의 헌정체제를 결정하는 국민투표의 결과로 '프랑스 공동체(Communauté française)'가 만들어지면서 해체된다. 그 투표에서 '프랑스 공동체'의 회원국(프랑스의 식민 지배를 받던 국가들)은 자치공화국이 되는 안, 즉 형식적인 독립을 획득하는 동시에 일정 정도 프랑스의 영향력 아래 남아 있는 안을 선택했지만 기니는 예외적으로 완전한 독립을 선택했다. 코트디부아르, 니제르, 오트볼타, 다호메는 사헬-베냉 연합(Union Sahél-Bénin)을 구성하지만 오래가지 못했다. 대부분이 사막 또는 준사막지대이지만 AOF는 카포베르데에서 사하라에 이르는 468만 9,000평방킬로미터에 달하는 넓은 면적을 차지했고, 인구는 초기에 1,000만 명에서 해체 직전 2,500만 명에 이르렀다.

AEF는 콩고 강에서 사하라 사막에 이르는 중앙아프리카의 프랑스 식민 영토들의 연합이다(지도 2 참조). 프랑스령 콩고를 계승하여 1910년 1월 15일 설립된 AEF는 가봉, 중부 콩고(현재 콩고공화국), 우방기-샤리(중앙아프리카 공화국), 차드의 네 영토를 포함하며, 총독부는 브라자빌에 설치되었다. 제2차 세계대전 당시 AEF는 1940년 8월에 이미 자유 프랑스군에 합류했고 아프리카에서 자유프랑스군의 활동에 핵심적 역할을 담당했다. AOF와 마찬가지로 1958년 국민투표의 결과로 해체되었다.

## 3. '문명화'라는 사명

### 1) 제3공화국과 식민주의

1880년대 프랑스 제3공화국에서 식민지 확장 정책을 적극적으로 추진한 사람들은, 오늘날의 관점에서 보면 모순적으로 보이겠지만 좌파로 분류될 수 있는 정치가들이었다. 당시 우파에 해당되는 정치 세력은 식민지 확장 정책에 반대 입장을 표명했다. 그러나 오해를 피하기 위해 먼저 말하자면, 우파 정치가들이 식민 정책에 반대한 것은 좌파보다 보편적 인권에 대해 더 진보적 생각을 가졌기 때문은 아니었다. 왕당파는 '민족의 생명력'이 식민지 정책 때문에 여러 방향으로 분산되는 것을 우려했고 민족주의 우파는 프로이센-프랑스 전쟁에서 씻지 못할 치욕을 안겨준 독일에 대한 복수가 가장 중요하고 시급한 임무라고 생각했다.

무상·의무·평등 교육의 원칙을 수립해 프랑스 국민 교육의 아버지로 일컬어지는, 그러나 다른 한편으로는 적극적인 식민 정책 때문에 '통킹놈(tonkinois)'이라는 별명을 얻은 쥘 페리(Jules Ferry)는 프랑스 공화파, 즉 당시 좌파 정치가들의 식민주의에 대한 생각을 대변한다고 할 수 있다. 1885년 7월 28일 프랑스 하원에서 행한 연설에서 페리는 식민지 확장 정책의 원칙, 동기, 다양한 이해관계를 몇 가지 논거로 요약·정리할 수 있다고 주장했다. 그가 제시하는 세 가지 주요 개념은 경제적 관점, 가장 넓은 의미에서의 문명의 관점, 정치적이고 애국적인 관점이다.

첫째, 경제적 이유란 '유럽의 산업화된 인구, 특히 부유하고 근면한 프랑스 국민이 점점 더 심각하게 느끼고 있는 필요, 즉 시장 개척의 필요'이다. 두 번째 이유는 식민지 정책의 '인도주의적·문명화적 차원'이다. 페리는 "여러분은 더 크고 더 진실 되게 말해야 한다. 우월한 인종들은 열등한 인종들에 대해 실제로 하나의 권리를 가지고 있다는 점을 공개적으로 말해야 한다. 되풀이 말하지만, 우월한 인종들에게는 권리가 있다. 그들에게 의무가 있기 때문이다. 그들은 열등한 인종들을 문명화할 의무가 있다." 세 번째로, 경제적 이유와 문명화의 의무 외에도 페리가 보기에 더욱 중요한 것은 식민지 정책이 가진 정치적 의의이다. 식민지 확장만이 프랑스에게 예전에 누렸던 영광스러운 지위, 프랑스의 '물질적·정신적·지적 위대성'을 보장한다는 것이다.

페리가 실제로 가장 큰 의의를 부여하는 식민 정책의 '정치적'·'애국적' 측면은 프로이센-프랑스 전쟁에서의 패배라는 프랑스의 특수한 역사적 경험에서 그 원인을 찾을 수 있다. 이미 1870년대 초반 레옹 강베타(Léon Gambetta)는 같은 논거에서 식민지 확장의 필요성을 강변했다. "프랑스가 세계에서 차지해야 마땅한 지위를 다시 찾으려면 자폐 상태에 머물러 있어서는 안 된다. 민족이 고난을 버텨내며 지속할 수 있는 것은 바로 확장, 외부에서의 영향력, 인류의 전체적 삶에서 차지하는 위치에 의해서이다. 이러한 삶이 멈추면 프랑스는 끝장이다."

## 2) 문명화의 의무

페리가 제시한 식민화의 세 가지 이유에서 가장 주목할 것은 '문명화의 의무'라는 개념이다. 프랑스뿐만 아니라 식민지 확장에 직·간접적으로 참여한 유럽 여러 나라와 서구 문명 전체, 그리고 동양의 일본 제국주의가 이 개념을 표방했다. 이미 살펴보았듯이, 식민지 쟁탈전에 최소한의 질서를 부여하기 위해 유럽 열강이 합의한 베를린 조약에서도 문명화라는 사명은 그들의 식민지 정책을 정당화하는 데 큰 역할을 한다.

인도에서 태어났고 『정글 북』의 저자로 잘 알려져 있으며, 1907년 노벨문학상을 수상한 영국의 문인 키플링(Rudyard Kipling)이 쓴 「백인의 짐(The White Man's Burden)」(1899)은 유럽 식민주의의 선전에 여러 형태로 변주되어 끊임없이 사용된 이 개념을 시로 형상화한 것이다. 식민화의 대상인 '미개인'은 완전한 인간이 아니다. 그들은 스스로 억제할 수 없는 충동에 사로잡혀 야만적 행위에 몸을 맡기는 '반은 악마, 반은 아이'이다. 진정한 의미의 인간, 성숙한 이성적 존재인 백인의 '짐' 또는 '책무'는 이러한 미개인에게 문명의 빛을 전파하고 그들의 정신적·물질적 삶을 개선하는 데 있다. 그러나 이 임무는 어느 정도 실패가 예견된 행위이다. 영원히 '어린아이'로 남아 있을 배은망덕한 미개인은 자신을 위한 백인의 희생과 그 결과인 문명의 전파에 끊임없이 불평을 늘어놓을 것이기 때문이다.

프랑스의 모든 좌파 정치인이 '문명화의 의무'라는 개념에 동의한 것은 아니다. 의회에서 클레망소(Georges Clemenceau)는 페리의 주장에 다음과 같이 반박했다.

우월한 인종이 열등한 인종에게 어떤 권리를 가지고 있다는 것, 그리고 그 권리가 특별한 변모를 통해 동시에 문명화의 의무가 된다는 것, 이것이 바로 페리 씨의 주장이다. 우리는 프랑스 정부가 열등한 인종들과 전쟁을 벌이고 그들을 강제로 문명의 이익에 눈을 뜨게 하면서 그 권리를 실행하는 것을 보고 있다. 우월한 인종! 열등한 인종! 참 쉽게 내뱉는 말이다. 하지만 프랑스인이 독일인보다 열등한 인종이기에 프로이센-프랑스 전쟁에서 패배할 수밖에 없었다는 점을 독일 학자들이 과학적으로 증명하는 것을 본 이후로 나는 그 말들을 그다지 믿지 않는다. 솔직히 말해서 그 이후로 나는 어떤 사람이나 문명에 대해 '열등 인간, 열등 인종'이

## 백인의 짐
# THE WHITE MAN'S BURDEN (1899)

키플링 Rudyard Kipling


백인의 짐을 져라.
너의 자식 중 가장 뛰어난 이를 멀리 보내라.
너의 아들들을 유배지로 보내라.
너의 포로들의 필요를 충족시키도록,
무거운 굴레를 진 채
유랑하는 야만적인 민족들의 시중을 들도록.
새롭게 정복한 너의 시무룩한 사람들은
반은 악마, 반은 아이.

백인의 짐을 져라.
평화를 위한 야만적인 전쟁.
굶주림의 입을 가득 채우고,
질병을 없애라.
그리고 너의 목표, 다른 이들을 위해 추구한
그 목표가 이루어질 때쯤이면
나태와 이교도의 광기가
너의 모든 희망을 무로 만들어버리는 것을 보라.

백인의 짐을 져라.
그리고 그 오랜 보상을 받으라.
그대들이 더 잘 살게 해주는 자들의 비난과,
그대들이 보호해주는 자들의 증오와,
그대들이 비위 맞춰주는 자들의 울부짖음을,
(아, 천천히!) 새벽이 오자, 그들은 외친다.
"어째서 당신은 우리를 속박으로부터 해방시켜,
우리의 사랑스런 이집트의 밤에서 데리고 나왔는
   가?"

Take up the White Man's burden—
    Send forth the best ye breed—
Go bind your sons to exile
    To serve your captives' need;
To wait in heavy harness,
    On fluttered folk and wild—
Your new-caught, sullen peoples,
    Half-devil and half-child.

Take up the White Man's burden—
    The savage wars of peace—
Fill full the mouth of Famine
    And bid the sickness cease;
And when your goal is nearest
    The end for others sought,
Watch Sloth and heathen Folly
    Bring all your hope to nought.

Take up the White Man's burden—
    And reap his old reward:
The blame of those ye better,
    The hate of those ye guard—
The cry of hosts ye humour
    (Ah, slowly!) toward the light:
"Why brought ye us from bondage,
    Our loved Egyptian night?"

길람(Victor Gillam), 〈백인의 짐(The White Man's Burden)〉(*Judge*, 1899).

라고 발언하기 전에 다시 한 번 더 생각하게 되었다. 열등한 인종이라고, 인도인들이! 시간의 기원으로 거슬러 올라가는 그 세련된 위대한 문명을 가진 그들이! 열등한 인종이라고, 중국인들이!……열등한 인간이라고, 공자가! 나는 여기 제시된 주장을 검토하고 싶은 생각도 없다. 그 주장은 법에 대한 힘의 우위를 선언하는 것에 지나지 않기 때문이다.

클레망소는 '프랑스 문명'을 세계에 전파하기보다는 프랑스 내부의 빈곤에 맞서 투쟁하고 사회적 권리의 향상을 위해 노력할 것을 권한다. 무엇보다도 클레망소의 발언은 프랑스 정치인이 모두 '문명화의 사명'이라는 이데올로기를 맹목적으로 받아들이지는 않았다는 사실을 증명한다.

# 4. 식민화와 폭력

## 1) 평화화

19세기 중엽에 진행된 알제리의 식민화 과정은, 8년간의 알제리 전쟁 (1954~1962)으로 대표되는 탈식민화 과정과 마찬가지로 매우 폭력적이었다. 그 폭력성을 대표하는 것이 바로 '평화화(pacification)'라는 단어이다.

식민화 과정에서 '평화화'는 말 그대로 점령 지역에 '평화를 복구' 하는 것을 의미한다. 그러나 실제로 '평화화'의 대부분은 상대방을 철저히 진압해 모든 저항의 기도를 말살하는 매우 폭력적인 과정이었다. 난폭하고 비인간적인 '평화화' 과정은 1840년대 뷔조(Thomas Robert Bugeaud) 장군의 지휘 아래 프랑스군이 알제리에서 자행한 '연기 공격 (enfumade)'이 상징적으로 보여준다. 이는 산악 지역의 동굴로 피신한 알제리 원주민 저항세력을 진압하기 위해 동굴 입구를 폭파하고 입구에 큰 불을 놓아 연기와 열기로 상대를 살상한 행위를 지칭한다.

이러한 사건들이 본국에 보고되자 진상조사위원회 위원들은 "우리는 우리가 문명화하려 한 야만인들보다 더 야만적이 되었다"고 한탄했다. 그러나 최근 프랑스의 일부 역사가들은 군인들의 이러한 행위를 일반화할 수 없다고 지적한다. 몇몇 학자에 따르면, 알제리에서 프랑스군 장교들은 그들의 권위주의적인 온정주의에도 불구하고, 아니 어쩌면 그것 때문에 1850년대에 그전 시기(1840년대 정복기)의 끔찍한 시련을 보상하고, 원주민 대중의 생활수준을 향상시키고, 이슬람 관습을 존중하는 사법체계를 조직하려고 헌신적으로 노력했다고 한다. 한편으로는 전투에서 보이는 과도한 잔혹성, 다른 한편으로는 식민자들의 탐욕에 맞서 원주민을 보호하려는 인도주의적 의지라는 군의 이중성은 알제리 전쟁까지 계속되었다. 이러한 이중성은 정도의 차이는 있지만 흑아프리카의 식민화 과정에서도 목격된다.

## 2) 노예들의 아버지, 피에르 사보르냥 드 브라자

브라자는 이탈리아 귀족 출신의 프랑스 해군장교이자 탐험가, 식민지 관료이다. 1874년 가봉에 배치된 그는 오구에 강을 거슬러 올라가 근원지까지 도달하는 등, 1870년대와 1880년대에 걸쳐 페리와 강베타의 지원을 받아 오늘날의 가봉과 콩고 브라자빌 지역에서 여러 차례 탐험대를 지휘

*Le Petit Journal,*
1905년 3월 19일

했다. 그가 정복한 지역은 장차 AEF의 토대가 되었다.

프랑스의 알제리 점령 이후 최대 규모의 저항인 '모크라니 항거(ré-volte des Mokrani)'에서 젊은 장교로서 프랑스 군의 탄압을 목격하고 그 잔혹성에 큰 충격을 받았던 브라자는, 서부 아프리카를 식민화한 페데르브(Louis Faidherbe) 등과는 달리 평화적인 방법을 선호했다. 그는 불가피한 '방어적 폭력'을 제외하고는 폭력에 의존하지 않았으며 원주민 지도자들에게 다른 원주민 세력이나 유럽 세력들로부터 보호해주겠다고 약속하고 조약을 체결하는 방식으로 새로운 지역들을 프랑스 제국에 편입시켰다.

또한 브라자는 당시 그 지역에서 자행되던 노예무역을 철저히 금지시키고 노예들을 해방시킴으로써 '노예들의 아버지'라는 명예로운 칭호를 얻었다. 지금 콩고 공화국의 수도인 브라자빌은 바로 그의 업적을 기념하기 위해 명명되었다. 2006년 콩고 공화국 정부의 주도로 브라자의 유해가 알제의 묘지에서 브라자빌로 이장되어 큰 기념식이 열렸다. 이는 아프리카에서의 프랑스 식민지 과거 청산에 대한 논쟁을 다시 한 번 불러일으키는 계기가 되었다.

### 3) 불레-샤누안 사건

1898년에 프랑스 군의 명예와 프랑스 식민 제국의 운명에 영향을 미치게 될 두 사건이 일어났다. 그해 1월 에밀 졸라가 《오로르(Aurore)》에 「나는 고발한다(J'accuse…!)」를 발표하면서 드레퓌스 사건은 새로운 국면을 맞았다. 여론은 무고한 시민을 무조건적으로 보호해야 한다는 의견과 군의 결정은 반드시 존중되어야 한다는 의견으로 갈렸다. 그해 9월 키치너(Herbert Kitchener)가 이끄는 탐험대가 파쇼다에 도착했다. 파쇼다는 수단의 전진기지로서 마르샹(Jean-Baptiste Marchand) 장군이 이끄는 프랑스 부대가 점령하고 있었다. 프랑스의 아프리카 횡단 정책과 영국의 종단 정책이 맞부딪치게 된 것이다. 두 지휘관은 무력 충돌을 피하고 각국의 외교부에 해결책을 물었다. 영국의 완강한 태도와 프랑스의 외교적 고립 때문에 프랑스 정부는 자국 군대의 철수를 명령함으로써 유럽을 전쟁으로 몰아넣을 뻔했던 위기가 해결되었다. 하지만 이를 계기로 아프리카를 동서로 관통하려는 프랑스 식민 제국의 꿈은 사라진 반면, 카이로와 희망봉을 연결하려는 대영제국의 꿈은 되살아난다.

식민 제국 확장을 위한 치열한 경쟁의 분위기에서 1898년 7월 식민성 장관 잉드레 르봉(André Lebon)은 중앙아프리카에 대한 원정을 실행하기로 결정했다. 니제르에서 출발한 원정대는 차드를 정복한 후 알제리에서 출발한 푸로-라미(Foureau-Lamy) 원정대 및 콩고 중부에서 출발한 장티(Émile Gentil) 원정대와 합류하여 AOF와 AEF를 연결시키는 목적을 띠고 있었다.

흑인 소총수 50명, 기병 20명, 부소총수 200명, 짐꾼 700명으로 구성되고 8명의 백인 장교 및 부사관이 지휘하는 원정대가 1899년 1월 출발했다. 촉망 받던 젊은 두 장교인 지휘관 불레(Paul Voulet)와 부관 샤누안(Julien Chanoine)의 이름을 따서 불레-샤누안 원정대라 부르는 이 부대는 처음부터 엄청난 폭력성을 보였다. 부대가 지나가는 곳마다 약탈, 강간, 살인, 방화가 자행되었다. 이 대부대의 식량 조달은 쉬운 일이 아니었고 그들에게 협조를 거부하는 마을은 잔혹한 약탈과 보복의 대상이 되었다. 그해 5월 현재 니제르에 위치한 도시 비르니 응코니(Birni N'Konni)의 대학살에서 그 폭력성은 절정에 달했다. 8,000명에서 10,000명가량의 주민이 살던 그 도시는 완전히 파괴되었다.

이미 이 사건 이전에 원정대의 과도한 폭력성이 정부에 보고되었다. 사령부는 이 '지옥의 부대'를 찾아내도록 톰북투에 있던 클롭(Arsène Klobb) 중령을 파견했다. 수개월에 걸친 2,000킬로미터가 넘은 추격 끝에 클롭은 불레-샤누안 부대에 접근할 수 있었고, 다가갈수록 더욱 끔찍한 장면들을 목격했다. 어린이를 포함한 희생자들의 시체가 나뭇가지에 마치 '검은 콩깍지처럼' 걸려 있었다고 한다. 1899년 7월 14일 다코리(Dakori)에서 두 부대가 조우했을 때 클롭은 불레와 샤누안에게 해임 명령을 전했다. 그러나 불레는 명령에 복종하기는커녕 부하들에게 발포 명령을 내려 클롭은 사망하고 부관 메니에(Octave Meynier)는 부상당했다. 스스로 계급장을 떼어버리면서 불레는 프랑스인이 아니라 흑인의 우두머리라고 말하며 부하들에게 자신과 함께 자신들만의 제국을 건설하자고 선언했다고 한다. 그러나 역설적이게도 불레의 흑인 소총수들이 불레와 샤누안을 각각 16일과 17일에 사살함으로써 법질서를 회복했다. 그들의 시체는 현지에 매장되었다고 전해진다. 하지만 그 후 그들의 무덤을 열었을 때 비어 있었다는 이야기도 전해진다.

마지못해 불레의 명령에 따랐던 조알랑(Paul Joalland)과 추격 부대의 부관 메니에가 이끄는 탐험대가 임무를 계속 수행했다. 조알랑-메니에 원정대는 마침내 1900년 1월 차드 호수에서 장티 원정대 및 푸로-라미 원정대와 성공적으로 합류했다. 차드 병합의 성공으로 불레의 휘하에 있던 조알랑을 비롯한 장교들은 군사재판을 면했다. 식민성이 주관한 조사는 1902년에 마무리되었으나 공개되지 않았고, 불레와 샤누안의 행위는 풍토병의 탓으로 돌려지고 곧 잊혔다.

## 5. 식민 지배의 실상

### 1) '동화' 정책과 교육

세계 최대의 식민 제국인 영국이 '연합(association)'의 원칙을 내세우는 반면, 제2의 식민 제국인 프랑스의 공식 원칙은 '동화(assimilation)'이다. '연합' 정책은 복속된 민족의 문화적 특수성을 인정하는데, 때에 따라 이 '문화적 특수성'이란 백인과 원주민 사이의 뛰어넘을 수 없는 인종적 차이를 의미한다. 반면 '동화' 정책에 따른 식민화는 식민지 주민을 본국 국민의 지위로 끌어올려 궁극적으로는 모든 권리를 가진 프랑스 시민으로 만드는 것을 목표로 삼는다. 도달하기에 매우 어려워 보이는 목표이지만, '동화' 정책이 만민 평등의 개념처럼 절대적 가치를 가진 원칙 위에 법 체제를 구축하려는 프랑스인의 신념에서 나왔다는 점은 인정해야 한다.

'동화'의 이상은 1848년에 이미 부분적으로나마 실현되기 시작했다. 세네갈의 자치도시인 생루이, 고레, 뤼피스크(Rufisque), 다카르 네 곳의 주민은 시민권과 선거권을 얻었고, 1848년에서 1852년까지 4년간 그리고 1871년부터는 계속 대표자를 선출해 파리의 국민의회에 파견했다. 식민 치하에서 세네갈 주민이 스스로를 사부아 주민이나 니스 주민보다 더 오래전부터 프랑스 국민이었다고 말할 수 있었던 이유가 바로 이것이다. 1914년에는 이 네 지역은 블레즈 디아뉴(Blaise Diagne)를 대표로 선출했다. 디아뉴는 프랑스 역사상 최초로 국민의회 의원으로 선출된 아프리카 출신 흑인(그 이전의 흑인 의원들은 카리브 해지역 출신이었다)이며, 1931년에서 1932년까지 피에르 라발 정부에서 식민성 차관을 역임했다. 그러나 다른 지역의 아프리카인은 모두 '프랑스 신민'이었고 '잠정적으로' 정치적 권리가 유보된 상태였다. 식민지에 거주하는 본토인들 역시 정치적 권리를 가지지 못했다. 그들은 의회에 대표자를 파견할 수 없었고 지역 의회도 존재하지 않았기 때문이다.

'동화'의 이상에 따라 식민지 주민이 완전한 권리를 가진 시민이 되기 위해서는 종주국의 언어를 습득하고 유럽의 생활 방식을 받아들여야 한다. 이는 교육, 특히 학교 교육을 통해서 가능하다. 아프리카를 비롯한 식민지에서의 프랑스 교육정책은 이중적 목표를 가지고 있었다.

첫 번째 목표는 일반 대중에게 새로운 시대에 적합한 기초적인 지식을 전파하는 것이었다. 모든 도시에서 교육이 확대되었다. 그러나 중등교육기관을 갖춘 유일한 나라였던 세네갈에서조차 1931년의 진학률은 10퍼센트에도 미치지 못했다. 선교사들이 초등교육에서 담당한 역할도 무시할 수 없다. 독일의 식민지였다가 베르사유 조약에 따라 프랑스가 관리하게 된 카메룬의 경우 1936년 선교사들이 운영하는 학교에 약 9만 2,000명의 학생이 있는 반면 비종교 학교의 학생수는 약 9,000명에 불과했다.

두 번째 목표는 공공기관 및 기업의 필요에 따라 행정, 상업, 교통, 산업에 필요한 중간계층을 양성하는 것이었다. 세네갈에는 생루이와 다카르의 고등학교 외에도 유명한 윌리암 퐁티 사범학교(École normale supérieure William Ponty)가 1903년에 설립되었다. 이 학교는 펠릭스 후푸에-부아니(Félix Houphouët-Boigny) 같은 서부 아프리카의 여러 정부 수반 및 정치가들을 비롯해 수많은 중간 관리자와 교사를 양성했다. 특별한 재능을 갖춘 몇몇 학생은 라민 귀예(Lamine Guèye), 레오폴 세다르 상고르처럼 프랑스에서 고등교육을 받기도 했다. 또한 '아프리카 의사' 자격증을 발급하는 의학 전문학교도 있었다. 실제로는 유럽인 가정의 하인에서 철도노동자, 부두노동자 등을 거쳐 하급 관료에 이르는 이 중간

계층의 역할은 식민 체제를 유지하는 것이었지만, 점차 자신의 능력과 유용성을 깨달은 이 '깨인 사람들'이 해방 운동의 주체가 된다.

## 2) 원주민법

'동화'라는 이상에도 불구하고 식민지 주민 대부분의 삶은 인종주의의 굴레에서 벗어나지 못했다. '원주민법(code de l'indigénat)'이 1865년부터 알제리에서 시행되었고 1887년 세네갈에 도입되었으며 곧이어 식민 제국 전체로 확대되었다. 이 법은 정치적 권리를 박탈하고 특수한 사법 체계에 종속시킴으로써 원주민을 열등한 사법적 지위 아래 두려는 것이다. 이 법에 따라 모든 프랑스인 관료는 '프랑스 당국의 대표자에 대한 불경', '세금 미납', '강제노동 불이행' 등의 명목으로 원주민 신민에게 15일 이하의 구금형과 벌금형을 부과할 수 있었다. 더구나 국가의 안전을 위협하는 것으로 의심되는 개인은 10년간 구금할 수 있는 특별 권리가 총독에게 주어졌다. 원주민은 이에 대해 사법 체계에 호소할 권리가 없었다.

이처럼 정상적인 사법권이 행정권을 제어할 수 없었기에 수많은 권력 남용이 자행되었다. 그러나 식민지에도 점차 사법 체계가 확립되고 식민 정책이 변화함에 따라 체제의 엄격함을 완화시키려는 여러 노력들이 있었다. 그러나 현실에서 폭력적인 억압 정책 외에는 기댈 곳이 없었던 행정 관료들은 계속 원주민법을 엄격하게 적용했다. 1930년대 초반의 세계 경제 위기 시기에 억압 정책은 최고조에 달한다. 프랑스 본토의 지식인과 아프리카의 '깨인 사람들'에 의해 심각한 비판을 받은 원주민법은 점차 효력을 잃다가 1946년에 폐기되었다.

## 6. 결론을 대신하여 : 한 식민주의자의 고백

1920~1924년간 프랑스 정부의 식민지성 장관을 지내고 여러 중책을 거쳐 1930년대에 짧지만 두 차례에 내각 수반을 맡은 알베르 사로(Albert Pierre Sarraut)는 1931년에 출간된『식민지의 영광과 예속(Grandeur et servitude coloniales)』에서 다음과 같은 질문을 던졌다.

> 도대체 나는 왜 여기 있는가? 여기 머무르며 주인의 자격으로 말할 권리가 내게 있는가? 나를 여기 있게 해준 정복 행위가 실은 내가 하는 모든 일에 원죄의 흠집을 남기는 약탈 행위가 아닌가? 프랑스 공화국의 시민, 정의의 선구자였던 나라의 아들, 1871년 자신에게 행해진 권리 침해에 대해 50년이나 항거했던 나라의 아들인 내가 여기서는 타인의 권리를 침해하는 세력의 도구가 아닌가? 내 조국의 이해관계가 아무리 성스러운 것이라 해도 보다 상위의 도덕이라는 관점에서 본다면 이 이해관계는 정당한 근거가 없다는 생각을 지울 수 있는가?

양심적인 고위 관료의 프랑스 식민정책에 대한, 인류의 보편적 가치에 기초한 통렬한 비판 또는 자아비판일까? 이 구절만 따로 떼어놓고 보면 그렇게 생각할 여지가 있지만, 성급한 판단이다. 사로는 식민 정책의 철저한 지지자이자 정책 입안자이고 수행자이며, 그의 글의 목적은 '보다 상위의 도덕이라는 관점'에서 식민주의를 정당화하는 데 있다. 그 최상의 가치는 '지구상에서 인류 전체가 보다 나은 삶을 누릴 권리'이다. '후진 적인 인종들'은 그들이 사는 땅의 가치를 제대로 끌어내지 못하므로 결국 나머지 인류에게서 부를 앗아가는 셈이다. 선진국은 후진 지역의 주민이 자신의 자원을 세계 시장에 내놓는 것을 도와야 한다. 식민화는 '인류 연대를 위한 업적'인 것이다.

현대 인문학이 이룬 성과들 덕택으로 한 개인의 선의가 때로는 인류의 보다 많은 구성원에게 악으로 작용할 수 있다는 사실을 잘 알게 되었다. 하지만 사로의 관점에서 자기기만과 허위의식만을 보려 한다면 그것도 성급한 일이다. 식민 정책의 지지자이자 수행자였지만 그는 기존의 식민지 정책 특히 '식민지 계약(pacte colonial)'의 폐지를 강력히 주장했고 인도주의적이고 자유주의적인 이상에 근거해 식민지 개혁안을 추진했으며 인도차이나 독립의 필요성을 일찍이 예견하고 설파했다.

현실적 이해관계에 대한 철저한 인식, 절대적·이상적 가치의 추구, 그리고 그 사이에서 느끼는 죄의식과 자아정당화의 노력, 이러한 이중성은 1880년대 아프리카 식민지 쟁탈전의 시작부터 1960년대 식민지 국가들의 독립, 그리고 어쩌면 프랑스어권 아프리카를 둘러싼 오늘날의 여러 쟁점에 이르기까지 프랑스의 아프리카에 대한 때로는 개인의, 때로는 사회 전체의 태도에 관통하고 있다.

## 참고 문헌

### 아프리카 역사 전체에 대한 개론서

다이크, 루츠 판, 2005, 『처음 읽는 아프리카의 역사』, 데니스 도에 타마클로에 그림, 안인희 옮김, 웅진 지식하우스.

아일리프, 존, 2002, 『아프리카의 역사』, 이한규·강인황 옮김, 가지않은길.

Iliffe, John, 1995/2007, *Africans: The History of a Continent*, Cambridge University Press.

―――, 1997/2009, *Les Africains: Histoire d'un continent*, trad. par Jean-Paul Mourlon, Flammarion, col. 〈Champs histoire〉.

### 식민화 과정

Jarry, Grégory (texte) et Otto T. (dessin), 2008-2011, *Petite histoire des colonies françaises*, 3 vol. (t. 1, L'Amérique française, t. 2, l'Empire, t. 3, La décolonisation), éditions FLBLB.

Stamm, Anne, 1998/2005, *L'Afrique de la colonisation à l'indépendance*, col. 〈Que sais-je?〉, PUF.

# '프랑스어권 아프리카'라는 이름

오은하

## 1. '프랑스어권' 흑아프리카

아프리카 대륙을 흔히 '영어권', '프랑스어권', '포르투갈어권' 등 구 식민 지배 국가를 기준으로 몇 개의 권역으로 나눈다. 침략에 의해 강요된 언어적 정체성에 따라 '영어권 아프리카', '프랑스어권 아프리카' 등으로 이 지역에 이름을 붙이는 것은 여전히 지속되는 식민주의의 흔적이라는 비판을 받을 만하다. '프랑스어권 흑아프리카 지역(Afrique noire fran-cophone)'에 접근하려는 시도 역시 편의주의적인 답습일지도 모른다. 이 지역의 주민은 스스로 원해서가 아니라 어느 날 프랑스가 자기 지역을 점령했기에 '프랑스령'이 되었고, 프랑스의 동화주의 정책에 의해 학교에서 프랑스어를 배우고 관공서에 가서 프랑스어를 써야 했다. 프랑스어라는 구 식민 지배 국가의 언어에 따라 지역을 선별해 관심을 갖는다는 것은

## 흑아프리카(Afrique noire, Black Africa)

아프리카는 대륙을 가로로 길게 가로지르는 사하라 사막을 사이에 두고 서로 다른 두 문화권으로 나뉜다. 프랑스어권 아프리카 지역 안에서도 이슬람권 문화에 속해 있고 아랍어를 공용어로 사용하는 북아프리카 지역(마그레브(Magreb))과 중서부 아프리카 지역은 여러 모로 구분된다.

우리는 북아프리카와 중부 이남 아프리카를 흔히 '아랍아프리카와 흑아프리카' 또는 '백아프리카와 흑아프리카'로 구분하여 부른다. '흑아프리카'(블랙아프리카)란 아랍민족과 베르베르족이 다수인 북아프리카 국가들에 비해 흑인 인구가 다수인 사하라 이남 지역을 지칭하는 이름이다. '흑아프리카'라는 명칭은 비록 거주민의 피부색을 기준으로 한 것이지만 비하의 의미나 다른 함의를 지니지 않은 중립적인 용어로 통용된다.

흑아프리카는 크게 사하라 아프리카 지역, 아프리카 대서양 지역, 기니 만 지역, 중앙 아프리카 지역 등으로 나뉜다. 프랑스어권 중서부 아프리카에 속한 국가들은 대략 다음과 같다.

- 사하라 아프리카 지역: 말리, 니제르, 차드, 부르키나파소
- 아프리카 대서양 지역: 세네갈, 기니, 코트디부아르, 기니비소, 케이프베르데
- 기니 만 지역: 베냉, 토고
- 중앙 아프리카 지역: 적도기니, 상투메 프린시페, 중앙아프리카공화국, 카메룬, 가봉, 콩고공화국, 콩고민주공화국, 르완다, 부룬디, 지부티

이 가운데 콩고민주공화국, 르완다, 부룬디는 벨기에의 식민지였고, 적도기니는 에스파냐의 식민지였지만 에스파냐어와 프랑스어 모두를 공용어로 한다. 기니비소 같은 지역은 공식 공용어는 포르투갈어이지만 '프랑스어권 국제기구'에 준회원으로 참여하고 있다.

석연치 않은 구석이 있다.

구 프랑스 식민지인들이 프랑스어라는 도구를 적극적으로 사용해 세계에 그들의 존재를 각인시켰다는 사실은 이 선택을 부분적으로 정당화해주는 듯 보인다. 그들은 네그리튀드(Négritude) 운동에서 보듯 프랑스어로 쓴 문학작품으로 아프리카의 정신을 떨쳤고, 지배자의 언어인 프랑스어로 해방의 당위성을 역설했다. 오늘날에도 많은 작가와 학자들은 프

랑스어로 쓴 글로 그들의 문화와 삶, 사상과 예술을 세계에 알리고 있다. 만약 이 지역 사람들이 고유어로 쓰이던 각 부족어 또는 민족어만 사용했다면 현실적으로 우리가 그들의 세계에 접근할 기회는 지금보다 훨씬 더 적었을 것이다. 우리가 관심을 갖는 중서부 아프리카의 프랑스어권 국가들이 스스로를 '프랑스어권(francophone)'으로 규정하는 데 적극적이라는 사실 또한 정당화를 돕는다. 사하라 이남의 구 프랑스 식민 국가들은 독립 이후에도 스스로를 '프랑스어권 아프리카'의 일부로 위치지우는 것을 거부하지 않았다. 이는 19세기부터 프랑스 식민지였던 알제리, 튀니지, 모로코 등 북아프리카 국가들이 많은 프랑스어 사용자에도 불구하고 프랑스어에 공용어 지위를 부여하지 않고 프랑스어권에 들어오기를 거부하거나 소극적인 태도를 보이는 것과 대조를 이룬다. 프랑스어를 대체할 공식어를 정하기가 힘들다는 현실적 이유에서건, 프랑스어권에 속하는 것이 발전에 도움이 될 것이라는 전략적 이유에서건, 사하라 이남 흑아프리카의 여러 국가들은 자발적으로 스스로를 '프랑스어권'으로 묶으려 했고, '프랑코포니 국제기구'의 창설에 앞장섰으며 지금도 가장 적극적으로 참가하고 있다. 그리고 이들 국가 대부분에서 프랑스어는 단일 또는 공동 공식어로 지정되어 있다.

우리는 이들의 태도에서 역사적으로 형성된 '프랑스어권'이라는 문화적·언어적 동질성이 존재한다는 결론을 내려야 할까? 아니면 아프리카 문화를 말살시키는 또 다른 식민주의 증거를 찾아야 할까? 이 지역에서는 프랑스어의 영향력을 유지하고 이를 통해 국제사회에서 자리를 찾으려는 노력과 공식어 지위를 차지하는 프랑스어에 대한 문제제기의 목소리가 대립하고 있다. 두 가지 주장의 토대가 되는 논리가 무엇인지, 그 논리가 정당한지 그리고 어떤 효과를 불러일으키는지를 살펴보기 위해 우

프랑스어의 공식어 사용 현황

| 프랑스어가 공식어인 국가 | 프랑스어를 공동 공식어로 채택한 국가 |
| --- | --- |
| 베냉 | 부룬디(프랑스어, 키툰디어) |
| 부르키나파소 | 카메룬(프랑스어, 영어) |
| 중앙아프리카공화국 | 콩고민주공화국(프랑스어, 영어) |
| 콩고 | 지부티(프랑스어, 아랍어) |
| 코트디부아르 | 르완다(프랑스어, 영어, 르완다어) |
| 가봉 | 차드(프랑스어, 아랍어) |
| 기니 | 코모르(프랑스어, 아랍어) |
| 말리 | 마다가스카르(프랑스어, 마다가스카르어) |
| 니제르 | 세이셸(프랑스어, 영어, 크레올어) |
| 세네갈 | |
| 토고 | *괄호 안은 공동 공식어 |

선 프랑스어권 중서부 아프리카 국가들에서 프랑스어가 어떤 위치에 있는지 알아보자.

　프랑스어권 중서부 아프리카 국가들의 프랑스어 사용 실태는 나라마다 다르지만, 거의 모든 나라의 공식어 자리에 프랑스어가 홀로 또는 다른 언어와 함께 올라 있다.

　그러나 실제로 이 지역에서는 50여 어족에 속한 1,000여 개가 넘는 다양한 언어가 사용되고 있는 것으로 추정된다. 즉, 행정·교육·통신에서는 프랑스어가 공식적으로 통용되지만 주민들의 일상생활에서는 토착어나 지방언어가 사용되고 있는데,[1] 이 지역 아프리카인의 5~10퍼센트만 프랑스어를 구사하며 공식 담화와 몇몇 법령 때문에 프랑스어를 사용한다는 추산도 있다. 예를 들어 세네갈에는 20~40개 정도의 언어가 존재하는데, 가장 많은 인구가 사용하는 언어는 오래전에 '복권' 운동이 이루어진 월로프어(Wolof)이다. 월로프어를 제1언어로 사용하는 화자는 인구의 반 정도이고 그 외의 화자까지 포함하면 세네갈 인구의 거의 90퍼센트가 월로프어를 사용한다. 독립 후 프랑스어 교육의 보급을 위해 쏟아 부은 노력에도 불구하고 프랑스어를 만족스럽게 이해하는 사람은 20퍼센트에도 미치지 못하며 제1언어로 사용하고 있는 사람들은 극소수에 지나지 않지만 공교육과 행정을 비롯한 모든 공적 영역에서 프랑스어 단일주의가 유지되고 있다.

다른 나라들의 상황도 이와 비슷하다. 매우 적은 수의 주민이 구사하는 프랑스어가 공식어로서 교육·행정 등에서 사용되고 널리 전파된 초지역적인 아프리카어는 부족들 간의 소통에 사용되며 일상생활에서는 지역적으로 매우 한정된 토착어가 사용된다. 이런 삼중의 언어 사용 행태를 고려하면 '프랑스어권' 흑아프리카라는 명명은 딜레마에 빠진다. 공식어는 프랑스어이지만 실제 프랑스어 사용자는 전체 인구에서 미미한 숫자이다.

프랑스어를 공식어로 정한 국가들은 언어적 통일의 필요성을 첫 번째 이유로 든다. 대부분의 나라들은 다수 토착어 중 하나 또는 여러 개를 공식어로 선택할 경우 발생할 수 있는 민족갈등을 염려한다. 이처럼 프랑스어를 공식어나 공동 공식어로 채택하는 것은 사회 안정과 국가 통합을 이루기 위해서이다. 또한 각국 정부는 '프랑스어권'에 속해 있음으로써 프랑스와의 긴밀한 유대를 유지할 수 있으며 프랑스어권 국가들끼리 연대와 협력이 가능해지고, 이를 통해 경제발전의 기초를 마련하고자 한다는 목적을 내세운다. 여기에는 실제로 프랑스 및 프랑스어권 제1세계 국가의 기술 원조, 교육 분야의 재정 지원 등을 적극적으로 유치하고자 하는 실리적 의도가 있을 것이다. 그러나 이에 대한 반대 논리도 만만치 않다. 식민지 유산인 언어를 통해 종속성과 식민성이 강화될 것이라는 경계의 목소리와 프랑스어 공용화가 아프리카의 토착 언어와 문화를 말살하는 주범이라는 주장이 계속해서 강하게 제기되고 있다. 이와 같은 두 가지 입장은 '프랑코포니(francophonie)'라는 쟁점에서 첨예하게 부딪친다.


## 2. 프랑코포니: 문화 다양성인가, 언어 제국주의인가

흑아프리카 지역의 프랑스어 확산은 프랑스의 침략과 함께 시작되었다. 식민시기 프랑스의 통치 체제는 '동화주의'에 기반을 두었다. 한때 아프리카 영토를 반분하다시피 했던 만큼 프랑스와 영국의 식민지 운영은 자주 비교된다. 영국의 식민 체제는 독립자치령들의 연방을 지향하는 반면, 프랑스의 식민지 동화 체제는 식민 제국 전체를 프랑스의 일부로 간주하여 위임이 아닌 직접 통치를 통한 통합 정책을 내세웠다. 통합 정책의 명분은 '문명화로서의 동화'였다. 다시 말해서 프랑스의 언어·역사·가치관 등 선진화된 프랑스 문화와 제도를 식민지 원주민에게 보급함으로써 그들을 계도하고 프랑스인과 동등한 자유와 삶을 부여하는 것을 목표로 했다. 아프리카인들을 프랑스 시민으로 인정하고 그들을 프랑스 문화권으로 통합하려 했다는 점에서 이러한 체제는 영국보다 덜 인종주의적이었다고 평가되기도 한다. 하지만 정책의 실제 목표가 식민지 국가의 경제적 착취, 군사 거점의 확보 및 문화적 우월성의 확보에 있었다는 점은 양자가 다르지 않다. 더구나 동화주의의 기반인 프랑스 문화의 보편성과 우월성에 대한 확신은 유럽의 아프리카 식민 통치를 정당화하는 전형적인 논리였다.

언어 정책도 이런 맥락에서 행해졌다. 한 식민지 내에서 서로 말이 통하지 않는 여러 민족을 통합하기 위해 프랑스는 자국의 언어를 '교통어'로 제시했고, 아프리카 사회의 '문화적 발달'을 꾀하기 위해 문명의 소산인 프랑스어를 교육·확산시키고 토착어를 배제하는 정책을 적극 시행했다. 1920년대 말 국제연맹(League of Nations)의 상설위임통치위원회에서 프랑스 정부는 식민지 언어 교육의 목표는 프랑스어 지식을 확장시키는 것이며 초등 교육의 필수 목표는 식민지 국민이 프랑스어와 친숙해지는 것이라고 공개적으로 밝혔다. 이런 목표를 위해 다양한 방법이 동원되었다. 예를 들어 카메룬에서는 식민지인의 모국어 교육을 1일 1시간으로 제한하고 프랑스어가 아닌 다른 언어로 된 책의 수입을 제한하는 등 식민지인의 모국어에 대한 접근 자체를 최대한 억제했다. 식민지 아이들의 프랑스어 습득에 어머니가 가장 큰 영향을 준다는 점을 중시하여 학부모를 대상으로 한 프랑스어 교육에도 많은 노력을 기울였다.[2] 동화주의에 기반을 둔 이와 같은 언어 정책은 자연스럽게 아프리카 고유 언어를 쇠퇴시켰고, 문명의 전달자인 백인에게 계몽되어야 할 대상으로 전락한 흑인은 자긍심을 잃었다. 프랑스식 교육을 받았거나 프랑스에 충성한 식민국가의 현지인을 활용한 대리 통치방식은 자신의 전통 문화를 배격하고 프랑스를 모방하고 추종하는 것이 국가 발전을 위해 필요하다고 생각하는 지배계층을 대거 양성하는 치명적인 결과를 낳았다는 비판을 받는다.

대부분의 아프리카 국가들과 마찬가지로 1960년대 탄생한 사하라 이남 흑아프리카의 신생 국가들은 독립 이후에도 여전히 스스로를 정치적·문화적으로 프랑스어권 문화의 일부로 규정했다. 이는 이들의 독립 과정이 비교적 덜 폭력적이었던 데 기인하기도 한다. 프랑스에 맞서 무장투쟁을 벌인 후 독립을 쟁취한 알제리와 인도차이나 국가들과 달리, 분규와 폭동을 거쳐 협상으로 독립한 모로코나 튀니지와도 달리, 사하라 사막 이남 흑아프리카의 국가들은 대부분 '프랑스 공동체'에 남은 상태로 프랑스와 협상을 계속했다. 또한 독립된 국가의 지도층이 친프랑스화된 인사들이었다는 점도 이들 국가가 프랑스어권에 남아 있기를 선택하게 된 주요한 요인이 되었을 것이다. 그들은 자국이 프랑스의 영향력에서 벗어나는 것을 원하지도 않았고 사실상 불가능하다고 믿었다. 따라서 흑아프리카의 국가들 대부분은 탈식민지 이후에도 프랑스어를 공식어나 공동 공식어로 채택했으며, 신생 독립국의 지도자들은 프랑스의 문화적·언어적 영향에 바탕을 둔 관계들을 지속하고자 적극적인 결집의 움직임을 보였다. 프랑스어권 국가 간 기구인 '프랑코포니 국제기구(OIF)'의 필요성을 처음 주창한 것도 이들이었다.

프랑스의 지배를 벗어나 독립한 몇몇 국가의 지도자들은 식민주의적 함의 때문에 묻혀 있던 '프랑코폰'이라는 개념에 다시 적극적인 의미를 부여했다. 그들의 제안을 바탕으로 1966년 '프랑스어의 수호와 확산을 위한 고등위원회(Haut Comité pour la défense et l'expansion de la langue française)'가 설립되었고 이후 OIF로 발전해 오늘에 이르렀다. 오늘날 OIF에는 75개 국가(56개 회원국, 19개 참관회원국)가 가입해 있고, 회원국 전체 인구는 8억 9천만여 명을 헤아린다.[3] 실제 프랑스어 사용 비율과 기구 참여 여부는 일치하지 않는다. 프랑스어 사용자가 가장 많은 알제리는 이 기구에 참여하지 않았으며, 최초 설립 시에 주도적으로 의견을 냈던 흑아프리카국가들이 가장 큰 비중을 차지하고 있다.

독립한 지 얼마 되지 않은 프랑스의 식민지였던 국가들이 프랑스와 함께 프랑스어라는 매개를 중심으로 설립한 국제기구가 신식민주의적 기구라는 혐의를 비켜갈 수는 없었다. 대표적으로 기니 대통령이었던 세쿠 투레(Ahmed Sékou Touré)는 프랑코포니를 아프리카 민족주의의 이상을 무력화하기 위해 고안된 신식민주의적 술수라고 비판했다. 이런 공격에 대한 답은 프랑코포니 설립의 주축이었던 하비브 부르기바 전 튀니지

## 프랑코폰(francophone)과 프랑코포니(francophonie)

'프랑코폰'은 지리학자 오네짐 르클뤼(Onésime Reclus)가 『프랑스, 알제리, 그리고 식민지들(France, Algérie et Colonies)』(1880)에서 프랑스 식민지의 확장을 위해 언어적 요소에 관심을 가져야 한다고 주장하면서 처음 사용했다. 이후 '프랑코폰'은 식민 통치에 이용하기 적합한 '프랑스어 해독이 가능한' 현지인을 지칭하는 용어로 사용되었다. 이 용어는 제2차 세계대전이 끝난 후 신식민주의의 출현을 우려하는 분위기 속에서 한동안 거의 사용되지 않았다.

1958년 '프랑스 연합'이 해체되고 난 후 프랑스의 문학 잡지 《에스프리(Esprit)》는 1962년 11월 '살아 있는 언어 프랑스어(Français, langue vivante)'라는 주제로 특집호를 냈다. 여기 실린 세네갈 초대 대통령 상고르(Léopold Sédar Senghor)의 「프랑스어, 문화의 언어(Le Français, langue de culture)」는 프랑스의 식민 지배를 벗어나 독립한 국가들에게 길잡이 구실을 할 '훌륭한 도구'로서 프랑스어를 찬양했다. 프랑스어는 '문명의 언어', 프랑코포니는 지구를 둘러싼 '완전한 휴머니즘'이며 그 에너지로 인해 '모든 대륙과 모든 인종의 잠자고 있던 에너지의 결합'을 이루게 한다고 말하는 이 글은, 이후 1964년 상고르를 비롯한 몇몇 국가 지도자들—튀니지의 부르기바(Habib Bourguiba), 코트디부아르의 후푸에-부아니(Félix Houphouet-Boigny), 캄보디아의 시아누크(Norodom Sihanouk), 나이지리아의 디오리(Hamani Diori) 등—이 국가 간 기구인 '프랑코포니(Francophonie)'의 필요성을 제창할 때 그들의 취지를 밝힌 글로 간주된다.

1966년 '프랑스어의 옹호와 확장을 위한 고등위원회' 설립 이후 1970년 프랑스어를 사용하는 25개 국가들이 모여 '문화예술협력기구(Agence de coopération culturelle et technique: ACCT)'를 설립하면서 실질적인 국가 간 기구가 창립되었다. 상고르가 다시 1975년 프랑코포니 정상회의를 요구했고 1986년 2월 미테랑은 베르사유에서 제1차 '프랑코포니 정상회의'를 개최했다. 이후 이 회의는 프랑코폰 국가들을 순회하면서 2년 간격으로 열리며 프랑코포니의 행동 방침을 결정한다. 1995년 코토누 제5차 프랑코포니 정상회의에서 채택된 헌장에 따라 제도적 기구로 인정되었고, '프랑코포니 국제기구(Organisation Internationale de la Francophonie: OIF)'라는 명칭은 1998년 부쿠레슈티에서 채택했다.

대통령의 말처럼 "프랑코포니는 새로운 형태의 식민주의가 아니며, 프랑코포니에 가담하는 것은 신생 국가들에 도움이 되도록 식민 경험을 이용하는 것"이라는 원론의 확인이다. 프랑코포니는 제국주의나 식민주의와는 전혀 관련이 없으며 "중재자일 뿐 통치자가 아닌" 프랑스어의 이익을 공유하는 국제적 공동체라는 것이다.[4]

'프랑코포니'가 끊임없이 내세우는 존재 의의는 '획일화를 조장하는 세계화의 위험성에 맞서기 위한 기구'라는 것이다. 프랑코포니의 이념은 프랑스가 꾸준히 제기해온 '문화적 다양성' 개념을 옹호하기 위한 노력과 궤를 같이하는 듯 보인다. 여기서 '세계화'는 사실상 미국화를, 그리고 영어의 압도를 의미한다. 프랑코포니가 영어의 독점에 대항하여 언어 다양성을 수호하는 전위로 스스로를 내세우는 것은, 프랑스어가 국제어로서의 지위를 영어에 빼앗기고 세계적으로 프랑스 문화의 영향력이 줄어드는 데 대해 프랑스가 방어를 외치는 것과 같은 맥락에 있다. 프랑스의 입장에서 보면 '프랑코포니 국제기구'는 세계 여러 지역에서 프랑스의 지위가 건재함을 확인함으로써 미국과 영어의 헤게모니에 대항하고 국제 사회에서 영향력을 유지하는 데 중요하다.[5] 특히 20여 개 흑아프리카 국가들이 프랑스어를 공식어로 채택하여 국가적 또는 공적 차원에서 그 지위를 보장하는 것은 프랑스에게는 긍정적인 현상이다. 이들 지역은 높은 인구증가율과 문맹 퇴치 및 학교교육을 통한 확산 가능성이 여전히 매우 높다는 점 때문에 프랑스어 화자의 수가 증가하는 데 큰 도움을 줄 것이기 때문이다. 오늘날 적극적인 반프랑코포니 운동을 전개하고 있는 토고 출신 활동가 로드리그 크포글리(Rodrigue Kpogli)는 이런 측면에서 프랑코포니를 '아프리카의 종복들', '아프리카의 꼭두각시 정부들'이 타자의 언어를 능동적으로 진흥시켜나가기 위해 모이는 회합이라고 규정한다. 그는 한 발 더 나아가 프랑코포니 국가연합이 '유독성의 신식민주의적 연합', 노예제와 식민 통치가 완전히 막을 내리지 않았다는 것을 보여주는

증거라며 맹렬히 공격한다.[6]

사실 프랑스에서는 '탈식민주의', '포스트 콜로니얼리즘(post-colonialism)'이라는 개념 자체가 생소하다. 1970년대 말 이후 제1세계 제도 학문권에 유입된 제3세계 지식인들(스피박, 바바, 사이드 등)을 중심으로 발전해 식민주의와 식민 이후의 상황에 접근할 때 압도적으로 많이 사용되는 도구인 포스트 콜로니얼리즘의 기본 개념들은 푸코, 데리다 등의 프랑스 철학에 기반을 둔 것이 많은데도 프랑스 자체의 탈식민주의 이론은 찾기 힘들다. 이 부분에서 프랑스는 "고립된 섬처럼 국제적 조류에서 벗어나 있었다"는 비판을 자주 받는다.[7] 1996년 이 주제에 관해 파리에서 처음으로 열린 심포지엄[8]에서 튀니지의 작가 압델와하브 메데브(Abdelwahab Meddeb)가 물은 것처럼, 프랑스에서 포스트콜로니얼리즘이 본격적으로 논의되지 않은 것은 "프랑스어의 공유라는 미명 아래 프랑스의 문화적 헤게모니 회복을 기도했기 때문은 아닌가" 하는 의문을 제기할 수 있다.[9]

실제로 프랑스에서 '언어 제국주의'를 문제 삼을 때는 언제나 영어와 관련해서이며 프랑스어의 제국주의적 속성은 과거의 일로 치부하는 일이 잦다. 프랑스가 현재 전 세계적인 영어 지배에 맞서는 저항세력의 대표로 스스로를 위치지우면서 실제로는 다양한 언어를 보호하는 것이 아니라 프랑스어의 지위 유지에만 관심을 갖는다는 혐의는 뚜렷하다. 따라서 프랑스와 프랑코포니의 문화 다양성 논의는 이중성을 띤다. 루이-장 칼베(Louis-Jean Calvet)가 그의 첫 저작 『언어와 식민주의』에서 '언어 포식(glottophagie)의 식민 지배'라는 이름으로 집중적으로 고찰한 것이 이 부분이다. 그는 프랑스의 단일 언어주의(특히 프랑스 내 지역어에 대한)와 프랑스가 주장하는 다언어주의 사이의 모순을 지적하는 한편, 아프리카에 문명 언어로 부과된 프랑스어의 지위를 비판한다.

물론 '프랑코포니 국제기구' 내부에서 군소 언어들의 존재가치를 인정해야 한다는 언급이 없지는 않다. '국제기구'는 "자신의 언어로 말하는 것, 자신의 나랏말로 정보를 얻는 일은 어떤 경우에도, 문화 자산의 자유로운 유통을 명분으로 내세울 경우에조차 어느 누구에게도 부정될 수 없는 권리"라고 선언하면서 "아프리카어, 크레올어의 발전과 사용을 조장하고, 이 언어들이 프랑스어와 조화를 이루어 문어 환경에 쉽게 들어올 수 있게 한다"[10]는 방향성을 밝히기도 했다. 하지만 다언어주의 상황의 아프리카 회원국들이 지역 언어의 사용 및 교육을 장려하는 정책을 시행하지 않고 식민지 시절 언어 정책의 연장선상에서 프랑스어만을 교육 언어로 설정하고 있는 데서도 보이듯, 이 선언은 선언으로 머물 뿐이라는 의심은 자연스럽다.

프랑코포니의 논리에 이렇게 언어 제국주의의 함의가 깃들어 있다고 하더라도 프랑스어권 흑아프리카에서의 프랑스어 사용 또는 거부 문제는 그리 간단치 않다. 이미 아랍어라는 공용어의 위치를 차지한 언어가 어느 정도 주도권을 획득한 마그레브 지역과는 달리, 프랑스어권 흑아프리카 지역에 존재하는 수많은 토착어 가운데 공식어를 지정하는 일은 여러 문제를 낳는다.


## 3. 프랑스어, 아프리카어

국가어를 프랑스어로 통일하자는 주장의 근거는 의사소통의 편이성, 국제 사회에의 편입 가능성, 경제적 실리 확보 등으로 모아진다. 카메룬 출

신으로 프랑스 이민부 장관의 고문을 지낸 가스통 켈만(Gaston Kelman)
은 아프리카가 언어 문제의 질곡에서 벗어나는 데 프랑스어 교육이 효율
적이라고 말한다. 특히 국민 통합을 위해 극히 제한된 지역에서만 사용되
는 토착어에서 해답을 찾기보다 프랑스어로 언어 통일을 이루어야 한다
는 견해가 많다.

　　이러한 주장에 대립되는 관점의 주요 논거는 크게 두 측면에서 찾을
수 있다. 먼저 국가 내부의 계층적 측면으로, 엘리트층을 제외한 대다수

> **프랑스어라는 도구를 활용하자는 주장들**
>
> 최근 모국어 사용의 확대를 주장하는 목소리가 높아지는데, 과연 이러한 주장이 합당
> 한지 묻지 않을 수 없다. 대화 상대에 따라, 자신의 이해관계에 따라, 또 복수심에 의
> 한 것이든 오랜 숙고에 따른 것이든 민족주의를 찬양하는 방식에 따라 변화하는 이
> 러한 주장들의 동기 자체를 이해하기 쉽지 않다. '아름다운 것은 모두 흰색'이라는 흑
> 인의 열등의식을 뿌리 뽑기 위해 지방어들이 전파하는 언어학적 연구의 성공적 결말
> 을 기대하면서 아프리카의 지식인들은 지금 유일 언어의 필요성과 100여 개 지방어
> 의 중요성을 번갈아 강조하는 모순적 요구를 남발하는 듯하다.……나는 농촌 인구를
> 오로지 상징적 · 감정적 차원에서만 중요성이 인정되는 그 빈약한 바싸어(Bassa)에
> 붙잡아두기보다는 차라리 프랑스어로 교육해 탈문맹화하는 게 더 쉽고 효율적이라고
> 생각한다.……소통의 방식인 동시에 문화적 버팀목인 프랑코포니는 언어 통일을 희
> 구하는 아프리카인들에게 하나의 기회이다. 이런 방식으로 일단 언어 문제의 질곡에
> 서 벗어난 아프리카는 시급한 다른 문제들의 해결에 전념할 수 있다(켈만, 2004; 홍
> 미선, 2009: 60-67).
>
> 그들은 앵글로색슨족의 현실주의를 프랑스의 동화주의 이데올로기와 비교하며 프랑
> 스의 동화주의 이데올로기가 '식민 지배자의 언어'를 강요하고 대륙을 잘게 조각냈다
> 고 비난한다. 그러나 더 좁아지기는 했지만 하나의 공통 언어로 연결되어 있는 국가
> 들로 이렇게 분할하는 것이 새로운 국가들을 탄생시키는 데 반대 방법보다 더 유리한
> 것으로 나타났다.……교육의 민주화와 그 결과로 나타나는 프랑스어의 보급은 내적
> 인 평화의 필요조건인 것 같다(Viatte, 1969: 108-109).

주민은 아프리카 토착어를 사용한다는 점이다. 식민 통치하에서 중간관리자 양성을 위해 교육한 프랑스어가 독립 이후에도 여전히 정치지도자나 엘리트층의 영향력 강화를 위한 방편으로 지위를 유지하고 있는 것이다. 또 다른 측면은 민족주의 또는 탈식민주의적 관점이다. 과거 식민지의 잔재를 벗어버리고 민족적 정체성을 회복해야 한다고 주장하는 이들의 입장에서 보면, 자국 민족어의 진흥을 막는 프랑스어의 공식어화 및 독점 언어 교육은 신식민주의적 행태이다. 이와 같은 두 가지 쟁점을 차례로 검토해보자.

### 1) 아프리카 내부의 언어 분리

가장 현실적인 측면에서의 비판은, 프랑스어의 공식어 지위가 실제 사용 인구와는 거의 관계없으며 특정 사회계층의 언어적 프랑스화에 따른 것이라는 지적이다. 애초에 프랑스가 현지인의 프랑스어 교육에 힘을 쏟은 이유는 극히 일부의 식민지인을 식민지 행정과 경제활동의 보조요원으로 양성하기 위해서였다. 1855년 흑아프리카에서 처음으로 세네갈에 설치된 학교 명칭이 '인질 학교'였다가 '수장의 자제 학교'로, '수장의 자제 및 통역 양성 학교'로 개칭된 것에서도 알 수 있듯, 식민지 교육은 현지 사회에서 이미 특권적 지위를 점하고 있는 엘리트층을 식민지 체제로 편입시키려는 것을 목표로 했으며 이로 인해 현지 사회의 계층적 분리와 대립이 더욱 심화되었다.

오래전에 프란츠 파농이 『검은 피부, 하얀 가면』(1952)에서 지적했듯, 식민 모국의 언어인 프랑스어는 식민지의 피지배자들에게 차별적인 계서제를 내면화시키는 도구였고 그들의 정체성을 고정시키는 문화적 헤게모니의 중요한 장치였다. 흑인은 식민 모국의 문화적 수준을 어느 정도 전유하고 있느냐에 따라, 즉 프랑스어를 얼마나 잘 구사하느냐에 따라 백인화의 정도와 인격을 평가받았으며 이를 내면화했다. 특히 식민 지배하에서 프랑스어를 충실히 익힐 수 있었던 아프리카의 엘리트들이 독립 이후 자신의 특권적 지위를 유지하고 강화하기 위해 프랑스어의 편에 섰다는 점을 많은 이들이 비판한다. 이에 대해 루이-장 칼베(Louis-Jean Calvet)가『언어와 식민주의』에서 다음과 같이 신랄하게 평가한다.

> 일단 독립하고 난 후 아프리카의 지도자들은 대개 프랑스어를 통해 권력을 잡고 유지했으며 이론화했다. 헌법과 법률이 프랑스어로 제정되었고 신문은 프랑스어로 발긴되었다. 법원의 판결마저 프랑스어로 행해졌다.……일단 식민 본국이 정식으로 독립을 인정하게 되면 권력을 장악한 지역의 부르주아지들은 국민이 특히 그들의 언어를 가지지 못하도록 하거나 적어도 그러한 박탈을 영속화하면서 그들이 수행한 투쟁의 결과를 향유하지 못하도록 하는 데 열중했다(칼베, 2004: 186).

이렇게 해서 식민지의 언어적 상부 구조는 지속·강화되며 프랑스어 사용자와 비사용자의 계층적 골이 깊어진다. 칼베의 표현을 빌리면, "이는 언어적 상부 구조의 전복을 동반하지 않는 모든 명목상의 해방이 피지배 언어를 말하는 민족의 해방이 아니라 지배 언어를 사용했고 계속 사용하는 사회 계층의 해방임을 뜻한다." 물론 프랑스어 영향력의 지속이 아프리카 내부의 엘리트에게만 긴요한 것은 아니다. 칼베는 프랑스의 물자를 팔기 위해서는 관련 국가들에 프랑스어 사용 엘리트를 확보하는 것이 필요하다고 지적하면서 프랑스어의 수호와 프랑스 이익의 수호 사이에 맺어진 관계를 설명한다. 예컨대 말리에서의 문자 교육 운동이 궁극적으로 프랑스 회사들에게 이익을 가져다주었고 세네갈의 모든 기간 산업 영역이 프랑스 자본의 통제를 받고 있다. 이를 근거로 칼베는 '아프리카 프랑스어권'은 언어 차원에서 독립국에 부과된 신식민주의 경제와 짝을 이룬다고 단언한다.

한 발 더 나아가 프랑스어 능력을 쌓고 식민 모국에 충실하게 동화되어 현지 관리가 된 사람이 '프랑스적 가치'의 신봉자가 되는 것은 자연스럽다. 유토피아적 시정(詩情)이 가득한 상고르의 '프랑시테(francité)'[11] 예찬론, 프랑스어의 보편성과 우수성에 대한 주장 등은 그런 경향을 가장 세련되게 발전시킨 예가 될 것이다. 사실 상고르가 표현한 프랑스 문화와 프랑스어에 대한 신화는 그 역사가 깊다. 프랑스는 국가언어 이데올로기가 처음으로 분명하게 공표되었던 나라였으며, 프랑스어의 우수성에 대한 선전은 곧바로 바다 건너 식민지들로 퍼져나갔다. 중심이 되는 두 가지 논거는 보편적 인간이성의 언어인 프랑스어의 '명징함'과 '문명화 사명'이다. 전자는 1784년 리바롤(Antoine de Rivarol)의 『프랑스어의 보편성에 관하여』에 등장하는 유명한 언명 '명확하지 않은 것은 프랑스어가 아니다'에서 유래한다. 이 문장은 바로 다른 언어들과의 비교로 이어지면서 영어, 이탈리아어, 그리스어, 라틴어의 불명확함과 대비되는 프랑스어의 명징성을 칭송한다.[12] 우월한 언어인 프랑스어는 보편적 문명을 담보하는 언어로 특권화되고, 이는 인류의 진보를 위한 '문명화 사명'에 의한 식민지화를 정당화한다. 언어에도 미개한 언어와 발달한 언어가 있듯, 보편적 문명에서 뒤떨어져 있는 열등 민족도 선진 문명의 언어를 받아들여 사용함으로써 개화될 수 있다는 논리이다.

오늘날에도 이런 논리의 메아리를 자주 듣는다. 특히 '프랑코포니'의 정당성을 주장하는 담론에서 프랑스어의 우수성과 역량은 항상 강조된

## 프랑스어의 옹호와 선양

프랑스의 시인 뒤 벨레(Joachim Du Bellay)는 1549년에 쓴 「프랑스어의 옹호와 선양(Défense et illustration de la langue française)」이라는 글에서 프랑스어가 심오한 사상의 표현에 가장 알맞은 언어라고 선언했다. 그러한 생각은 오늘날 프랑코포니 옹호자들의 주장에서 면면히 드러난다.

> 나는 프랑스어의 지적 엄밀성을 강조하고자 한다.……명확함과 엄정성과 정확성에 대한 집요함은 이 언어를 만들어낸 사람들과 이 언어에 대해 숙고한 사람들의 마음속에 각인되어 있다(Farandjis, 1999: 21).
> 프랑스어의 카리스마는 본질적으로 이 언어의 명확함이라는 가치에서 나오는 것 같다.……이 명확함은 가끔씩 구현된 신화가 된다. 아랍 국가들은 유엔 결의안 242호(1967년)에서 이스라엘 점령 영토에 관련된 조항을 가리키기 위해 영어(of occupied territories〔점령된 영토에서〕)보다 더 정확한 프랑스어 표현(se retireront des territoires occupés〔점령된 영토로부터 철수할〕)을 참조한다(Deniau, 1983: 21).

파란지스와 드니오는 모두 프랑코포니 국제기구의 고위 인사였다. 이처럼 오늘날에도 프랑스어의 '문명화 사명'이 건재함을 주장하는 발언은 그치지 않는다. 상고르의 뒤를 이어 20년간 세네갈의 대통령이었던 압두 디우프(Abdou Diouf)는 퇴임 후 2002년부터 프랑코포니 국제기구 의장직을 맡았다. 다음은 그가 2011년 겨울 파리에서 한 연설의 일부이다.

> 저는 프랑코포니 덕분에 처음으로 책이나 인터넷에 접근한 아프리카 아이들에게, 위기에서 벗어났거나 갈등 이후의 상황에 있으면서 민주적 전환과 안정과 평화로 가는 길에 프랑코포니 국제기구가 그들과 동행하는 것을 보는 국민에게, 프랑코포니 덕분에 처음으로 작품이 생산되고 출판되고 널리 전파된 제3세계의 예술가들에게 프랑스어가 무엇을 의미하는지를 그들〔영어에 밀려 공식석상에서 프랑스어로 말하지 않는 프랑스인들〕이 알았으면 합니다. 프랑스어는 아직도 그리고 여전히 인권과 자유의 언어이기에 세계의 어떤 지역에서는 저항과 동의어라는 것을, 또 다른 지역에서는 독재에 대한 항거의 울림을 갖는다는 것을 그들이 알기를 바랍니다. 프랑스어를 한다는 것은 그 자체로 이미 강력한 정치적 행동이고, 모든 프랑코폰 국가들과의 연대와 우애를 재확인하는 방법이고, 세계 시민의 자격에 이르는 방식이라는 것을 그들이 알기를 바랍니다(Discours d'Abdou Diouf: Paris, le 3 décembre 2011. http://www.francophonie.org/Discours-d-Abdou-Diouf-Paris-le-3.html).

다. 그러나 프랑스어의 '지적 엄밀성'이나 '명확성'을 찬양하는 언명들은 과학적으로 증명될 수 있는 가정이라기보다 신화나 이데올로기 영역에 속하는 듯 보인다. 『프랑코포니』를 쓴 드니오는 영어는 '편리한 소통 수단'에 지나지 않는 반면 프랑스어에는 정신과 신비가 깃들어 있다고 말하며, 튀니지의 한 장관이 했다는 "영어는 전화기, 프랑스어는 준거가 되는 문화적 체계"라는 말을 인용한다.[13]

이런 관점에서 구식민지 프랑코폰 국가들과 관련한 언어 제국주의의 혐의는 '자발적 수용'이라는 논거로 부정된다. 프랑코포니 고등심의회 사무국장직을 오랫동안(1983~2001) 수행했던 파란지스의 다음과 같은 발언은 전형적이다. "결코 잊어서는 안 된다. 국제연합이 창설될 때 프랑스어가 국제적인 지위를 얻었던 것은 많은 나라가 공용어로 프랑스어를 자발적으로 채용했기 때문이다. 이러한 국제적인 지위는 프랑스뿐만 아니라 아이티의 요구에도 따른 것이다." 열세에 놓인 언어를 모어로 하는 화자들은 패권을 가진 언어로 이동함으로써 압두 디우프가 말하는 것과 같은 수많은 성취를 이룰 수 있으며, 프랑스어의 전파는 이를 위한 화자의 자유로운 언어적 선택에 의한 것이라는 주장이다. 이런 논리가 언어 제국주의의 바탕이 되는 이데올로기라는 점은 차치하더라도 프랑스어권 흑아프리카의 현재 언어 상황을 볼 때 프랑스어를 선택하는 '자발성'은 개인의 자유의지가 아니라 각 나라의 지배층을 형성하는 엘리트들이 절대 다수의 사람들에게 '부과'하는 선택이라는 점은 자명해 보인다. 이런 측면에서 칼베는 "오늘날 프랑스어권 이데올로기의 요점은 신식민주의에 매수된 현지 정부들의 도움으로 유지되는 억압을 아프리카 민중의 일치된 욕구로 전환시키는 바로 그것"이라고 신랄하게 비판한다.

이런 비판에 대해 프랑스어의 사용과 확산을 추진하는 정부는 당연히 현실론을 내세우며 대안이 없음을 강변할 것이다. 앞의 표에서 보듯 이 지역에서 프랑스어를 완전히 배제하고 토착어만을 공식어로 삼는 국가가 없는 것은 국민 사이의 의사소통과 문맹퇴치를 위한 교육의 도구로 사용할 수 있는 통일된 언어의 설정이 현실적으로 어렵기 때문이다. 더구나 각 언어와 그것을 사용하는 민족 및 부족 사이의 역학 관계 속에서 새로운 토착어를 공식어로 삼아 다른 언어 화자들에게 보급하고 강제하는 일이 쉬울 리 없다. 이에 더해 토착어를 사용할 경우 국제 사회에서의 고립이 더 심화될 수 있다는 우려도 당연하다. '아프리카어로서의 프랑스어'를 인정하고 프랑스어를 세계화의 손쉬운 통로로 활용하자는 현실론이 힘을 얻을 수밖에 없는 시점이다.

## 2) 민족주의, 탈식민주의

프랑스어를 지배자의 언어가 아닌 유용한 '기회'로 보고 프랑스어 사용을 선택하자는 것은 언어는 사고를 싣는 단순한 도구일 뿐이라는 언어도구관에 근거한다. 화자는 스스로의 선택에 따라 사용 언어를 바꿀 수 있으며, 이때 자신에게 유리한 패권을 가진 언어를 선택하는 것이 자연스럽다는 생각이다. 그러나 사고가 언어를 지배하는 것이 아니라 언어가 제공하는 가능성에 의해 사고가 지배받는다는 가설 역시 그 이상으로 큰 힘을 가지고 있다. 사고를 조직화하는 '존재의 집'으로서의 언어라는 관점에서 생각하면 특정 언어의 사용은 그 언어를 도구로서 활용하는 데 그치지 않고 그 언어가 내포하는 한 문화의 무게를 담보하는 것이 된다. 따라서 언어는 민족정체성의 기반이 되며 다른 나라의 언어를 자기 것으로 받아들인다는 것은 그만큼 큰 위험성을 내포한다. 지구상의 거의 모든 민족 집단은 언어를 정체성 확인을 위한 가장 중요한 특질 중 하나로, 자신의 전통을 유지시키고 표현해주는 매개체로 간주해왔다. 실제로 한 민족의 해방은 식민주의가 강제한 지배 언어에 맞서 말을 해방하는 데 달려 있다는 생각은 일반적이다.

프랑스어의 선양 및 아프리카어들의 쇠퇴와 관련해 아프리카인에게 우선 중요했던 쟁점은 민족주의적인 것이었다. 프란츠 파농이 『검은 피부, 하얀 가면』과 『대지의 저주받은 자들』(1964) 등에서 역설하는 정신의 탈식민화, 정치적·경제적 독립뿐만 아니라 문화적·이데올로기적 해방을 통해 진정한 탈식민화를 성취해야 한다는 주장에서 되찾아야 하는 '민족문화'의 핵심에 언어가 있다. 아프리카의 언어 내셔널리즘과 관련해 중요한 역할을 한 셰이크-앙타 디옵(Cheikh-Anta Diop)은 아프리카 대륙의 역사를 그 기원에서부터 복권시키면서 식민 지배에 의해 발전을 저지당한 아프리카 사회를 현대 문명 속에서 재건하려면 외국어에 지나지 않는 영어와 프랑스어가 아니라 아프리카인의 언어를 현대 문명에 적응할 수 있는 언어로 발전시켜나가는 것이 불가결하다고 주장했다. '범아프리카주의(Panafricanisme)' 운동 역시 아프리카에서의 유럽 언어들을 무력으로 강제된 외국어로 보고 아프리카의 언어들로 교육할 것을 역설했다.

이런 견해에 입각해 탈식민지 이후 언어적 식민 상황으로부터 독립해야 한다는 공감대 위에서 프랑스어가 아닌 자국의 현지 지방 언어로 의사소통체계를 만들려고 했던 구체적인 사례가 기니 정부와 세네갈 재야 운동에 의해 시도된 노력이었다.

드골이 프랑스 관할 영토 주민에게 신연방에 합류할지 여부를 놓고 국민투표를 실시했던 1958년, 기니는 유일하게 프랑스 신연방 합류를 거부하고 독립을 원한 국가였다. 기니의 세쿠 투레 대통령은 흑아프리카에서 반식민주의 투쟁의 상징 같은 존재로 여겨지던 인물이다. 기니는 언어

면에서도 철저한 '탈식민지화' 정책을 취하면서 기니에 존재하던 아프리카 언어 가운데 8개어를 표준 국어로 정해 적극적인 문맹퇴치운동을 추진했다. 특히 1968년부터 시작된 교육 개혁에서는 8개 국어 중 하나의 언어를 선택해 현지어로 교육을 실시했다. 그러나 1984년 세쿠 투레의 갑작스런 사망으로 교육 분야 정책이 모두 프랑스어로 되돌아가면서 기니의 언어 정책은 실패로 끝났다. 가장 결정적인 실패 요인은, 칼베가 지적하듯 프랑스어 구사능력이 사회적 상승의 도구였던 식민지 시대를 겪으며 프랑스어가 신분 상승의 기회, 가시적 성공의 상징으로 인식되었기에 학부모도 교사도 사회 지배층도 모두 개혁의 장점을 확신하지 못했다는 점이다.[14] 이는 식민시기를 겪으며 각인된 프랑스어의 힘이 잔존했던 이유도 있지만, 단순히 식민주의의 유산이라기보다 전 세계적인 '패권 언어'의 압도적인 힘 앞에서 주변부 언어가 외면 받는 현실을 대변하는 것이기도 하다. 오늘날 흑아프리카의 젊은이들이 프랑스어 구사능력으로 보상을 받는 기회가 점차 줄면서 영어와 영어권으로 눈길을 돌리고 있다는 사실은 이런 추측을 뒷받침한다. 이에 더해 표준 국어를 8개(나중에는 6개)로 정했다는 사실은 한 국가를 8개의 언어권역으로 분할하는 결과를 낳았고 이에 따른 기술적인 문제도 실패의 큰 원인이었다. 현실적으로 다수 국민이 이해할 수 있는 토착어가 없는 대부분의 국가에서 단일한 대체 언어를 정하기는 어렵다.

이런 점에서 인구의 다수가 월로프어를 사용하는 세네갈은 유리한 조건을 가지고 있었다. 독립 후 1960·1970년대의 '국어' 내셔널리즘 움직임 가운데 상벤 우스만(Sembène Ousmane) 등 많은 이들이 전개한 캇두(Kàddu) 운동이 있었다. 월로프어 잡지 《캇두》(1971년부터 약 5년간 발행)는 월로프어를 문자언어로 발전시키고 가다듬는 한편 상고르 대통령의 철저한 친프랑스적 태도를 식민주의적 종속으로 비판하는 정치성을 띠고 있었다. 프랑스에 대한 상고르의 종속적 자세를 비판하는 지식인들에게 언어 문제는 세네갈 내셔널리즘의 상징이었으며, 야당이나 노조 등 거의 모든 단체가 '국어' 내셔널리즘을 그 주장의 핵심에 놓고 있었다.

그런데 프랑스어에 대한 언어 내셔널리즘인 '국어' 운동이 세네갈 내부에서는 '월로프어 내셔널리즘'이 된다는 또 다른 문제를 안고 있었다. 다수파 언어인 월로프어 이외의 다른 수많은 언어에는 부차적인 지위밖에 부여하지 않음으로써 또다시 소수어를 억압하고 고사시키는 결과를 낳았다. 이처럼 지배 언어에 대항하기 위해 다수가 사용하는 민족어를 내세우면 그 언어가 다른 소수어를 밀어내는 결과를 낳는 딜레마가 반복된다. 반면 모든 언어의 다양성을 존중하자는 근본주의적인 견해는 물리적인 제약 때문에 실현되기 힘들어 보인다.

이와 같은 딜레마 앞에서 칼베는 복수 언어제를 채택해야 한다는 현실주의적인 다언어주의 쪽으로 향했다. 『세계 언어들의 생태학을 위하여』(1999)에 기초한 「모어, 국민어, 국가어: 언어생태학을 위한 중력 모델」이라는 글에서 그는 세계 언어의 생태학 지도를 영어를 정점으로 하여 '광중심, 초중심, 중심, 주변'이라는 중층적 위계를 이루고 있는 것으로 기술한다. 그는 언어의 지구화가 단 한 개 언어(영어)의 사용으로 귀착되어 결국 나머지 언어들 전부 또는 대부분의 사멸을 초래할 수 있다는 위험성을 경고한다. 따라서 '정치적·언어적으로 올바른', 그러나 비현실적인 담론에 기반을 둔 소수 언어의 옹호는 언어생태학적 균형을 해치는 잘못된 방향일 수 있다고 지적한다. 그가 제시하는 해결책은 매개 언어(프랑스어, 에스파냐어, 아랍어 등)의 기능을 유지하기 위한 투쟁이다. 몇 가지 주요 언어가 매개 언어로서 중간에 서서 다극적 언어 배치를 만드는 것이 영어의 독점적 지배에 대항하는 유효하고 현실적인 길이다. 그러나 소수 언어 화자들은 이런 주장에 대해 이중성을 띠는 프랑스의 '문화적 다양성'론과 다를 바가 없다는 의구심을 갖는다.

칼베의 사고를 기능주의적이라 본다면, 그 반대 극점에는 어떤 소수 언어라도 보호해야 한다는 주장이 있다. 이는 소수언어를 모어로 하는 화자의 인권이라는 측면에서 출발한 윤리적 논의이다. 대언어에 의한 소언어의 도태는 자연사가 아닌 '언어 말살'이며, 이를 막기 위해 소수 언어 화자의 언어적 인권을 보호하기 위한 법률과 조약이 필요하다는 주장은 급진적이지만 충분히 고려해야 할 문제이다.[15]

그러나 언어생태계 보존 또는 소수 언어 화자의 인권 보호라는 원칙은 흑아프리카 내부에서 논의되기에는 지나치게 이상주의적이고 사변적인 논쟁으로 보이기도 한다. 식민주의가 황폐화시킨 토양 위에서, 또 여전히 몇몇 강대국이 주도하는 패권 질서 속에서 사회를 재건해야 할 흑아프리카인들에게 그들의 언어 문제를 해결하는 일은 현실적인 가능성과 효과를 떠나서는 생각할 수 없는 일이기 때문이다. 프랑스어라는 식민 통치의 유산을 둘러싼 논의의 중심에는 아프리카의 전통과 자긍심 회복이라는 전략이 더 긴요한가 아니면 국제어를 이용해 신속하게 세계 질서에 편입되는 것이 더 효과적인가 하는 문제가 놓여 있다.


## 4. 거부 또는 전유

언어 내셔널리즘과 실리 추구라는 두 입장이 전적으로 대립하는 것은 아니다. 우리는 지배자의 언어가 그 언어를 강요당한 사람들의 자기 주장이나 저항의 언어로 기능할 수 있음을 알고 있다. 민족주의나 탈식민주의의 입장에 서 있되 프랑스어를 도구로서 활용해야 한다는 주장은 1930년대 파리의 아프리카 학생들—상고르, 에메 세제르(Aimé Césaire), 레옹 다마스(Léon Damas), 우스만 소세(Ousemane Socé)—이 잡지 《흑인학생(L'Etudiant noir)》을 중심으로 모여 일으킨 '네그리튀드 운동'에서부터 시작되어 면면히 이어져왔다. 식민 지배자가 부과한 자기 부정에 맞서 흑인 문화와 '네그리튀드(흑인성)'를 내세운 이 운동은 서구 사회에 적지 않은 반향을 일으켰다. 물론 이에 대해 비이성적이고 신비주의적인 무기라는 비판도 있었고, 이후의 정치적 측면에 대해 프랑스어권을 정당화하려는 시도와 연결한 비판도 많았다. 대표적으로 세쿠 투레 전 기니 대통령은 "네그리튀드는 아프리카·아시아의 민족과 아메리카 및 유럽의 유색 인종에게 자의적으로 적용된 인종차별을 만들어내는 비이성적인 행위를 조장하는 그릇된 개념이며 비이성적인 무기이다"라며 비판했다. 『언어와 식민주의』에서 칼베는 이 언급을 인용하며 프랑스가 식민 지배의 시도를 정당화하기 위해 가장 많이 의존하는 아프리카 국가들의 공식 입장의 중심에 네그리튀드 개념이 자리 잡고 있다고 평가한다. '네그리튀드'의 후예인 현재 흑아프리카의 정치지도자들은 '프랑스어권'을 통해 식민주의와 자본을 선택한다는 것이다.

그러나 "프랑스어는 나를 식민지로 만들었고, 이번에는 내가 프랑스어를 식민지화했다(La langue française me colonise, je la colonise à mon tour)"는 에메 세제르의 말처럼, 네그리튀드 운동은 식민 종주국의 언어를 '전유'하여 자신의 언어로 승화시켜 아프리카의 경험과 정신을 표현하고 널리 알릴 수 있음을 보여주었으며 상당한 성공을 거두었다. '네그리튀드'라는 개념이 널리 알려지는 데 큰 힘이 되었던 「검은 오르페우스」(상고르 등이 펴낸 『흑인과 마다가스카르인들의 새 시선집』의 서문)에서 장 폴 사르트르는 가까운 미래에 흑인 시인들은 프랑스어 사용을 혐오하게 될 것이며 네그리튀드는 '상태'가 아니라 자기 스스로를 뛰어넘는 과정 자체라고 평가했다. 네그리튀드와 프랑스어를 도구로서 또는 변증법의 한 단계로서 인정하고 이를 극복하기 위해 나아가야 한다는 뜻이다.

이 '과정'은 여전히 진행 중이다. 아프리카 현지어를 적극 사용하고 발전시켜야 한다는 당위론이 성과를 거두기에는 난관이 많아서 현실적인 선택은 프랑스어를 사용하는 것뿐이라는 견해가 광범위하다. 한편에서는 식민 종주국의 언어, 제국주의의 언어, 또는 프랑스라는 일국의 언어라는 색채를 지우고 세계어로서의 프랑스어를 이용하자는 주장이 대두했다. 프랑스어는 사용하는 이들 모두의 재산이며 프랑스인은 공동 소유주에 불과하다는 입장으로 아프리카에서 쓰고 있는 프랑스어는 '아프리카어로서의 프랑스어(Français langue africaine: FLA)'로 보아야 한다는 것이다. "아프리카에서 프랑스어는 외국어도 아니고 제2언어도 아닌 하나의 진정한 아프리카어, 즉 FLA로서 확고히 자리를 잡았다. ……프랑스어는 더 이상 엘리트 계층이나 권력집단의 독점물이 아니며 신성불가침한 사회적 지위의 상징도 아니다. 단지 하나의 고유한 매개 언어로서 그 학습 방식과 사용 형태에 따른 다양성이 인정될 뿐 학교의 언어인 동시에 거리의 언어, 나아가 일상적 담화의 언어이다."[16] 이런 맥락에서 엘리트와 대중 사이의 간극을 줄이기 위해 프랑스어의 엄격한 규범을 따를 것이 아니라 자국화된 프랑스어를 써야 한다는 의견도 있다.[17]

특히 프랑스어를 사용해 자신의 의견을 유통시키는 흑아프리카의 작가와 지식인은 자기가 사용하는 언어가 프랑스라는 소속에서 자유로운 언어이기를 바란다. 이와 관련해 새로운 세대는 자연스럽게 프랑스어와

## 탈국가화된 프랑스어

카리브 해의 프랑스 영토 마르티니크 섬 출신으로 프랑스 최고 권위의 공쿠르 상을 수상(1992년)하는 등 프랑스어로 쓴 작품으로 세계적 작가가 된 파트릭 샤무와조 (Patrick Chamoiseau)는, 미래의 세대는 언어에 부여되었던 정체성이라는 개념에서 자유로워질 것이라 전망한다.

> 아이들은 이제 우리와는 다를 것이다. 그들이 언어와 맺는 관계, 한 언어와 맺는 관계는 우리가 맺었던 근본적이고 구성적인 관계, 상승과 투쟁과 진보의 관계와는 다를 것이다.……언어는 정체성이라는 개념과 거리를 둘 것이다. 말하자면 언어는 더 이상 문화와 정체성을 정의하는 데 사용되지 않을 것이다(샤무와조의 인터뷰, Gauvin, 1997 : 37).

실제로 식민시대를 경험하지 않은 아프리카의 젊은 작가들은 굳이 언어 문제에 민족주의나 식민주의를 결부시키지 않고 프랑스어를 도구로 여기는 경향이 예전보다 커진 것 같다. 그에 더해 프랑스어를 규범에 구애되지 않고 변형시켜 사용하는 데도 적극적이다. 대표적으로 코트디부아르의 작가 아흐마두 쿠루마(Ahmadou Kourouma)는 자기 부족어인 말린케어(malinké)의 표현은 물론이고 통사와 리듬까지 도입해 '번역된' 프랑스어를 만들어냈다. 그러나 이런 중립성이 주는 자유로움을 지나치게 강조할 필요는 없을 것이다. 말하기는 그렇지 않더라도 글쓰기 영역에서는 거의 전적으로 프랑스어만 교육받은 젊은 세대 작가들에게 프랑스어 사용은 근본적으로 다른 선택의 여지가 없이 주어진 답으로 보이기 때문이다.

카메룬 출신의 탈식민주의 이론가 아쉴 음벰베(Achille Mbembe)는 '복수(複數) 언어로서의 프랑스어'를 주장하면서도, 이는 자연히 도래하는 것이 아니라 프랑스어의 탈국가화를 위해 부단히 투쟁함으로써 도달할 수 있는 이상이라고 말한다. 이를 위해 그는 프랑스가 문화적 나르시시즘을 버리고 프랑스어가 보편적 가치를 전달한다는 가정을 폐기해야 한다고 주장한다. 또한 프랑스어를 사용하는 이들 사이의 부단한 협업과 상호 수용을 통해 프랑스어를 세계의 다양성과 자기 자신의 다양성에 열려 있게 만들어야 한다고 역설한다(Mbembe, 2006).

새로운 관계를 맺을 것이라는 낙관론과 프랑스어의 탈국가화를 위해 투쟁해야 한다는 강경론이 미묘하게 갈린다.

2007년 3월 16일 《르 몽드》에 실린 '44인의 작가 선언' 「프랑스어 세계 문학을 위하여(Pour une 'littérature-monde' en français)」는 양자를 통합하며 한걸음 더 나아간 시선으로 이 문제를 바라보는 것 같다. 이 선언에는 타하르 벤 젤룬(Tahar Ben Jelloun), 에두아르 글리상(Édouard Glissant) 같은 저명한 '프랑스어권' 작가뿐만 아니라 르 클레지오(Jean Marie Gustave Le Clézio), 에릭 오르세나(Érik Orsenna) 같은 프랑스 문단의 작가들이 참여했다. 그들은 여기서 "한 국가와의 독점적 계약으로부터 해방된 언어, 시와 상상력의 권력 말고는 어떤 권력으로부터도 자유로운 언어"로 "프랑코포니의 종결과 프랑스어로 된 세계 문학의 탄생"을 열자고 주장했다. 프랑스어권 아프리카 대다수의 나라에서 많은 이들이 프랑스어와는 동떨어진 상황, 더구나 문맹률이 높은 상황에서 이런 논의는 현지 대중의 언어 현실과 다른 차원에 있는 듯 보이는 것도 사실이다. 하지만 중심과 주변 개념을 전복하려는 이 선언의 시도는 프랑스어로 된 문학과 프랑스어의 함의를 바꾸는 데 중요한 발상 전환의 기회가 된다. 국가와 민족을 넘어 '시와 상상력의 권력'이라는 보편 가치를 공유하는 세계 시민으로서의 정체성을 더 강하게 의식하는 사람이 늘어난다면 패권 언어에 드리운 제국주의적인 색채는 자연히 바랠 것이다. 타당하나 이상주의로 보이는 주장이지만 대중의 언어 현실을 고려하려는 노력을 멈추지 않는다면 아프리카 언어 문제를 이해하고 해결하려는 데 또 다른 전망이 될 수 있을 것이다.

# 주

1  각국의 언어 상황은 'L'aménagement linguistique dans le monde'(http://www.tlfq.ulaval.
   ca/axl/index.html) 또는 'Ethnologue: Languages of the World'(http://www.ethnologue.
   com/country_index.asp?place=Africa)에서 찾아볼 수 있다. 한 국가에서 통용되는 부족어는 수
   십에서 수백 개로 집계되는데, 이는 유럽의 언어 개념에 의해 어휘가 분화되었을 뿐 의사소통이 가
   능한 부족어들을 모두 구분한 과도한 통계라는 지적도 있다(한양환 외, 2003: 220-224). 코트디부
   아르의 한 언어학자는 이와 같이 분화된 언어 지형도가 아프리카 분할의 이데올로기적 도구라 주
   장하기도 한다(카미유 로제 아불루, 홍미선, 2009: 10-15에서 재인용).
2  윤용수, 2011: 14, 23 참고.
3  프랑스어권 국가기구 홈페이지 http://www.francophonie.org/-Etats-et-gouvernements-.
   html(2013년 11월 현재)
4  Deniau, 1983: 7.
5  프랑스 내부에서 좌우파를 막론하고 공유된 미국의 일극 지배에 저항하는 문화방위론과 프랑스어
   옹호론, 이를 위한 외교 전략으로서의 프랑코포니에 관해서는 미우라 노부타카, 2005: 143-146 참조.
6  크포글리, 2009: 51-53. 로드리그 크포글리는 '아프리카 민주주의를 위한 청년연합(Jeunesse
   Unie pour la Démocratie en Afrique: JUDA)' 의장이다. 이 단체의 웹사이트 http://www.la-
   juda.blogspot.com/ 참고.
7  아쉴 음벰베의 이 언급과 함께 프랑스의 포스트식민주의적 관심이 약하다는 비평과 연구에 대해서
   는 노서경, 2008: 249-250 참조.
8  파리의 '아프리카와 오세아니아 예술 박물관(Musée national des arts d'Afrique et d'Océanie)'
   에서 1996년 5월 29~30일, 6월 1일에 걸쳐 열린 '포스트콜로니얼리즘: 탈중심, 이동, 분산(Post-
   colonialisme: décentrement, déplacement, dissémination)이라는 주제의 심포지엄.
9  미우라 노부타카, 2005: 165 참조. 여기서 노부타카는 반식민주의자 멤미와 파농까지도 끌어들여
   프랑코포니가 곧 포스트콜로니얼과 다름없다고 주장하는 '프랑코포니의 회수 기능'의 위험성을
   예시한다.
10 "Déclaration de Strasbourtg", 2003; *Rapport du Secrétaire général de la Francophonie
   2004-2006*. 김병욱, 2008:12-13쪽에서 재인용.
11 프랑스 문명과 프랑스 문화의 정신, 그리고 그 영향력을 가리키는 상고르의 표현.
12 Rivarol, 1991: 73. 특히 그는 영어는 통사적 규칙에 예외가 많으며 모호하다고 반복해서 공격한다.
13 Deniau, 1983: 105.
14 칼베, 2001: 184.
15 스쿠트나브-캉가스, 2005: 392-431.
16 Dumont, 1990; 홍미선, 2009: 55-60에서 재인용.
17 대표적으로 '카메룬화된 프랑스어(un français Camerounisé)'를 써야 한다는 카메룬 대학의 시
   몽 음퐁도(Simon Mpondo)의 연설이 있다(Mpondo, Simon, 1972; Weinstein, Brian, 1976:
   496에서 재인용).

# 참고 문헌

김병욱, 2008, 「프랑코포니의 언어관 탐색: '문화적 예외'와 '문화적 다양성', 그리고 언어」, 『한국프랑스학논집』, 제64호.

김승진·이복남·한양환, 2003, 『세계 프랑스어권 지역연구』, 푸른길.

김진식·정남모, 2009, 『세계 프랑스어권 지역의 이해』, 울산대학교 출판부.

노서경, 2008, 「프랑스 식민주의 비판 사학의 동향: 질 망스롱과 클로드 리오줘를 중심으로」, 『프랑스사연구』, 제19호.

미우라 노부타카 외, 2005, 『언어제국주의란 무엇인가』, 이연숙·고영진·조태린 역, 돌베개.

스쿠트나브-캉가스, 토베, 2005, 「언어권: 최근 인권 문서들의 문제점과 논점들」, 미우라 노부타카 외, 『언어제국주의란 무엇인가』, 돌베개.

원종익, 2010, 「아프리카 작가들과 언어 문제: 프랑스어 사용 작가들을 중심으로」, 『한국아프리카학회지』, 제32집.

요용수, 2001, 「레바논의 프랑스어 수용 양상 연구」, 『아랍어와 아랍문학』, 제15권 1호.

최병대, 1999, 「프랑코포니(francophonie) 프랑스어 사용국가들의 특성」, 『인문과학』 제29집.

최은순, 2003, 「프랑스어권 흑아프리카 지역과 프랑스어」, 『불어불문학연구』 제56집.

칼베, 루이-장, 2001, 『언어전쟁』, 김윤경·김영서 역, 한국문화사.

＿＿＿, 2004, 『언어와 식민주의』, 김병욱 역, 유로서적.

켈만, 가스통, 2009, 「언어의 교차지, 카메룬」, 홍미선, 『불어권 아프리카의 언어와 문화』, 한울(원전. Gaston Kelman, 2004, "La terre carrefour: Cameroun," *Hermès*, N°40).

파농, 프란츠, 1995, 『검은 피부, 하얀 가면』, 이석호 역, 인간사랑.

홍미선, 2009, 『프랑스어권 아프리카의 언어와 문화』, 한울.

Deniau, Xavier, 1983, *La francophonie*, coll. 〈Que sais-je?〉, Paris: PUF.

Dumont, Pierre. 1990. *Le Français langue africaine*, Paris: L'Harmattan.

Farandjis, Stélio, 1999, *Philosophie de la Francophonie*, Paris: L'Harmattan.

Gauvin, Lise, 1997, *L'Ecrivain francophone à la croisée des langues: Entretiens*, Paris: Karthala.

Kasuya, Keisuke, 2001, "Discourses of linguistic dominance: a historical consideration of French language ideology," *International Review of Education*, 47(3-4).

Mbembe, Achille, 2006, "Dénationaliser la langue française," mercredi, 22 février (http://multitudes.samizdat.net/Dénationaliser la langue française).

Moura, Jean-Marc, 1999, *Littératures francophones et théorie postcoloniale*, Paris: PUF.

Mpondo, Simon, 1972. "Degré zéro du Français à l'Université du Cameroun," *Yaoundé*, 8 Novembre.

Parker, Gabrielle, 2008, "Francophonie et universalité: évolution de deux idées jumelles (1961-2006)," Pascal Blanchard et al.(dir.), *Culture coloniale en France: De la Révolution française à nos jours*, CNRS.

Rivarol, A., 1991, *L'universalité de la langue française*, Paris: Ariéa.

Sartre, Jean-Paul, 1992, "Orphée noir," Léopold Sédar Senghor(éd.), *Anthologie de la nouvelle poésie nègre et malgache de langue française*, coll. 〈Quadrige〉, PUF.

Viatte, Auguste, 1969, *La Francophonie*, Paris: Librairie Larousse.

Weinstein, Brian, 1976, "Francophonie: A language-based mouvement in world politics," *International Organization*, Vol.30, No.3(Summer).


프랑스어포니 국제기구(OIF) http://www.francophonie.org

아프리카 민주주의를 위한 청년연합(Jeunesse Unie pour la Démocratie en Afrique: J.U.D.A) http://www.lajuda.blogspot.com

'L'aménagement linguistique dans le monde' http://www.tlfq.ulaval.ca/axl/index.html

'Ethnologue: Languages of the World' http://www.ethnologue.com/country_index.asp?place=Africa

# 혼돈을 헤쳐 온 아프리카 정치

서아프리카는 아직 가난하다. 2013년 유엔개발계획(UNDP)과 인간개발
보고서(HDR)에서 발표한 인간발전지수(HDI)에 따르면 기대수명, 문자
해득률, 교육, 생활수준, 삶의 질 모든 면에서 세계 최하위에 속하는 지역
이 프랑스어권 중서아프리카이다. 이러한 상황을 초래한 원인이자 또한
그 상황의 결과로 이 지역 국가들의 생산 규모와 수출입 물량, 평균 구매
력은 세계의 다른 어느 지역보다도 아직 약하다. 이 글이 독립 후 서아프
리카의 정치 상황을 다루고자 하면서 이 지역의 '가난'을 먼저 이야기하
는 까닭은 공동체의 삶을 이끌어가고 결정하는 정치가 경제 환경과 따로
떨어져 존재할 수 없기 때문이다. 정치란 우선 물적 이해관계, 사회세력들
의 갈등을 배합하고 조절하는 기능을 한다. 그러나 정치란 그에 그치는 것

---

\* 이 글의 서아프리카는 이 책의 흑아프리카와 동일한 지역과 언어권을 가리킨다.

일까. 혹시 정치란 부과되었던 생존 조건, 그 안에서 겪어온 공동체적 경험이 하나의 유기체를 이루어 그 힘으로 부동의 조건을 극복해가는 과정이기도 하지 않을까. 다른 말로 하면 서아프리카의 험난한 조건들이 야기한 집단적·개인적 경험은 공동체의 삶에 마침내는 어떤 긍정적 성찰을 불러오지 않았을까. 이 글은 이런 의문에 답하기 위한 하나의 자료이다.

## 1. 신생국의 경제적 조건

이를 위해 우선 살펴야 할 것은 서아프리카의 경제적 빈곤이 어떤 구조에 의해 만성화되었는가 하는 점이다. 그중에도 무거운 문제는 한 사회 전체가 헤어나기 힘든 빚, 즉 채무를 안게 된 이유와 갚아가는 과정에 얽힌 국제적 정황이다. 또한 한 사회의 자존 기반인 토지의 소유 구조, 그 토지를 이용하는 농업 생산에 관한 문제들이 모두 중요할 것이다.

### 1) 외채

서아프리카 경제의 가장 큰 어려움은 외채 문제라 해도 지나치지 않는다.[1] 2012년 채무과중빈국(Heavily Indebted Poor Countries: HIPC)으로 분류된 세계 39개국의 약 80퍼센트가 사하라 이남 아프리카 국가들이다. 아주 작은 프랑스어권 국가 베냉과 기니비소, 이 두 나라보다 면적이 훨씬 큰 카메룬, 세네갈, 가봉, 코트디부아르, 중부 내륙의 르완다, 거대한 콩고민주공화국, 바로 옆의 콩고공화국, 대서양 연안의 모리타니, 내륙 국가 말리 등이 모두 잠재적 채무과중빈국에 들어 있다.

서아프리카 국가들은 독립과 동시에 빚더미에 앉았다. 1960년대 냉전기에 서방과 동구권은 각각 아프리카 끌어안기의 수단으로 경쟁적으로 차관 공여를 제의했고, 세계은행은 재정이 빈곤한 이 지역이 수출을 늘려 세계시장에 편입되도록 외자 도입을 적극 추천했다. 독립 직후 거의 빈손이었던 아프리카 국가들은 물론 이를 받아들였으며 독립 이후 약 10년간은 어떻든 이로써 생산을 늘리고 수출을 추진하여 채무를 견뎌냈다. 당시는 외채의 규모 자체가 작았고 민간보다 국제기구를 통한 자본 유입이 많았기 때문이며 아프리카에 투자한 국제기구와 민간 투자자들은 그들대로 채무국들이 경상이익을 확보하여 부채 상환이 가능할 것이라 내다보았다.

그런데 1973~1974년의 국제 유가 상승으로 산유국들의 자본 확보는 이루어졌지만 선진국 경제가 침체되고 국제 자본의 수요가 감소하자 아프리카의 외채 사정이 달라졌다. 더욱이 1980년대 이후 팽배해진 세계 경제의 자유화 바람으로 문제의 심각성은 커지기만 했다. 아프리카 국가들의 채무 상환이 어렵다는 IMF의 판정으로 서아프리카는 1980년대 초 세계은행이 제공하는 장기 외채로 전환하여 IMF의 특별구제계획(Special Program of Assistance: SPA)과 채무과중빈국 주도(HIPC Initiative) 같은 프로그램을 받아들였다. 1986년 아프리카 국가들은 모두 180억 달러의 해외 원조를 받았는데 그중 150억 달러를 채무 상환에 사용했다. 같은 해 미국 정부는 아프리카의 29개 빈국으로부터 5억 달러를 이자로 수령한 것으로 알려졌다. 이미 생산에 비해 채무 비율이 높아진 상태였지만 시간이 갈수록 상황이 악화되어 사하라 이남 국가들의 총생산 대비 채무 비율은 1982년에 52퍼센트를 넘더니 10년 후인 1992년에는 100퍼센트에 이르렀다. 이는 수출 소득 전체의 4배에 달하는 금액이었다.

서아프리카의 과중한 대외 채무는 1990년대 중반 이후 개선의 기미를 보이지 않았다. 1992~1997년 카메룬과 코트디부아르의 채무 상환 비율은 각각 35퍼센트 수준에 이르렀다. 국제 금리 인상과 원자재 가격의 하락이 겹치자 아프리카 국가들은 물가와 환율의 급속한 상승을 통제할 수 없게 된 것이다. 민간기구인 제3세계 채무말소위원회(Comité pour l'annulation de la dette du Tiers Monde: CADTM)에 따르면 국제 원조의 조건인 지원국의 물품 구입을 먼저 이행하면 원조를 국내 투자 자원으로 선용할 여유가 없어지고 원조를 국내 재정 운용에 돌리면 이자 상환이 연체되어 결국 부채의 규모를 줄이지 못하는 악순환에 빠졌다. 그러나 국제기구들은 상환 목적의 서아프리카 정부들에 대해 방편으로 계속 공공기금의 억제와 삭감을 요구해왔다.

이러한 외채 구조에 대해 사실 누구보다 더 예리했던 것은 아프리카인들이었다. 부르키나파소의 토마스 산카라(Thomas Sankara)는 아프리카의 역량이 아니라 식민지 시대와 그에 이은 식민주의의 존속, 즉 신식민주의로부터 외채의 기원을 찾았다. 산카라는 1987년 7월 29일 아프리카연합(Africa Union: AU) 연설에서 외채는 발전론이 아닌 항구적인 저개발 논리이며 따라서 외채 반대를 위한 단일 전선을 수립하자고 주장했다. 산카라 같은 식민주의 비판론자뿐만 아니라 현실적인 서아프리카 지도자들도 외채의 성격을 바꾸고 불평등 구조를 개선하려면 소모적인 내부 경쟁을 지양하고 원활한 지역 협동에 힘을 모아야 한다는 인식을 가졌다.

환율도 문제였다. 서아프리카의 기준 환율은 아프리카 독립과 함께 제정된 아프리카재정공동체(Communauté Financière Africaine: CFA) 프랑(CFA franc)이었다. 이러한 구속적 통화 관계의 변경을 목적으로 1975년에 창설된 서아프리카 경제통화동맹(West African Economic and Monetary Union: WAEMU)에는 베냉, 부르키나파소, 코트디부아르, 토고, 카메룬 등 15개국이 가입해 있다. 이 같은 자체적 아프리카 통화기

## CFA 프랑

독일의 프랑스 점령에 맞서 수립된 자유프랑스는 1941년 독일이 점령하지 못한 프랑스 식민지들에서 은행권을 발행하기 위해 자유프랑스중앙금고를 설립했고 이 금고의 재력으로 전쟁 수행을 위한 자금을 공급하였다. 전쟁 말기인 1944년 2월 다시 해외 프랑스재정금고를 창설하고 1958년 드골 정권 수립 후 1959년에 아프리카 지도자들의 건의로 연방 개념이지만 공동체라는 이름 아래 독립 국가들의 자치를 위한 CFA 프랑의 발행을 결정했다.

1973년 프랑스의 운영 책임은 제한하고 아프리카 당사국들의 필요를 추구하는 협정이 체결되었으나 대부분의 국가들이 1980년대에 CFA 프랑의 평가절하로 수출의 감소, 생산의 부진을 겪었다. 1990년대에도 CFA 프랑의 기능에 대해서는 어느 정도 상반된 평가가 있었다. 중서부 아프리카의 통화 안정에 기여하고 인플레이션을 조절하지만 과잉 평가된 통화는 도시 엘리트의 수입제품 구매를 촉진하는 반면 농민들은 희생시킨다는 점이 지적되었다. CFA 프랑은 서아프리카권과 중부아프리카권의 두 은행권으로 나누어져 있지만 1999년 모두 유로화 기준으로 환율이 정해졌고(1유로＝655,957 CFA 프랑) 프랑스은행(Banque de France)의 발행에 의해 통제받는다. 현재까지 미국 다음의 세계 두 번째 배타적 경제 지대의 통화이다.

구가 외채 문제에 얼마나 대응할 수 있는지는 아직까지도 미지수이지만 판정이 난 것은 아니다.

여러 형태로 채무 구제를 받게 된 국가들이 총체적으로 이에 적절하게 대처하지 못한 데서 외채 누적이 일어난다는 비판도 있지만 프랑스어권 아프리카 국가들은 해외 자금의 도입과 기술 이전에 무관심하지 않았다. 세네갈은 이미 1994년 1월 대폭적인 경제 개혁 프로그램에 착수하여 정부의 가격 통제와 보조금 제도를 꾸준히 축소시키면서 1995~2000년 사이에 연간 5퍼센트의 GDP 실질 성장을 기록했다. 하지만 이런 경제 성장 사례가 외채 극복에 얼마나 도움이 되었는지는 확실치 않다. 그렇더라도 2000년대 이후 아프리카에 대한 투자액을 점차로 늘리는 미국과 중국의 영향력도 외채 문제의 중요한 변수가 되었으며 이러한 상황을 이용하여 서아프리카 국가들은 프랑스 중심에서 벗어나 다극 체제로 나아가려는 재정 정책을 적극적으로 모색하고 있다. 그러나 무거운 외채 부담을 줄이고 독자적인 자본력을 마련해가는 과제는 통화와 재정 정책에만 달려 있지 않았다. 말할 것도 없이 재정의 안정은 각 분야의 생산 활동과 밀접하게 연결되어 있었다.

## 2) 농업 근대화

아프리카는 막대한 지하자원을 보유하고 있지만 석유 수출국인 가봉과 나이지리아를 제외한 서아프리카 생산 경제의 주종은 농업이다. 이미 기원전 1000년경 서아프리카는 지형적 조건—동아프리카나 남아프리카에 비해 서아프리카는 평균 고도가 높지 않고 또 북아프리카와 달리 광활한 사막 지역이 없다—에 의해 수렵이나 유목이 아닌 농업 지대로 자리 잡았다(약 103만 평방킬로미터의 땅에 경작지가 0.2퍼센트뿐인 모리타니, 농토가 남쪽 끝에 몰린 니제르와 말리는 예외이다). 모리타니 아래의 사바나 지역은 사헬(Sahel)을 포함하는 대초원으로 높이 1,752미터의 님바(Nimba) 산을 제외하면 서아프리카 전체가 고도 300미터 미만의 평원이다. 물론 천혜의 농업 조건은 지리에 따라 다르다. 카메룬의 양호한 농업 조건에 비해 세네갈·말리·부르키나파소·토고·베냉은 양질의 흙을 확보하고 있어도 우량이 고르지 않고 수자원 설비가 부족하다. 1965년에 건설된 세계 최대면적의 인공 호수 볼타(Volta)는 가나에서 남으로 400킬로미터에 이르지만 운송 외에 농업에 대한 기여도는 불확실하다. 한편 보건위생에 대한 투자에도 불구하고 쉽게 극복되지 않는 고유의 피부병과 풍토병은 습지와 삼림의 개간과 농업활동에 여전한 난점이 되고 있다.

## 서아프리카의 광물자원

1950년대 말 가봉과 니제르에서 순도 높은 선철 광산이 발견된 후 선철의 해외 판매는 이들 국가의 총 수출액의 40퍼센트를 차지하고 있다. 중서부 아프리카에서는 선철 외에도 인광, 석회석, 금이 많이 나오며, 니제르의 우라늄 매장량은 세계 최대이다. 목재와 망간에 의존하던 가봉의 경제는 1970년대 초 해안에서 추출된 석유로 도약의 계기를 만났다. 2000년대 이후 현재는 하락세이지만 가봉의 석유산업은 이 나라 경제 규모의 50퍼센트 이상을 차지한다.

콩고민주공화국은 남아프리카공화국 다음가는 다이아몬드 생산국이다. 세계 다이아몬드 생산량의 46퍼센트를 아프리카가 담당하는데 콩고가 그중 34퍼센트를 점한다. 세계 금 생산량에서도 아프리카는 21퍼센트를 차지하는 수준이며 가나와 말리가 주요 생산국이다. 적도기니의 주요 광물자원은 알루미늄, 동광, 보크사이트이다. 콩고는 다이아몬드, 석유 외에도 코발트와 동광의 생산지이다. 아프리카는 전 세계 IT산업의 필수 원료인 우라늄의 16퍼센트를 공급하며, 니제르의 생산 비중이 특히 높다.

그럼에도 1980년대 이후 서아프리카의 각종 주요 작물 생산은 꾸준히 증가하여 작물 공급량이 그전보다 70퍼센트 확대되었다. 수천 년 동안 재배한 기장, 쌀, 수수 외에도 감자류, 옥수수, 사탕수수, 순무, 멜론종인 카사바, 참마 같은 작물이 도입되었고 1980년대 이후 2000년대까지 경작지 면적이 지역에 따라 200퍼센트 이상 확대되었다. 농업의 기계화 정도는 미약하지만 2000년대 말 현재 지역의 인구에 필요한 식량과 농산물의 80퍼센트를 자급하고 있다. 그러나 2020년대 또는 2030년대경에 예상되는 인구 급증에 대처하려면 나라에 따라 경제활동인구의 35퍼센트 또는 60퍼센트 이상이 종사하는 농업 부문의 수익을 높여야 한다. 곧 세계 최하위 수준에 머물고 있는 1헥타르당 농업생산성을 올려야 한다는 뜻이지만, 서아프리카 농업 근대화는 단순한 기술 향상으로 효과를 보기 어려운 처지에 있다. 영양과 생존의 기간인 농업의 생산과 소비는 전반적 사회경제 구조의 개선과 맞물렸기 때문이다.[2] 우선 근대 농업에 불가결한 비료의 가격이 비쌀 뿐 아니라 농민은 흔히 비료 사용에 익숙하지 않다. 일반적으로 하루 1달러에도 못 미치는 농민 소득에 비해 아프리카의 비료 가격은 세계 평균 비료가의 4배에 달하는 모순이 일상화되어 아프리카에서는 세계 평균 비료 사용량인 1헥타르당 100킬로그램에 훨씬 못 미치는 1헥타르당 8킬로그램을 사용하고 있다. 이러한 저사용은 친환경농업으로 평가받을 수는 있지만 투입되는 노동에 비해 면적당 소출을 약화시키는 원인이기도 하다.

농업에 투자되는 자본의 성격도 아프리카 자체의 정책으로 대처하기 힘든 문제이다. 라틴아메리카의 상황도 비슷하지만 서아프리카 일대에 투자된 농업 자본은 지역의 생존 경제보다 특수 상품화가 가능한 작물에 집중되었다. 다시 말해 지역에 따라서는 기근의 도래가 그치지 않고, 그렇지 않더라도 전체 인구의 충분한 영양 공급이 원활치 않은 아프리카 대륙에서 몇 군데의 비옥한 토지를 제외하고는 생존을 우선시하는 다작물 집약 농법이 채택되지 않고 있다. 문제는, 누가 토지를 소유하는가 하는 법적 관계로까지 연장된다. 서구의 개인 소유권과는 다른 아프리카의 일반 소유 개념으로 개인 농지의 확보가 어려웠고 이것이 토지 이용의 활성화를 저해했다는 평가도 있다. 결론적으로 토지를 경작자가 소유하느냐 아니면 농업을 원격 관리하는 부재 대지주가 소유하느냐에 따라 아프리카 농업의 목표가 달라졌다. 즉, 외지인의 대토지 소유를 기반으로 하는 자본 집약 농업은 주민의 식량 자급과 농업 기술의 확보보다는 커피, 코코아, 피넛, 면화, 목재 같은 수출용 상업작물의 재배에 우선 목표를 두는 경향이었다. 커피는 서아프리카 전역에서 재배되지만 특히 내륙의 농업국 르완다에서는 외화 수입의 60퍼센트를 차지한다. 코트디부아르는 미국 시장에서 40퍼센트를 차지할 정도로 커피와 코코아를 대량으로 생산하고 있으며, 니제르 서남부의 코코아 농장은 이주노동자들을 대거 끌어들여야 할 정도의 규모이다. 피넛은 세네갈의 현금작물로 부상했으며 케냐와 같은 동아프리카의 특산품이었던 차(茶)도 근래에는 서아프리카의 수출 품목으로 육성되고 있다. 면화는 주로 동아프리카에서 재배되지만 서아프리카의 베냉과 부르키나파소에서도 주요 수출품목으로 책정되었다. 하지만 커피, 면화, 코코아, 피넛 같은 작물은 계속적인 대규모의 토지 개간을 필요로 하고 이에 따른 경작지 확대는 대규모의 삼림 파괴를 수반하고 있다. 아프리카 전체 면적의 5분의 1인 삼림 지대 가운데 연간 400만 헥타르의 삼림이 파괴되는 것으로 보고되었다. 아마존 유역에서의 삼림 파괴보다 두 배 정도나 높은 비율이다.

농업 생산을 부진하게 만드는 또 다른 요인은 만성적인 운송 체계의 미비로 간주된다. 1,287킬로미터에 달하는 다카르-니제르 철도의 건설이 상징하듯이 서아프리카 정부들은 지난 40년간 자금 동원이 가능할 때마다 설비 투자를 해왔고 세네갈의 생루이와 다카르 사이에는 고속도로가 놓였다. 그러나 1905년 식민치하에서 철도가 놓인 지 한 세기가 지났어도 서아프리카 국경 지대의 90퍼센트 이상은 철도망으로부터 80킬로미터 정도 떨어져 교통시설을 이용하기 어려운 경제적 주변부로 남아 있다. 때문에 운송 인프라의 구축이 시급하지만 여건의 개선이 지체된 것은 아프리카에 투자된 해외 자본의 성격과 관련이 있었다. 해외 자본이 요구하는 바는 원자재의 개발과 수출이었으므로 서아프리카의 자체적인 내수 확장을 위한 설비는 후순위로 밀릴 수밖에 없었고 철로는 여전히 사방으로 연결되지 않고 단선으로만 달린다. 1400년대 후반 포르투갈, 에스파냐, 프랑스의 서아프리카 도착 때부터 서양의 해운강국들이 선박의 출입이 용이한 다카르, 아크라, 아비장 등의 도시를 개발했고 이러한 서양의 침투 경로가 고정되자 서아프리카에서 사하라 이북으로 나아가는 기존의 교역로는 사실상 막혀버렸다. 북아프리카뿐만 아니라 동아프리카와 남아프리카로 향하는 운송로는 쇠퇴하고 서아프리카 전역의 물품 수송이 비좁은 대서양 해안의 출구에만 의존하게 되었고, 르완다, 부룬디, 차드, 말리, 니제르, 중앙아프리카공화국처럼 항구가 없는 내륙 국가들도 이 좁은 해안을 통하지 않으면 달리 물품을 수송할 수가 없었다.

이렇듯 주요 생산물이 서아프리카의 특정 해안에서 유럽으로 직행하는 오랜 교역 방식은 아프리카인들의 삶에 깊은 후유증을 불러왔다. 다양한 교역 방식이 중단되면서 운송 중계지들에서 성행하던 여러 지역의 관습과 제도가 단절되거나 파괴되어 말리카 제국, 송하이 왕국 같은 과거 사바나 지역의 정치적·문화적 중요성은 상실되고 오랫동안 축적된 교역 기술과 교역로는 무용지물처럼 되었다. 아프리카인이 아니면 제작할 수 없는 수공업 기술은 자연히 판로를 잃고 정통이 아니라 전통 산업으로 분류되었으며, 투자와 기술은 새로운 산업 세력에 위임되었다.

프랑스어권 서아프리카의 독립 이후에도 이 지역에 도입되는 해외 투자의 절대적 비중을 차지한 것은 프랑스 기업들이었다. 예를 들어 2000년 말 코트디부아르에는 210개 프랑스 대기업의 지사가 설치되어 있고 투자액은 22억 유로에 이른다. 주요 투자자는 프랑스의 수력발전회사 부이그 소르(Bouygues-Saur), 프랑스 전력공사(EDF), 프랑스 텔레콤(France Télécom), 정유회사 토탈(Total), 운수업체 볼로레(Bolloré), 베엔페 파리바(BNP Parisbas) 은행, 크레디 리오네(Crédit Lyonnais) 은행, 소시에테 제네랄(Société Générale) 은행이다. 이들 프랑스 기업들은 코

## 바마코의 염직물

서아프리카는 염직을 창시하고 기술을 발전시켜온 세계 최고의 염직물 온상지 중 하나이다. 8세기부터 이슬람의 사하라 횡단 무역이 발달하면서 이 지역의 인디고 면제품은 북아프리카에서 기니 만에 이르기까지 널리 퍼졌다. 16세기 이후 유럽인의 대서양 무역으로 이 염직물은 서부 해안의 유럽 상관에 도착하여 현금화되었다. 서아프리카의 염직물은 말리 제국의 붕괴 이후 흩어진 염직 기술자들에 의해 가내수공업 형태로 유지되다가 1950년대 아프리카 시장에 합성섬유가 공급되면서 활성화되었다.

근래에는 유럽과 아시아에서 원자재를 들여오고 화학섬유도 취급하지만, 천을 물들이고 색을 넣는 온갖 기법과 모든 공정은 아프리카인들의 머리와 손에서 흘러나왔다. 1980년 서아프리카의 염직물이 세계 시장에 진출하면서 공방이 늘었고 아프리카의 직물이라는 자긍심도 강해졌다. 무슬림이 다수인 이 지역에서 염색 작업은 남성도 맡지만 제품의 주문에서 직물 제작과 판매까지 여성이 지휘한다. 또한 실내 공방이 있어도 거리 자체가 아틀리에로 작동하여 가내 일꾼이든 전문인이든 바깥이나 길에서 야외 작업을 한다. 염색은 위생 문제와 환경오염을 일으키지만 바마코의 염직업은 가치를 측정하기 어려운 유산을 살려 창조의 산실로 거듭나 있다(Gérimont, 2008).

트디부아르 총생산의 25퍼센트를 점하고 있는데, 이는 이 나라 예산의 절반 이상에 해당한다. 그러나 2000년대 후반부터 크게 변화가 일어나 프랑스 일변도의 교역 상황은 그쳤다. 2012년 코트디부아르의 수출 1위국이 미국으로 바뀌었고(10.1퍼센트), 네덜란드, 독일, 나이지리아, 프랑스 등이 그 뒤를 이었다.

이 같은 변화로 서아프리카 경제는 저생산성의 장벽을 넘기 힘들고 구조적 한계에 갇혀 있다는 비관주의는 2000년대 말에는 지양되어갔다. 농업과 토지의 상관관계도 재설정되고 대외관도 중대한 변수로 예측된다. 그러나 오랜 경제 부진과 연관시켜야 할 것은 활기찬 경제를 일굴 만한 정치적 생명력이 분출되기 어려웠던 상황이다.

## 2. 독립 후 국가 형성의 도정

식민지 해방과 동시에 서아프리카는 예외 없이 왕국을 버리고 공화국 체제를 도입했다. 1961년에 르완다 왕국이, 1966년에 부룬디 왕국, 1979년에 중앙아프리카제국이 해체되어 공화국으로 변신하려는 의지를 보였다. 가나, 카메룬처럼 프랑스어권과 영어권이 겹친 이중 체제도 공화국이된 것은 마찬가지였으며, 세네갈, 콩고, 모리타니, 니제르 같은 신생 국가들도 공화국의 길을 따랐다. 하지만 인민의 자유와 평등, 인민 사이의 우애를 바탕으로 인민주권을 실현하려는 공화국 체제는 선언으로 수립되는것이 아니라 물적 토대의 축적과 소유권 확립의 개념을 요구하였다. 그런데 1960년대의 아프리카 정치사는 공화국을 세울만한 사전 준비를 할 겨를이 없었다. 하나의 국가가 갖추어야 할 군사적 주권, 민족의 형성, 주요집단 사이의 권력의 배분은 강령으로 현실이 되지는 않는다. 또한 근대 정당, 일상적 행정 기술의 전문화, 민주적 지방화의 경험이 너무나 미약한상태였다. 물론 이미 식민지 시대에 존재했던 정당, 노조, 농민 조직, 상인집단, 대학생, 지식인들은 공공을 위한 국가를 열망했지만 독립 이후 각국이 처한 대내외적 조건은 이러한 목표의 실현을 어렵게만 만들었다.

우선 아프리카의 국가 성립부터 자연스럽지 않았다.[3] 서아프리카의국경선은 아프리카인들의 협의가 아니라 식민 본국이었던 프랑스의 고려에 따라 그어졌다. 그 결과 인구가 많고 경제 규모가 큰 니제르·가나·코트디부아르도 있는 반면 베냉·토고·기니비소처럼 크기나 인구가 매우 작아서 하나의 국가로서 경제성장을 추진하기에 도무지 불리한 나라도 여럿이었다. 반면 수단은 아프리카 최대의 면적을 가진 나라로 프랑스 영토의4.5배, 유럽연합을 합친 것과 맞먹는 크기를 갖게 되었다.[4] 한편 르완다와 부룬디는 식민 통치 이전 하나의 유엔 신탁 통치 지역이 두 나라로 분할된 사례이다. 이렇게 여러 나라가 서로 인접해 있지만 크기가 불균등하고 발칸 반도처럼 쪼개졌다는 사실은 국가 간 분쟁을 막고 안정을 이루는 데 불리한 조건으로 작용했다. 이러한 국경선은 1963년 아디스아바바에서 창설된 아프리카단결기구(Organisation de l'unité africaine: OUA) 헌장 제3조 3항에 의해 그대로 유지되었다. OUA의 모든 회원국은 각국의 주권과 영토를 완전히 존중한다는 문서에 서약했으며, 1964년 7월 카이로 회담에서 이를 재확인했다.

식민지 해방 이후에도 서아프리카와 프랑스의 긴밀한 관계는 그대로 유지되었다. 프랑스 군 병력이 소수라도 요소요소에 배치되었으며 프랑스에서 교육받고 프랑스 정계의 신임을 받는 인물들이 권좌에 올랐다. 프랑스는 아프리카 국가 간의 분쟁 방지와 각국의 치안 확립을 위해 사하라 이남에 5개의 군 기지를 두고 약 5,000명의 병력을 주둔시켰으며, 1970년대 중반에는 부룬디, 르완다, 자이르(Zaire, 지금의 콩고민주공화국)의 군 배치를 확대해갔다. 차드의 프랑스 병력은 1,200명에 불과했지만 수도 엔자메네(N'Djamene) 근처 공군 기지에 배치된 프랑스제 미라주 전투기와 헬리콥터는 차드 군대의 병참과 정보를 지원했다. 프랑스는 아프리카 지도자들과 1년에 두 차례의 회의를 갖고 쟁점 사안을 조정했으며 1980년대의 미테랑 대통령 시절까지도 아프리카에 관한 업무는 대통령 직속으로 다루었다. 서아프리카를 직접적인 영향권에 두려는 1960년대의 드골 정책이 이후 프랑스 정치가들에 의해 계승된 것이며 이러한 관계는 특히 코트디부아르, 차드, 가봉, 중앙아프리카공화국, 지부티 등과 지속되었다.

정치적 안정을 위한 이런 장치에도 불구하고 서아프리카는 지난 수십 년간 정권의 불안정과 군사 쿠데타의 가시밭길을 걸었다. 카메룬, 세네갈, 코트디부아르 같은 나라는 1960년대부터 1980년대까지 군사 정변을 모르고 지냈지만, 베냉에서는 1963년, 1965년, 1967년, 1969년, 1972년 두 차례, 1975년, 1977년에 군사 쿠데타가 연거푸 발생했다. 그중 1972년과 1975년에 일어난 세 번의 쿠데타는 불발로 끝났지만, 군의 중장이나 장군이 주역인 쿠데타로 번번이 대통령이 바뀌었다. 토고에서는 1963년 1월 13일 대통령이 군 장교들에 의해 살해되었고 불발에 그친 1966년 11월 21일의 쿠데타에 이어 다시 일어난 에야데마(Gnassingbé Eyadéma) 중장의 쿠데타로 정권이 바뀌었다. 부르키나파소에서도 1966년, 1974년, 1980년, 1982년 군 장성이 대통령을 쓰러뜨리거나 대통령이 헌정을 중단시키는 정치적 혼돈을 겪었다. 30~40개의 부족 연합에 언어도 15개인 니제르는 1980년대 후반부터는 분리 독립을 요구하는 유목민 투아레그족(Touareg) 반군으로 내분을 겪었을 뿐 아니라 1996년 이후 세 번의 쿠데타를 경험했다. 특히 르완다와 콩고는 1990년대에 수년 동안 대규모의 인명 살상을 가져온 분쟁의 도가니에 들어 있었다. 이런 불안정의 결과 2005년을 기준으로 가나, 토고, 부르키나파소, 베냉, 기니비소, 르완다, 부룬디, 니제르, 수단이 군사 통치 아래에 놓여 있게 되었다.

　그치지 않는 군사적 위협 때문인지 프랑스어권 서아프리카는 장기 집권에 익숙해지는 인상을 주었다. 석유를 비롯한 광물 생산에다 적은 인구로 아프리카에서 세 번째의 부국이 된 가봉의 오마르 봉고(Omar Bongo) 대통령은 1967년부터 2009년 사망할 때까지 집권했다. 민주정치를 지향한 세네갈의 상고르(Léopold Sédar Senghor) 대통령 또한 20년간 정권을 놓지 않았다. 상고르는 서아프리카의 대표적인 민주주의자였으나 흩어진 정당들을 하나의 당으로 결집시키고, 복수 정당제의 도입이 어려운 것이 실정이라는 견해를 시사했다. 코트디부아르의 민주당(Parti Démocratique de la Côte d'Ivoire: PDCI)은 1940년대 중반 창당되어 당

---

**부족, 종족, 민족**

민족(nation)은 피부색 등의 신체적 특징을 기준으로 하는 인종(race)과는 달리 오랜 시간 역사의 전개 과정에서 정체성을 수립해왔다. 부족(tribu)은 같은 혈통과 공통의 언어와 종교를 가진 지역별 소집단을 뜻하는 종족(ethnie)의 하위 개념이다. 부족의 상위 개념인 종족은 역사적으로 동일한 집단 정체성을 생성·공유하고 있지만 근대적 민족국가를 수립하기에는 아직 대내외적 요건들을 충족시키지 못하는 일차적 자연 집단이라고 할 수 있다. 그러나 보다 근본적인 문제는 종족 또는 부족이라는 개념 자체가 (서양의) 식민지 통치가 낳은 부산물이라는 점이다(한양환, 1997).

정치학도들이 생각하는 것보다 전통적인 농촌 지역의 주민들은 전국적인 정치체제에 더 잘 통합되어 있으며 합리적인 참여자들이다. 농민이 종족 의식을 우선시한다는 것도 근거가 확실치 않은 견해이다. 니제르와 나이지리아의 경계 지대의 주민인 하우사(Hausa)족은 종족 의식을 상위에 두지 않았다(Miles & Rochefort, 1991).

---

지도자이며 독립의 아버지인 펠릭스 후푸에트 부아니(Félix Houphouët-Boigny)가 1998년 사망할 때까지 내내 일인 지도 아래 있었다. 아프리카에서 장기 집권이 지속된 이유 중 하나는 여럿 또는 수십 개의 종족이나 부족이 공존하지만 이들 사이에 믿고 권력을 나누는 경험이 적었고 이 때문에 나누어가져도 공정하다는 정치적 훈련이 아직 미비한 데서 연유했으리라 추정된다. 코트디부아르는 세분하면 60개 부족, 크게 보아도 7개 대부족 또는 4~5개의 지역 집단으로 구분되는 나라이다. 이러한 사정은 서아프리카뿐만 아니라 대륙 전체의 과중한 짐이지만 어떻든 복잡한 종족 구도에서 종족의 통합을 너머 민족의 형성까지 나아가는 데 아프리카에 주어진 시간은 너무 짧았다. 더구나 근대 300년에 걸친 아프리카 노예무역의 영향은 노예제 폐지로 곧 해소된 것이 아니었다. 건강하고 우수한 젊은이들의 상실과 유출은 장기화되었고, 부족한 지적 인력으로 신생 국가의 정치 혁신을 도모하기는 난망했을 뿐이다.

그러나 민주주의의 실현으로 특권과 특혜를 부르는 강대국의 틀에서 벗어나 자존 자립을 기하려던 서아프리카의 사례도 드물지 않다. 파트리스 루뭄바(Patrice Lumumba)는 프랑스어권이지만 벨기에의 통치를 받았던 콩고의 민족운동가였다.[5] 벨기에 콩고의 대도시 스탠리빌(지금의 키상가니)에서 하급 공무원과 기자 생활을 한 루뭄바는 1958년 콩고민족운동(Mouvement National Congolais: MNC)당을 창설하고 지도해갔다. 콩고의 독립은 1960년 초 벨기에 정부에 의해 급히 결정되었으며 그러자 독립을 앞둔 그해 5월 총선에는 120개의 정당이 동시에 출현했다. 루뭄바는 6월 콩고 독립과 함께 카사 부부(Joseph Kasa-Vubu) 대통령에 의해 총리로 임명되었지만 콩고는 곧 내부 분쟁에 휩싸였고 6월과 7월에 벨기에 군대가 콩고로 진입하고 말았다. 벨기에 군대를 축출하고 국내 질서를 회복할 수 없었던 루뭄바는 국제사회에 호소하기로 하고 유엔의 지원을 얻어냈다. 하지만 유엔평화유지군은 분리 독립을 주장하는 카탕가(Katanga) 분규에 적극적으로 대처하지 못했다. 정치연합이 급속하게 약화되고 카탕가 분리주의가 더욱 거세짐에 따라 루뭄바는 소련에 원조를 요청하는 한편 8월에 곧 열릴 스탠리빌 아프리카 정상회의에 기대를 걸었다. 하지만 외부의 지원을 요청하는 루뭄바의 호소는 소용이 없게 되고 그는 1960년 9월 콩고 내의 정치적 적수, 벨기에 세력, 미국 CIA의 합작으로 발생한 쿠데타로 체포된 후 1961년 1월 콩고에서 비밀리에 살해되었다. 비밀리에 완벽하게 진행된 루뭄바의 체포와 살해 사건은 국제적인 경악을 불러일으켰다. 프랑스 철학자 사르트르는 그의 죽음에 임해 "아프리카의 수치이자 격분"이며 "루뭄바, 그의 안에서 대륙 전체가 죽고 대륙 전체가 소생했다"는 논평을 내놓았다. 한 루뭄바 연구자는, 그가 완강하고 비현실적인 전망을 가진 탓에 신생 콩고가 받아들이지 못했다는 견해를 인정하더라도 만약 그가 그렇게 고립적이고 세력이 약했다면 왜 브뤼셀, 워싱턴, 뉴욕이 그처럼 거창하고 장시간이 걸리는 군사작전을 기획했으며 왜 수천 명의 벨기에 군인과 프랑스 군인이 동원되었는지, 또한 왜 거대한 언론 플레이 프로그램을 수립했는지 의문스럽다고 썼다.[6] 과거 콩고의 통치자이었으며 루뭄바 살해에 분명 관련이 있다고 알려진 벨기에는 2001년 11월이 되어 이 사건의 책임을 인정하고 공식 사과한다.[7]

아프리카의 정치적 비극은 루뭄바에서 끝나지 않았다. 1980년대에 아프리카의 주권의식을 표명한 부르키나파소의 대통령 토마스 산카라의 정치 생애 역시 단명했다. 마다가스카르의 군사학교를 다닌 산카라는 1983년 8월 부르키나베(Burkinabé) 혁명을 일으키고 4년간 이 나라를 통치하다가 1987년 10월 수도 우아가두구(Ouagadougou)에서 살해되

## 파트리스 루뭄바(Patrice Émery Lumumba, 1925~1961 )

콩고의 카사이(Kasai) 주 지방에서 태어난 루뭄바는 어려서 가톨릭 학교에 잠시 다녔다. 아직 무임금 노동을 국가에 공납해야 하는 농촌에서 크리스천 선교사들이 크리스트교 아닌 이교는 악(惡)이라고 설교하는 때였다. 콩고는 1930년대쯤 세계 공업용 다이아몬드의 약 절반을 공급했으며, 1940년대 중반에는 전 세계 코발트 산출량의 73퍼센트, 동 공급의 15퍼센트를 차지하고 있었다. 1941년 루뭄바는 고향을 떠나 광산으로 일하러 갔다. 루뭄바가 광산 서기로 일하던 때 광대한 카탕가(Katanga) 광산 단지에서는 연쇄 파업이 일어났다. 20세의 루뭄바가 대도시 스탠리빌에 도착했을 때 코발트 가격의 상승으로 번영을 구가하는 도시의 분위기는 농촌과 아주 달랐다. 루뭄바는 프랑스어 실력을 쌓으며 잡지에 글을 썼지만 스탠리빌의 개화파 콩고인들에 비해 급진적이지는 않았다. 그는 콩고의 자원을 둘러싸고 앞으로 벨기에, 프랑스, 영국, 포르투갈 사이에 분쟁이 일어나리라 전망하면서도 식민지로부터 평화로운 방식으로 독립되기를 바랐다. 1957년 지방선거에서 노조와 정당이 허용되었고 친벨기에 인사로 분류된 루뭄바는 1958년 벨기에 만국박람회에 초청을 받았다. 그가 콩고 민족운동(MNC)당을 창설한 것은 1958년 12월 28개 아프리카 민족 독립운동단체와 정당이 가나의 수도 아크라(Accra)에서 개최한 전아프리카민족회의(All-African People's Conference: AAPC)에서 돌아온 다음이었다.

1960년 6월 30일 수도 레오폴드빌에서 열린 콩고 독립 축하 행사에서는 먼저 보두앵 벨기에 국왕의 연설이 있었다. 보두앵 국왕은 식민 지배의 공적을 치하하고 "우리는 여러분 옆에 남아 있을 것이며 여러분에게 충고를 줄 것이고 여러분이 필요로 하는 기술자와 행정 관료를 훈련시킬 것"이라면서 콩고가 급격히 변하지 않기를 당부했다. 루뭄바는 신의 가호를 기원하는 카사부부 콩고 대통령의 연설도 들었다. 루뭄바는 그 전날 작성한 연설문을 고치고 이렇게 연설했다. "콩고인다운 이름을 지닌 사람이라면 어느 누구도 콩고의 독립이 투쟁으로 이루어졌다는 것을 결코 잊지 않을 것입니다. 하루하루의 투쟁, 열렬하고 이상에 찬 투쟁, 결핍과 고통 속의 투쟁, 우리의 힘과 피를 바친 투쟁이었습니다.……우리의 형제들이 그처럼 많이 숨겨간 그 학살을, 탄압 정권과 수탈에 순종하기를 거부하여 들어갔던 그 감옥들을 누가 잊겠습니까? 그 모든 것을 나의 형제들은 견뎌냈습니다. 하지만 사랑하는 나라를 다스릴 권리를 부여받은 우리, 식민지의 억압으로 몸과 마음이 시달려온 우리는 그 모든 것이 이제는 끝났다고 당신들에게 큰소리로 말합니다.……말을 마치면서 저는 여러분에게 동료 시민, 그리고 외국인의 재산과 생명을 존중할 것을 요구합니다. 콩고의 독립은 아프리카 대륙 전체의 해방을 위한 결정적 행보일 것입니다"(Zeilig, 2008; De Witte, 2001).

었다. 그는 우선 식민주의의 유산인 오트볼타 대신 '완전한 인간'을 의미하는 이 땅의 고유어, '부르키나'로 나라 이름을 바꾸었다. 산카라는 집권 중 부패 퇴치를 실천에 옮겼으며 교육과 농업의 개혁, 특히 여성의 지위에 관심을 기울였다.[8] 당시 세계에서 영아 사망률이 가장 높고 여성의 문맹률이 99퍼센트인 나라에서 산카라는 여성의 지위를 높이는 것은 자비나 인간애가 아니라 정당한 업무라고, 여성 할례와 일부다처제를 금지했다. 온 사회의 쇄신을 원한 체 게바라의 혁명 사상에 동조했던 산카라는 여성 평등이 평등 사회의 주춧돌이라고 여성 공채를 정부의 원칙으로 삼았다. 약소한 예산을 학교와 병원 설립에 돌려 산카라 집권기에 부르키나파소의 영아 사망률은 1,000명당 208명에서 143명으로 떨어졌다. 산카라는 정치 지도자들의 사치를 물리치려 자신부터 소형차를 타고 다녔으며 외교적으로는 비동맹국가들과의 관계를 강화하였다. 그러나 외국의 원조와 대외 채무를 줄이고 자립을 도모하려는 그의 계획은 내부적 이견을 낳고 동지였던 블레즈 콩파오레(Blaise Compaoré)와 점점 사이가 벌어졌으며 마침내 자국의 자원을 불리한 조건으로 강대국에게 공급하기를 거부한 그에게 돌아온 것은 쿠데타에 의한 살해였다.

또한 산카라보다 훨씬 일찍 1958년 살해된 카메룬의 정치 지도자 루벤 움 니요베(Ruben Um Nyobé)는 프랑스 식민지 시대에 노조운동가로 출발하였다. 그는 노동운동에 대한 탄압을 겪으면서 프랑스 식민당국이 제정한 토착인 법과 유럽인에 대한 특혜의 타당성을 비판했으며 온전한 독립만이 카메룬의 살 길이라는 신념 아래 산악전으로 식민지배 세력에 항전했다. 독립 전쟁에서 프랑스 군에 의해 사살된 그는 1991년 카메룬 의회에 의해 민족 영웅으로 추대되었다. 니요베의 뒤를 이어 식민지배로부터 벗어나기를 추구했던 카메룬의 민족주의자 펠릭스 롤랑 무미에

(Félix Roland Moumié, 1925~1961)는 프랑스 정보부의 추격을 받다가 결국 스위스 제네바에서 암살되었다.

한편 아프리카에서 정치 안정의 대명사로 알려진 세네갈은 주요 수출품인 피넛, 상업 도시 다카르, 교육받은 도시민들, 접속이 편리한 해안과 항구를 가졌을 뿐 별다른 광물 자원이나 석유 자원을 갖지 않았다. 그런 조건에서 이 나라의 정치 성장을 끌어내는 데 성공한 레오폴드 상고르는 1906년 세데르(Cedaire) 왕국의 중산층 집안에서 태어나 무슬림 어머니 아래에서 자랐다. 1928년 프랑스 파리로 건너가 명문 루이르그랑(Louis le Grand) 고등학교를 다닌 후 문법교수자격을 획득하였으며 1935~1945년 투르와 파리의 대학교에 재직했다. 그는 1930년대 파리에서 역시 세네갈 출신인 알리운 디옵, 카리브해의 시인, 에메 세제르와 함께 식민지 흑인의 해방 이념을 표현한 네그리튀드 운동을 주도했으며 제2차 세계대전 중에는 프랑스 식민지 군대에 입대하고 독일군에 포로로 잡힌 적도 있다. 프랑스 문화에 기울었던 그가 세네갈의 정치 지도자로서 인기를 끈 것은 다카르-니제르 선의 철도원 파업 분규 당시 파업 노동자들을 지지한 데서 비롯되었다. 그는 프랑스식 교육을 받고 프랑스적 가치에 익숙했지만 이슬람 형제애를 지닌 통치자로 주변의 농촌 사람들과 소원하지 않았다. 각 지역의 공동체를 알고 부족과 지역이 무엇을 원하고 세네갈을 위해 무엇을 양보할 수 있는가를 터득했다. 무엇보다 상고르는 20년의 집권 끝에 1980년 아프리카 지도자로는 처음으로 스스로 권좌에서 물러났다. 그러나 이러한 정치경험을 가진 세네갈에서도 종족 분규가 해결되지 않아 1982년에 결성된 '카사만세 민주 세력 운동(Mouvement des forces démocratiques de Casamance: MFDC)'의 반발에 직면했다.

세네갈의 사례가 오히려 이례적으로 여겨질 정도로 서아프리카가 국가 형성 과정에서 지속적으로 종족 문제에 시달려왔다면, 그것은 혹시 종족 자체의 존재보다 종족 간의 갈등을 덮을 만한 원대한 정치 철학의 부재 때문은 아니었을까. 어느 종족이나 박수칠 만한 공동선의 방향이 세워지고 전파되는 내적 노력이 혹시 등한시되지 않았을까. 그것이 결국 국가 형성의 결집력을 약하게 만들지 않았을까. 이러한 의문도 가능하다. 하지만 서아프리카가 이념 없는 권력의 상쟁에 함몰되었던 것은 아니다. 우선 독립 후 아프리카 지도자들이 추구한 사회주의는 서방에서 의미하는 계급 이념에 치중하지 않았다. 사회주의적인 평등의 가치는 어느 한 계급이 아니라 온 사회가 같이 살자는 이념으로 고양되어 민족주의와 동반했다.[9] 루뭄바와 산카라가 그런 정치 철학의 산 증거였다. 두 사람은 모두 평등 없는 민족의 통합은 깨질 위험이 크다고 보았으며 친프랑스적 성향이라고 할 상고르조차 이 점에서는 크게 다르지 않았다. 상고르는 사회주의가 곧 자유주의 서방에 반대된다는 인식은 냉전의 산물이라고 이해했다. 그는 분명 프랑스 아카데미에 처음으로 선출된(1983) 아프리카인이었지만 식민지인이 프랑스적 자유와, 식민 지배에 반대하는 민족주의 둘 중 하나를 선택해야 하는 것은 아니라고 믿었다. 상고르는 1936년 이탈리아 군대의 아디스아바바 진입을 항의했으며 1948년 마다가스카르 봉기에 대한 프랑스의 유혈 진압을 비난한 지도자였다. 그의 유명한 저항 시집 『흑인과 마다가스카르인의 새 시선집(Anthologie de la nouvelle poésie nègre et malgache)』은 이 마다가스카르 희생자들에 바쳐진 기념비적 문학이었다.

하지만 보다 독립적인 아프리카를 지향하는 서아프리카의 과제는 자주적인 정치철학으로 해결되는 것 같지 않았다. 정치사상이 정착하기 전에 예기치 않았던 대규모의 '종족' 분규가 찾아온 것이 1980년대와 1990년대 아프리카의 외롭고 두려운 현실이었다.

## 3. 내전과 전쟁의 불안정 속에서

아프리카 정치를 계속 방해한 것은 내전이란 이름의 새로운 전쟁이었다. 전쟁과 평화를 논한 사회학자 레이몽 아롱의 말처럼 혼란의 시대는 성찰을 불러올 것이다.[10] 그러나 국가 형성이 공고해진 다른 대륙의 나라들과 달리 민족의 창출과 국가적 안정이 긴요한 서아프리카에 전쟁은 크나큰 부담이었다. 중서아프리카의 주요한 내전들이 벌어진 시기는 이상하게도 국제적으로는 동유럽의 체제가 붕괴하고 강대국 편제가 흔들리는 시기와 일치했다.

### 1) 르완다 내전

1990년대의 르완다 내전은 영화 〈호텔 르완다(Hôtel Rwanda)〉로 소개되어 세계적 이목을 끌었지만, 후투(Hutu)족과 투치(Tutsi)족의 단순한 종족 간 대립은 아니었다. 르완다는 이집트와 에티오피아 다음으로 오래된 아프리카 왕국으로 1500년대부터 주민들이 정주했으며 투치족과 후투족은 이 나라에 계속 살아온 주요한 부족이다. 르완다를 식민지로 만든 것은 유럽 열강이 아프리카 분할을 협의·결정한 1885년 베를린 회의였다. 그때부터 식민 지배자들은 지배층이었던 투치족은 지능이 높고 세련된 반면 오랫동안 농사에 종사해온 후투족은 거칠고 열등하다는 인종 가르기를 정책 과제로 삼았다. 독일 식민지였던 르완다는 제1차 세계대전이 끝난 후 벨기에 식민지로 넘어갔고 이 식민종주국은 다시금 인종 카드를 사용하여 투치인과 후투인은 다르다는 편견을 강화하며 식민지의 분열을 조장했다. 소수의 투치인을 선호한 벨기에의 식민지배에 눌렸던 후투인은 1957년 후투해방당(Parti du Mouvement de l'Emancipation du Peuple Hutu)을 결성했으며, 1962년 독립을 이룬 뒤 투치 왕국을 전복하고 투치인을 살해했다. 후투 정권은 중앙 권력은 독점하고 다른 분야에서는 투치인을 받아들이는 유화 정책을 썼지만, 이 정책은 후투인 내부의 반감을 불러일으켰을 뿐 아니라 투치인을 내부적으로 분열시켰다. 이 과정에서 르완다를 벗어나는 투치 난민이 15만 명에 이르자 투치족 복귀를 목표로 이웃 우간다 대통령 폴 카가메(Paul Kagame)의 지도 아래 군사 집단인 르완다애국전선(Front patriotique rwandais: FPR)이 결성되었다.

1990년 7월 르완다에 새로운 정당들이 창설되고 후투·투치 연립정부가 논의되는 와중에 우간다를 거점으로 애국전선 게릴라들이 르완다를 공격했다. 프랑스군의 개입으로 1991년 3월 정부군과 반군 사이에 휴전이 성립되었지만 1993년 다시 반군이 침공했으며, 르완다 정부는 그 사이에 반(反)투치의 인테르함아웨(Interhamawe) 군을 훈련시켰다. 1993년 9월부터 1994년 3월 사이에 후투족인 하비야리마나(Juvénal Habyar-imana) 대통령이 투치족과 연정을 시작하자 르완다 라디오와 텔레비전 방송은 주민들에게 투치족 공격을 부추겼다. 1994년 4월 1일 하비야리마나 대통령이 부룬디 공화국의 엔타라미라(Cyprien Ntaramira) 대통령과 함께 르완다 수도 키갈리 공항에 내리는 순간 미사일 공격을 받고 사망하는 사건이 발생했다. 암살의 배후가 FPR인지, FPR과의 유화에 반대하는 후투족인지는 미제로 남았다. 하여튼 대통령의 사망 다음 날부터 르완다군과 인테르함아웨는 가가호호를 수색하여 투치족과 온건파 후투족 지도자를 살해하기 시작했으며 상황은 전국적으로 확대되었다. 정부에서 이미 투치족뿐만 아니라 정권에 반대하는 후투족의 명단을 준비했던 것 같지만 내전 초기의 살해는 그래도 어느 정도 제한적이었다. 그러나 1990년대의 세르비아-보스니아 전쟁처럼 공포와 미움과 폭력이 조작되고 폭발하면서 사태는 통제 불능이 되어 반투치 군대와 후투족 민병대는 무방비

### 내전 후의 르완다

1993~1994년의 내전 후 르완다에서는 12만 명이 제노사이드 가해 혐의로 기소되었다. 특히 1997년에는 300여 명의 후투족이 학살 죄로 재판에 회부되어 100여 명이 사형 선고를 받고 처형되었으며, 1998년 4월에 실행된 22명의 공개 처형은 국제 여론의 비난을 받았다. 2012년 13개 교도소에 복역 중인 수감자는 3만 9,572명으로 발표되었는데 수감자의 6퍼센트는 여성이었다. 국제전범재판소가 아루샤(Arusha)에 설치되어 심판이 개시되었으나 적법한 변호 절차가 미비한 상황에서 또다시 인권 문제가 대두되었으며 후투 전범수용소의 열악한 환경이 문제점으로 지적되었다.

르완다는 내전 후 10년 동안 연 10퍼센트의 경제 성장률을 기록했는데, 이는 아프리카 전체에서 2위에 해당한다. 1990년대 말 학자, 기업인, 각 정당 지도자들이 모여 르완다의 미래를 논의하고 사회자본의 우선 투자 순위를 정하면서 르완다가 농업 국가임을 직시하고 생존농업으로부터 농업근대화 방향으로 접어들기로 했다(Price, 2006).

또한 내전으로 많은 남성이 희생된 끝에 르완다 의회의 48.8퍼센트를 여성이 차지하게 되었다. 이같은 여성 의석은 세계에서 가장 높은 비율이다. 2003년 초등 교육비가 폐지되면서 취학 아동이 91퍼센트에 이르렀고 불균등했던 취학 아동의 남녀 비율이 동등해지기 시작했다. 르완다 정치사상 처음으로 다당제 총선이 치러진 것도 2003년 8월이다. 영국 국제개발부(Department for International Development)는 "우리는 1994년의 제노사이드를 기억하지만, 이제 르완다를 방문하면 어떤 특정 집단에 속하지 않는다는 르완다인의 답변을 듣게 된다"고 보고했다.

의 남자와 여자 그리고 어린아이를 죽였다. 유엔은 6,800명의 평화유지군을 보냈으나 곧 인원을 줄였고 르완다 내전은 투치족의 지도를 받는 반군이 이기고 정부군이 패배하는 것으로 마무리되었다. 그러나 이러한 상황이 계속된 약 100일 동안 발생한 사망자가 국제적으로 인정된 숫자만도 80만 명에 이르렀다.

르완다 내전의 정체는 무엇이었을까? 전문가들은 이 전쟁을 종족 분쟁으로만 바라본다면 진상이 가려진다고 경고한다. 사회적 권위와 지위의 지나친 불균형이 사건의 동인이었으며 여기에 경제난으로 주민들의 감정이 격앙되었고 만성적인 정치적 불안정은 사태의 통제를 가로막았다.[11] 하지만 아무 죄 없이 일련의 가혹한 사태를 경험한 르완다인들은 내면의 성장을 거두었다. 전쟁통에 오히려 이웃과 공동체에 대한 서로의 배려가 자라났으며 이러한 관용의 태도는 중대한 근대 정치의식에 다름 아니었다.

## 2) 콩고 전쟁

콩고민주공화국은 대서양 연안으로부터 중부 내륙으로 뻗은 234만 평방킬로미터의 면적으로 세계 열한 번째의 큰 국가인데 인구는 7천만 명이어서 인구 밀도가 1평당킬로미터당 23명에 불과하다. 풍부한 유량의 콩고 강과 무성한 콩고 삼림, 비옥한 농토로 과일 천국 같은 이 나라는 룸바 이후 장기 집권한 모부투(Joseph Desire Mobutu)[12]에 의해 자이르라는 국명을 가졌다가 1997년 이 정권의 몰락과 함께 콩고민주공화국이 되었다. 왕국의 역사를 지닌 콩고는 식민지 시대에 문자해득 인구가 전체 인구의 60퍼센트 이상에 이를 정도로 교육받은 층이 많았으며 독립 후 브라자빌 대학교는 연 수백 명의 졸업생을 배출했다. 360만 명의 총인구 중 60퍼센트가 도시에 거주하였으며, 대도시 브라자빌(Brazzaville)과 푸앵트 누아르(Pointe Noire)에서는 식품비와 생활비를 보조했다. 그러나 이러한 사회문화적 수준과 달리 콩고의 정치사는 착잡하게 펼쳐졌다.

다이아몬드, 금, 동, 우라늄, 그리고 IT 산업에 필수적인 탄탈룸을 다량 보유한 콩고민주공화국은 1990년대에 두 차례의 전쟁을 치렀다. 르완다 내전이 벌어지자 후투족 난민이 콩고 국경 안으로 들어왔고 여기서 후투족 게릴라 부대가 양성된다는 이유로 우간다, 르완다, 부룬디, 앙골라 같은 주변국과 20개의 무장집단이 콩고의 집권자인 모부투와 전쟁을 벌였다. 그렇지 않아도 냉전의 종식으로 서방의 지지를 잃었던 모부투 정권의 수명은 이 전쟁으로 끝나고 로랑 카빌라(Laurent Kabila) 대통령이 1997년 10월 권좌에 올랐다. 그러나 카빌라가 후투족의 인테르함아웨와 너무 가까워진다고 본 우간다와 르완다가 1998년에 다시 콩고를 침공했으며 주변 8개국이 인종 청소의 이름으로 작전을 벌였다. 2001년 1월 부패한 카빌라가 경호원에 의해 피살되자 29살인 그의 아들 조제프 카빌라가 2002년 권력을 계승했으며, 반란 집단과 외국 세력 및 조제프는 1년 후 남아프리카의 중재로 평화협정에 조인하게 되었다.

국가 간 분쟁은 이렇게 마감되었지만 국제구조위원회(International Rescue Committee)는 1998년 8월과 2004년 4월 사이에 380만 명이 콩고에서 사망했다고 발표했다. 두 차례의 전쟁으로 광범한 지역에서 질병, 기아, 영양결핍이 악화되었기 때문이었는데, 전쟁이 끝난 후 10년이 지난 2008년에 사망자는 훨씬 더 늘어난 것으로 추산되었다. 당시 1인당 소득이 328달러인 콩고에서 전쟁이 남긴 식량 결핍에 저영양과 질병이 겹치자 2004년 하루에 1천 명씩 사망하는 결과를 불러왔으며 인근 국가로 피신한 난민이 100만 명 이상으로 알려졌는데, 두 차례의 전쟁은 성격이 달랐다. 1994년-5년에는 종족 분쟁의 성격이 강해 일반 시민이 살해와 약탈에 가담한 편이나 1998년 민중과는 거리가 먼 군사 제후 사이의 분쟁에서는 수십만 명이 브라자빌을 떠났다. 어떻든 콩고 사태의 밑바닥에 종족 감정이 고여 있었다 할지라도 그 감정은 경제 상태와 결부되었다. 콩고는 1996년에는 공무원의 봉급을 지불했으나 1997년에는 삭감했고, CFA 프랑이 50퍼센트 절하되는 경제 위기 속에서 실질임금이 대폭 하락했다. 봉급으로 생활을 유지할 수 없게 된 민중은 후견인-피보호인 관계가 성립되어 있는 종족 네트워크 외에는 달리 보호 장치를 찾을 수 없었다.

1990년대 전후 서아프리카의 분쟁과 살해는 르완다와 콩고에만 국한되지 않는다. 부룬디에서도 1988년, 다시 1993년 10월부터 1994년 5월 사이에 정변이 일어나 5만 명이 살해되었다. 코트디부아르에서는 경제 상황이 양호했음에도 1999년 12월 이 나라 역사상 처음으로 군사 쿠데타가 일어났고 혼란은 수년간 계속되었다. 2000년 10월 로랑 그바그보(Laurent Gbagbo)의 대통령 당선 후 2002년 9월 다시 불발 쿠데타가 일어났으며 2003년 반군과 정부 사이의 협상으로 유엔군과 수백 명의 프랑스군이 코트디부아르에 주둔하게 되었을 뿐, 반군의 목표였던 토지 개혁과 시민권 문제는 미해결로 남았다.

아프리카의 전쟁과 군사 정변을 부른 진정한 이유는 무엇일까? 유엔의 한 연구는 천연자원과 일차 산품을 가득 보유한 아프리카의 현대전은 자원과 물자에 의해 촉발된다고 지적한 바 있다. 그러면 아프리카의 자원을 탐내는 아프리카 내외의 세력들은 누구인가가 문제이지만 수난은 수난으로만 끝나지 않았다. 정치적 안정에 대한 아프리카인의 염원은 가족과 이웃의 고통으로 깊어졌다. 전쟁은 아니라도 반란과 약탈, 살해와 강간이 그치지 않는 지역도 있기 때문에 그 바람은 한층 더 간절하다.


## 4. 그러나 정치 개혁을 향해

안정을 위한 정치는 아무래도 민주화였다. 아직 성과가 어떻든 1990년대 이후 아프리카의 민주화 방향이 확실하고 중서부 프랑스어권 아프리카도 예외가 아님은 연구자들에 의해 계속 지적되었다. 만약 국민총생산이 일정

액 이상이 되어야 민주주의 체제가 수립되고 또한 그래야 수립된 후에도 체제 붕괴의 위험이 감소된다는 이론만 현실성이 있는 것이라면 서아프리카의 정치는 아마 그날만 기다려야 했을 것이다. 그러나 경제와 정치가 동전의 양면이라 할지라도 정치는 고유한 자율성을 가진 영역임은 20세기 후반에 다시금 인정된 바이며 그렇다면 아프리카 정치도 이에 해당하지 않을 이유가 없다. 아프리카 정치의 개혁은 정당과 선거 같은 제도와 부패반대 운동 같은 실제 내용, 개혁지지 세력의 구축, 모두에 걸쳐 진행되었다.

우선 일인의 장기 집권을 막아줄 다당제 수립이 관건이었다. 세네갈은 이 점에서 이미 안정의 기반을 닦은 것 같다. 선거 절차의 투명성을 보장해갔기 때문에 여당 독주의 선거 방식은 세네갈에서 일찍 중단되었고 2000년 무슬림 세력 중심의 압둘라에 와드의 당이 이기게 되었다.[13] 독립 이후 삼두체제로 내분과 권력 투쟁이 격화되었던 베냉에서는 1990년 파산한 군사정부에 항의하여 민족회의를 열었고 이듬해에 대통령을 선출하고 지역 차별을 폐지하는 제도를 마련했다. 베냉은 장교단의 80퍼센트가 남부인, 일반 병사는 80퍼센트 이상이 북부인으로 갈라져 있었으나 이 양극화를 정치 지도자들이 이용하는 것을 마침내 극복했다. 물론 서아프리카의 정치를 통틀어 이런 방향으로만 말할 수는 없으며 장기 집권과 군부의 영향력은 나라에 따라 상존하기도 한다. 그러나 2010~2011년 회기에 유엔 안보리 비상임이사국으로 선출된 가봉은 1990년대 초 일당제로부터 다당제로 전환한 후 선거 절차의 투명도를 높이고 정부 기구를 개혁하는 새 헌법을 제정한 두드러진 사례이다. 가봉은 풍부한 천연자원, 낮은 인구 밀도, 외국의 민간 투자로도 혜택을 입었지만 자체의 인적 자원(HDI)을 민주주의 성장의 도구로 활용하고 있다.

아프리카인들이 민주화를 지향한 것은 그것이 서구의 모델이어서가 아니라 스스로 필요했고 무엇보다 군과 민의 관계를 안정시켜야 했기 때문이다. 민이 군을 제어하고 군이 민을 압박하지 않는다면 르완다 내전, 콩고 전쟁 같은, 무장단체가 무고한 인민의 안녕을 위협하고 해치는 사태가 일어날 가능성은 대폭 축소되리라 믿어졌다. 물론 아프리카의 군사화 문제는 아프리카만의 책임으로 돌릴 일이 아니다. 오랜 식민 지배기에 힘이라면 곧 총·칼을 든 외부 세력이었던 만큼 그러한 부정적 유산을 쉽게 극복하기 어려웠던 것이다. 독립 후 지도자들의 권력이 현대적 군대와 경찰력의 동원으로 성립되었던 것은 아닌지 하는 아프리카인 자신의 의문도 그런 독립 이전의 역사와 연관된 것일 수 있다.[14] 사실 이 군사적인 상황부터 대외관계의 영향을 받았던 것이지만 시간이 지나자 그 문제부터 풀려갔다. 아프리카 정치의 변모를 부르는 외부적 환경은 경제 기류로부터 촉발되었다. 1980년대 이후 꺾이지 않는 세계 경제의 자유화 요구와 아프리카의 민주화 요구는 맞물려 돌아갔다. 경제 자유화가 사회의 부익부 빈익빈을 초래한 것이 사실이었지만 경제의 자유가 정치적 자유와 상통하는 것 역시 부인할 수 없는 일이었다. 또 하나의 중대한 계기는 1989년 베를린 장벽의 붕괴와 잇단 사회주의권의 체제 변동이었다.

프랑스는 동유럽의 권위주의 체제가 무너지면 아프리카가 후속 타자가 될 것이라 예측되자 대책을 서둘렀다. 1991년 11월 19일 파리 샤이오 궁에서 열린 제4차 프랑스어권 국가수반 회의에서 아프리카 지도자들은 민주화의 절차와 속도는 아프리카에 달렸다는 미테랑 프랑스 대통령의 발언을 들었다. 1993년 '아비장 독트린'으로 프랑스는 아프리카 경제 자유화, CFA 프랑의 평가 절하를 공포하고 동시에 '우리는' 나이지리아, 케냐, 남아프리카공화국 같은 비프랑스어권으로 진출하겠다고 통보했다.[15] 이에 따라 우선 흑아프리카 일대에 배치되었던 프랑스 군대의 철수가 결정되었으며, 이러한 정책 변경은 1994년 르완다 사태로 한층 굳어졌다. 프랑스의 르완다 개입이 르완다에 대한 보호인지 분규의 조장인지는 쟁점이지만 어떻든 프랑스는 1996년 해외 주둔군의 이전을 결정했다. 징집병 포기, 군의 규모 삭감, 구조 변경 같은 프랑스 자체의 군제 변경도 그런 결정을 내리게 한 이유였다. 아프리카 평화유지 강화 계획에 따라 말리 평화유지학교는 유지되었지만 다국적군과 합동하고 아프리카 지역 기구와 협력한다는 새 원칙이 세워졌다. 세네갈은 2010년 4월 프랑스 군 기지의 접수를 발표했으며 코트디부아르의 레게 가수 알파 블론디(Alpha Blondy)는 은연중 프랑스 군대를 가리켜 "가버려라"는 노래를 부르는 일도 있었다. 어떻든 서아프리카는 프랑스의 독무대이던 단계를 지나 미국과 중국이 프랑스와 지분을 나누는 강대국의 각축장이 되었다.

이처럼 변화하는 국제 환경 속에서 정치 개혁은 추진력을 얻었고 개혁의 중심은 부패와의 전쟁이었다. 1995년 창설되어 국제적 신망을 얻고 있는 국제투명성(Transparency International)의 부패 국가 명단에 따르면, 2013년에도 세계 175개국 중에서 사하라 이남 아프리카 국가들이 최하위권에 들어 있다.[16] 영어권에 속하는 보츠와나는 30위, 프랑스어권에서는 르완다가 49위, 부르키나파소가 83위로 높은 편이지만 만연한 부패 문제는 서아프리카의 장기적 과제였다. 독립 후 세워졌던 일당 국가가 1970년대에 군부 체제로 이전할 때도, 다시 1980년대 말부터 군부 체제가 민주정체로 바뀔 때에도 언제나 부패 청산이 목표였고 구호였다.[17] 부패가 두려운 것은 부패가 특정한 개인이나 상층 집단에 국한되지 않았으며 공적인 영역이나 사적인 영역에서 거의 일상적인 일이 되었기 때문이다. 말하자면 결혼이 이루어지는 상황도 사회적 부패 상태와 연관되어 있다. 도시의 하층 중간계급 또는 상층에서의 결혼은 장래성 있는 신랑이 지출할 만한 비용과 그 대가로 받아야 하는 비용 사이의 협상이 되었다. 양가 가족은 계속 협상을 진행하고 각 가정 내에서도 협상이 진행되며 이 게임의 규칙들에 합의는 없다.[18] 현금 사용이 팽배해지면서 예전에는 감사의 표시로 주고받던 작은 선물도 현금으로 대체되었다.

부패의 억제는 실제로는 권력과 권위를 열어놓고 여기서 저기로 권력을 이전하느냐 아니냐에 달려 있었다. 영어권의 보츠와나 또는 세네갈을 제외하면 지난 수십 년간 쿠데타나 불발 쿠데타 없는 순조로운 권력 이전은 잘 보이지 않았다. 그러나 이 문제에서도 일단 오랜 식민지 시대에 유럽인 총독 1인의 권한이 얼마나 막강했는가를 상기하지 않을 수 없다.[19] 성치적 변화는 완만한데다 후퇴하기 쉬운데 강력했던 권위의 흔적은 단시일에 지워지지 않았던 것이다. 더군다나 권위의 주체인 정치 엘리트가 독립 후에도 프랑스 정치권과 밀착되어 있다는 점이 희석되지 않았다. 서아프리카의 엘리트 집단은 거의 프랑스 유학 과정을 거쳤으며 결혼 같은 인맥에서도 유럽과 유대가 강한 편이었다. 만약 그 결과로 고여 있는 엘리트 집단이 형성된 것이라면 부패의 완화는 힘겨운 일이었다. 그런 집단이라면 부패의 사슬을 끊기 어려울 것이며 결국 국가의 무능력을 부르는 화근일 것이었다. 사하라 이남 아프리카 영어권 자료에 비해 프랑스어권 자료가 미비하지만 이러한 집단성은 공직 사회의 개혁과 직결되었다. 1980년부터 시작되었던 아프리카 공직 개혁(Civil Service Reform)은 영어권 아프리카에 적용되었는데, 정책 결정 기구의 역량 강화, 고위 공직자의 정치적 책임 확대, 공직 전반의 업무 역량 증진을 도모한 이 계획은 일단 실패한 것으로 평가되었다.[20] 공직 개혁은 중대하게 공직자의 소득원과 지출 상황, 재정 관리와 회계를 목표로 삼았던 것이다.

또 다른 정치 개혁은 지방화 문제였다. 행정권의 지방 이양은 정치권력을 열어두고 나누어 갖기 위해 회피할 수 없는 제도적 장치였다. 하지만 거의 누구나 종족과 부족 소속감을 털어버리기 힘든 서아프리카의 상황에서 지방화는 건드리기 어려운 뇌관이었다. 부족이나 종족의 구분 자체가 유럽적 개념이라 할지라도 각 지역에서 부족과 종족의 이익을 먼저 도모하는 것은 상식이었으며, 영어권과 프랑스어권이 공존하는 카메룬에서는 영어권 출신이 줄곧 정부 직책에서 배제되었던 관계로 지난날의 영국 지배 지역은 남부 카메룬 민족위원회를 세우고 지방화를 요구해왔다. 그러나 아직 취약한 중앙 집권 국가에서 이런 지방화 요구는 국가 권력으로부터 떨어져 나가려는 분리 세력으로 간주되기 쉬웠다. 이런 의심은 지방뿐만 아니라 일반적인 결사집단에도 해당된다. 언론 자유가 많이 신장되고 야당이 허용되는 나라에서도 노조나 시민 자원단체들에 대한 감시를 늦추기 어려운 것은 중앙 정부로부터의 권력 이탈이 두렵기 때문이다. 따라서 서아프리카는 대부분 아직까지 지방의 재정 자립도와 인적 자립도가 북아프리카와 중동에 비해서도 약하다.[21] 프랑스의 중앙 집권 원칙이 식민지에 그대로 이식되어 무리를 낳았다는 비판도 타당하지만 독립 후 아프리카에서 부족 사회의 특성을 살리는 정치 제도를 고안하고 실험해갈 여지가 없던 것도 사실이다.

이처럼 정치 개혁을 가로막는 요인들이 중첩되어 있어도 정치는 가능성이다. 프랑스의 정치학자 뤼시앙 스페즈에 따르면 정치는 오직 이해관계로만 결정되지 않는다. 만약 그렇다면 그 이름은 정치가 아니라 경제일 것이다. 또한 정치는 사회구조로 모두 설명되지도 않는다. 그런 이름은 사회학이다. 정치는 정당성의 문제인 만큼 신념과 의미 있는 기억들이 정치를 움직여갈 수 있으며 바로 이 점이 정치의 고유성이다.[22] 그러면 서아프리카에 신념과 기억이 부족한 것일까. 분명 아니다. 빈곤과 전쟁과 군사 쿠데타, 장기 집권은 세상이 황폐하다고만 가르치지 않았다. 가난하지 않아야 한다는, 총질은 물러가야만 한다는, 정치는 독점적이지 않고 자유로워야 한다는, 새삼스럽지도 않은 깨달음을 주고도 남았다. 그러나 형체가 없는 그런 의식과 감정이 어떻게 부패와 독점을 털어내는 정치적 변화, 피부로 다가오는 실질적인 개혁을 떠안을 것인가.

크게 보아 적어도 두 가지의 현상이 아프리카 정치 변화의 추동력으로 헤아려진다. 하나는 공간이고 다른 하나는 관계이다. 둘 다 정치의 작동에 긴요한 요소이다. 공간은 곧 도시화로 빚어지는 도시 공간의 사회적 역할을 말한다. 1970~1980년대부터 아프리카의 도시화는 빠르게 진행되었다. 1950년대 아프리카의 도시 인구는 평균 14.7퍼센트였으나 2000년에는 평균 37.2퍼센트로 확대되었고 2015년에는 45.3퍼센트에 이를 것으로 예상된다.[23] 그중에도 사하라 이남 아프리카의 도시 성장률은 연 5퍼센트 이상으로 라틴아메리카(2.3퍼센트)나 동남아시아(3.8퍼센트)에 비해 한층 급속하다. 게다가 콩고민주공의 킨샤사, 르완다의 키갈리, 세네갈의 다카르, 기니의 코나크리, 카메룬의 두알라, 코트디부아르의 아비장은 모두 현대화된 도시들이며 이 같은 도시의 성장이 정치적 의식과 요구 및 태도의 기반이 된다는 것은 굳이 말할 필요가 없다. 그에 더해 아프리카는 유난히 도시에서도 사람들이 많이 모이고 친목협회를 결성하는 사회적 특성을 갖고 있다. 정치사회학이 한바탕 펼쳐지는 것이다. 그렇긴 하지만 도시화로 야기되는 사회 변동이 곧 정치적 변화를 일으키는 감성적 압력이 될 것인지는 의문이다. 도시는 도시민에게 공공에 속한다는 자부심을 줄 때 정치적 기능을 수행하는데, 그러려면 사람들은 도시에서 자신의 미학을 늘 만나 오늘이 어제와 이어진다는 안도감을 누려야 하기 때문이다.[24] 서구식 직선 공간을 도입한 세계의 다른 숱한 도시와 마찬가지로 아프리카의 신도시가 과연 아프리카 고유의 형상을 자신의 도시 공간에 살려내고 있을까. 그리하여 면면히 가슴속 깊이 살아 있는 상징이 오늘의 정치적 상징으로 전화하고 있을까. 서아프리카 도시는 그런 면에서 기약과 무망의 두 갈래 가능성을 모두 안고 있는 것 같다. 형태의 미학이 아프리카 정신의 수려함을 증명하고도 남았기 때문이며 반면 자기들 정신의 부정 또한 너무도 강제되었기 때문이다.

이런 도시 공간의 구상성에 비해 종교와 정치 사이의 관계는 추상적이다. 더 보이지 않는다. 하지만 현대 아프리카의 종교와 정치를 연구하는 이들은 양자가 상당히 긴밀하게 얽혀 있다고 말한다.[25] 곧 정치는 공적인 것이고 종교는 사적인 것이라는 서구 계몽주의 이래의 관념은 재고되고 있고 이는 유럽에서나 아프리카에서나 마찬가지인 것이다. 대표적으로 공적인 것, 즉 민주주의는 개인의 영혼이 투입되기를 기다린다는 것이 정치와 종교를 접목시키려는 마르셀 고셰의 통찰이다.[26] 특히 서아프리카의 종교적 심성은 부유한 이들과 가난한 이들 사이에, 도시와 농촌 간에 이렇다 할 차이가 없다. 다만 가난한 지역은 대부분 민중 설교사와 예언자들에 의지하는 반면 부유층은 자신의 영혼을 위한 조언자를 따로 두고 있을 뿐이다. 종교적 심성이 널리 퍼져 있다는 것 외에도 아프리카의 종교 상황은 좀 색다르다. 물론 종교가 다르면 적대감이 크고 물리적 충돌도 일어나지만 크리스트교와 이슬람 또는 크리스트교와 전통 종교, 이슬람 순수파인 수피와 개혁 이슬람을 동시에 믿는 것이 그리 이상하지 않다. 세네갈 주민의 90퍼센트는 이슬람이며, 나머지 10퍼센트가 가톨릭과 개신교를 합한 크리스트교권이다. 코트디부아르는 세네갈과 달리 38.8퍼센트가 이슬람 신자이며, 가톨릭교도가 22퍼센트, 개신교도가 5.5퍼센트이고, 17퍼센트는 주로 농촌의 전통 종교 또는 부족이 믿는 종교를 따르며, 나머지는 그

밖의 다른 종교를 믿는다. 죽음과 삶을 분리시키지 않으며 생명의 재생에 대한 믿음을 간직한 고유 종교는 이제 대체로 소수의 신자만 두고 있지만 숭배와 기도, 춤에 깃든 아프리카 신앙은 보다 이지적이고 형식을 갖춘 종교에 침투되어 있다. 아프리카다운 고유성을 버리지 않은 것이다. 그중에도 주목되는 것은 아프리카에서만 나도는 종교 문건들이다. 어디서나 많이 팔리고 나누는 그 문건은 흔히 자신이 경험한 궂은일[惡]을 치유하고 나쁜 일을 미리 물리치려는 것인데 말할 것도 없이 전쟁도 부패도 모두 궂은일이다. 콩고의 무켄디(Philemon Mukendi) 같은 지식인이 아프리카의 종교적 설교는 유럽과 북미에서 정치 문제로 간주하는 것과 같은 성질이라고 설명하는 것도 그 때문일 것이다. 그렇다면 사회의 악을 원치 않는 것, 그것이야말로 정치권력의 투명성, 정부와 공공기관의 반부패를 이루겠다는 정치적 의지의 은근한 표현이 아니고 다른 무엇일까.

　　그러나 종교성은 다분히 철학적인 점이 있고 한 사회의 정치 발전은 사회 내부의 실제 소통에 달려 있을 것이다. 이 점과 관련해 프랑스어권 중서 아프리카는 언어와 교육의 이원화로 특히 엘리트와 민중 사이의 간격이 크다는 것이 지적된다. 사실 고등교육의 확산이 많이 이루어지고 있어도 여전히 교육의 기회를 얻지 못하는 인구도 많다.[27] 식민지 시대부터 형성된 부르주아의 영향력이 여전히 크다는 견해도 타당할 것이다. 그러나 그러한 격차 때문에 민중은 빈약하고 무력한 것이 이들 사회의 진면목일까. 생각할 일이다. 초기 산업 사회의 격한 변동 속에서 민중이 어떻게 그에 대응했는가를 주목한 역사가 에드워드 파머 톰슨은 일찍 1950~1960년대에 경험이라는 무형의 자산이 노동자 민중의 사회적·철학적 자산이었으며 노동계급은 그로부터 스스로 형성되어가고 있었다고 파악했다.[28] 톰슨의 논의에서 계급을 미뤄두고 어려운 경험을 새김질한 민중을 살린다면 서아프리카의 수많은 민중에게도 이는 고스란히 적용될 수 있다. 그러니 정치가 아래로부터 위로 또한 위에서 아래로 수없이 왕복하는 하나의 진자 운동이라면 서아프리카의 정치 개혁을 주도할 요원과 경험은 부족하지 않다.

이상을 모두 고려하면 어떤 기준으로는 실망스럽더라도 서아프리카의 동적인 정치 개혁은 진행 도정에 있다고 결론내릴 수 있다.[29] 공적·사적 부패는 모두를 갉아먹는 해충이라는 무언의 깨달음, 정부기관·민간기구의 부패 일소에 대한 궁극적 합의는 모든 정치 개혁 프로그램의 기반이자 출발이다. 또한 권력의 독점과 집중에 대해 '설령 원치 않는다 할지라도' 권력은 나누어 가져야 하고 결정은 투명해야 하며 여론은 존중되어야 한다는 사회인식도 강하다.[30] 1990년대 이후는 마침내 방법론이 문제라는 데까지 나아갔다. 오랫동안 얼룩졌던 정치 경험으로부터 자유민주주의와 민중적 민주주의, 둘 중 하나를 선택해야 한다고 믿었던 것은 지난날의 오류이며 거기서 발생했던 부작용을 치유해야 한다는 값진 교훈에 도달한 것이다.[31] 민중이 가난하니 국가에서 민중의 삶을 지원해야 한다는 온정주의적 관념에 대해서도 새로운 세대들은 사뭇 비판적이다. 그런 관념을 가지면 결국 민중 위에 군림하는 정권을 자초한다고 보기 때문이다. 아울러 빠른 속도의 도시화와 인구 비중이 큰 젊은 세대들의 다양한 문화 운동은 넓은 의미에서 정치 개혁을 지원하는 그물망이 되고 있다.[32] 사하라 이남 아프리카에 대한 통계 조사에 따르면 고등교육의 성취, 미디어 이용, 정치적 분화, 개인적 안녕, 경제적 복지, 정치 상황이 모두 부패와 같은 불합리에 대한 비판의식을 키우는 요소들이다.[33]

무엇보다 사회의 밑바닥 사람들은 근대적인 것은 경제적인 것이라는 물질 위주의 관념에 사로잡혀 있지 않다. 빈부 격차가 현저하고 대다수의 사람들이 부에 접근할 가망성이 불투명하기에 이른바 전근대적 태도가 태도가 살아남았거나 유지되는 것이라고 관측할 수도 있다. 그러나 정치가 이해타산의 집합만도 아니고 사회구조의 산물만도 아니라면 이 단계는 오히려 공동의 가치를 조성하는 데 유리할 수도 있다. 더구나 아프리카는 개인에 기초한 계약 사회로 출발한 것이 아닌 만큼 공동의 가치가 개인보다 후순위로 밀릴 이유가 없다. 이익사회와 공동사회 사이에서 적어도 서아프리카는 자신의 터전을 널리 잡으려 하고 있다. 이러한 작업은 많은 시간을 필요로 하지만 모든 정치·사회문제를 아우를 하나의 지표는 이미 태어나 있었다.

## 5. 아프리카 발전의 권리와 인권

그 이름은 인권이었다. 2004년 1월 25일 '인간과 민중의 권리 아프리카 법정(Cour Africaine des Droits de l'Homme et des Peuples)'을 설치하기로 하는 의정서가 발효되었다.[34] 아프리카 대륙 사상 처음으로 갖게 된 이 법정은 1998년 6월 10일 부르키나파소의 수도 우아가두구에서 열린 아프리카 단결기구 정부 수반 회의에서 채택되었다. 그 다음 단계로 2003년 12월 26일 코모르 연방, 남아프리카공화국, 알제리, 부르키나파소, 부룬디, 코트디부아르, 감비아, 레소토, 리비아, 말리, 모리스 군도, 우간다, 르완다, 세네갈, 토고가 협정 비준서를 제출했다.[35] 세계인권연맹(FIDH), 유엔 인권이사회 같은 국제기구, '국경없는 기자'나 '국경없는 의사' 같은 민간 기구에 아프리카의 인권 위반 사례가 쌓여갔던 만큼 이 법정의 설치는 아프리카의 인권 개선에 하나의 전환점이 될 것으로 평가받았다.[36]

사실 국제 전범 재판에 회부되어야 한다고 인권운동 측이 주장하는 사건이 여러 가지였다. 우선 르완다 내전과 콩고 전쟁에서의 제노사이드 및 여성에 대한 집단 강간에 직접 가담한 자들이 문제시되었고 르완다애 국전선의 지도자로 제6대 르완다 대통령에 오른 폴 카가메의 재판 여부도 계속 논란이었다. 콩고 전쟁으로 일어난 학살의 규모와 잔혹 행위는 정확하게 공식적으로 보고되지 않았지만 유럽의 인구학자들은 전쟁 중 사망자를 18만 3천 명, 기아와 질병으로 사망한 사람을 400만 명 내지 450만 명으로 추정한다. 또한 수많은 사람들이 살 곳을 잃고 이웃 나라로 피난했다는 것이 국제구조위원회의 보고인데 재판을 받고 책임질 사람은 아무도 없다는 사실은 너무도 역설이라고 인권론자들은 주장하였다.

인권은 정치적 비판자들의 발언만으로 그 깊이를 가늠할 문제가 아니었으며 온몸으로 수난을 당한 여성들이 당사자들이었다. 콩고 전쟁으로 피해를 입은 여성은 수도 많았으며 이들이 당한 가혹 행위는 기록하기조차 불가능하였다. 강간을 당한 여성들은 성적 전염병에도 시달렸지만 남편과 친척으로부터 배척당하므로 보고를 피할 수밖에 없는 형편이었다. 또한 콩고 전쟁에 많이 동원되었던 여성 전투원들은 때로는 성적 역할도 강요받았다. 하지만 여성들은 탄식과 무기력으로 시련에 대응하지 않았다. 뉴스도 통신도 결여된 콩고의 오지(奧地)에서 이와 같은 인권 이전의 상태를 자신들이 어떻게 겪어냈는지 담담하게 설명하는 여성들도 있었다.[37] 특히 피해가 심한 동부 콩고공화국에서는 남성들이 죽고 살림은 모조리 파괴된 상황에서도 여성들이 앞장서 가정과 지역의 안정을 되찾아갔다. 콩고 국경 지대 키부스(Kibus)의 150개 여성조직은 평화의 수립이 자신들의 몫이라고 믿었다.

독립 후 아프리카의 (정치적) 혼돈은 크고도 깊은 강이었지만 이처럼 아프리카가 지난 모든 혼돈을 헤치고 정치적 안정을 추구하고 있다는 사실은 부정될 수 없으며 혼돈 속에서 누구나 뼈아프게 배운 교훈이 인권이란 것은 의문의 여지가 없다. 인권은 누가 가르치거나 어디서 들여온 사상이 아니었다.

아프리카와 제3세계는 이미 1970년대 이후 발전의 이름 아래 인권이 짓밟혀서도, 인권에 호소하여 발전을 저해해서도 안 된다는 논리를 개진했다. 발전과 인권의 동반 개념은 1970년대 초 신국제경제 질서가 논란을 일으킨 시기에 세네갈의 법관 케바 음바예(Kéba Mbaye)[38]에 의해 도입되었다. 음바예 같은 아프리카 법률가들은 세계 경제를 주도하는 강대국들에 대해 자원 재분배의 정당성만 주장하지 않았다. 아프리카 인권 헌장을 주도한 케바 음바예는 발전은 법적 권리일 뿐만 아니라 윤리적인 것이며 아프리카의 인권은 다름 아닌 그 윤리의 첫걸음이라고 제시했다. 2007년에 작고하는 그는 2005년 다카르의 세이크 안타 디오프 대학교 새 학년도 개강 강연에서 아프리카 정치의 이정표를 세웠다. 발전의 토대인 "윤리는 기업인, 관리, 전문가, 교육자, 우리나라의 모든 것의 기준으로 채택되어야" 하며 "윤리의식이 없이 동포 시민의 등짝 위에서 부유해지는 이들은 존경을 사지 못할 것"이라고 한 다음 이어서 말했다. "한 나라를 발전시키는 것은 정치꾼의 정치가 아니다. 그런 류의 정치는 세상에서 하기 쉬운 일이다. 그런 정치라면 공부할 필요도, 수련을 쌓을 것도 없다. 더 늦기 전에 근면과 윤리를 세우자."[39]

서아프리카의 지난 40년은 빈곤 속에서도, 가득한 희생과 더불어 혼돈을 헤치고 아프리카다운 정치 개혁의 방향을 찾게 한 중대한 경험이었다.

# 주

1   아프리카 채무에 관한 푸르타도 외, 1985는 여전히 유효한 문헌이다. 1990년대 이후의 채무에 관
    해서는 최동주, 2003: 135-155 참조.
2   농업 근대화에 대해서는 Dibua, 2002: 107-137, 농업 기술 개선에 관한 자료는 Cole, 2000, 토지
    소유권 문제는 Roberts and Worger, 1997: 1-7 참조.
3   한양환, 2006: 243-280; Ieuan Griffiths, 1986: 204-216.
4   2011년 7월 남수단공화국이 분리·독립한 후 수단은 알제리, 콩고민주공화국에 이어 아프리카에서
    세 번째로 큰 나라가 되었다.
5   루뭄바에 대한 연구서는 Zeilig, 2008 참조. 루뭄바의 살해 사건을 집중적으로 규명한 책으로는 De
    Witte, 2001가 있다. 아래의 글은 De Witte, 2001: 200에서 인용.
6   De Witte, 2001: 174.
7   2000년대에 루뭄바에 관한 동영상, 영화, 인터넷 웹사이트가 제작되었다.
8   Sankara, 2008.
9   나윤도, 1986: 3. 아프리카 사회주의를 실현하려 한 가나의 엔크루마의 정치 노선은 그의 사후에도
    가나의 사회 원리로 계승되었다.
10  Raymond Aron, *Paix et guerre entre les nations*, Camann-Lévy, 1968(1962), 13.
11  Braathen(ed.), 2005; Miles, William F. S. and David A. Rochefort, 1991.
12  1971년 모부투 세세 세코(Mobutu Sese Seko)로 개명했다.
13  조홍식, 2012: 129-152.
14  Rempel, 1994.
15  한양환, 1997: 635-659.
16  국제투명성은 비정부·비영리 기구로 1997년 독일에서 시작하여 전 세계 지역에 지부를 두고 있다.
17  de Sardan, 1999: 29.
18  de Sardan, 1999: 36.
19  Crowder, 1987: 15.
20  Olowu, 1999.
21  Olowu, 1999: 9. 〈Figure 1. Government employment as percentage of population〉.
22  Sfez, 1988: 1-6.
23  Pourtier, 1999; Hanna and Hanna, 1981.
24  정기용, 1993: 217-236.
25  Ellis and Haar, 1998: 175-201.
26  Gauchet, 1998: 103-110.
27  한 조사에 따르면 2000년대 말리에서 70퍼센트의 인구는 학교를 다니지 않았고 20.9퍼센트만 초
    등학교를 마쳤으며 중등교육은 7퍼센트, 그 이상의 고등교육은 2퍼센트만 받았다.
28  톰슨이 쓴 『영국노동계급의 형성』을 보라(톰슨, 2000).
29  근래에 유엔, IMF, 세계은행, OECD 같은 국제기구에서 주도하는 반부패의 수사학은 경제 자유화

와 연관되어 있다고 보는 견해도 있다. Mlada Bukovansky, 2006: 181-209.

30 Ambrose, 1995.

31 Rempel, 1994.

32 다방면의 아프리카 문화 운동을 볼 수 있는 http://www.africultures.com/php와 www.jeuneafrique.com 등의 사이트 참조.

33 Iroghama, 2005: viii.

34 여기서 Peoples/Peuples의 함의가 무엇인가는 논제였지만 개인을 가리키지 않는다는 것은 확실히 언명되었다.

35 Amougou, 2003.

36 Puechguirbal, 2003: 1271-1281. 아프리카의 인권 문제에 관해서는 Zeleza, 2007: 474-508; Saidu, 1993: 485-498 참조.

37 Uvin, 2007: 597-606.

38 2009년에 작고한 케바 음바예의 인권과 준법을 위한 생애는 Cheikh Yerim Seck, *Kéba M'baye. Parcours et combats d'un grand juge*, Éitions Karthala, 2009.

39 Seck, 2009: 108-109.

# 참고 문헌

김창환, 1989, 『아프리카 정치경제』, 한국외국어대학교출판부.

나윤도, 1986, 「아프리카 사회주의 제국의 형성 및 발전」, 『한국아프리카학회지』, 창간호(7월).

신원용, 1997, 「아프리카의 정치적 전통과 식민주의, 민주주의의 전망」, 『한국아프리카학회지』, 제9집.

심의섭, 1990, 『아프리카 경제론』, 명지출판사.

안신, 2008, 「아프리카 종교연구의 최근 동향과 전망: 서구의 아프리카 종교이해의 한계와 현상학적 대안」, 『한국아프리카학회지』, 제27집.

이효영, 2005, 「아프리카 채무 해결 관련 이니셔티브에 대한 연구」, 『아프리카연구』, 제18집.

정기용, 1993, 「도시 공간의 정치학」, 『문화과학』, 3호(4월).

조홍식, 2012, 「아프리카와 민주주의: 세네갈 사례의 역사 및 전략적 분석」, 『국제지역연구』, 21권 3호.

최동주, 2003, 「아프리카 채무구제 정책 환경의 변화」, 『한국아프리카학회지』, 제17집.

톰슨, 에드워드 파머, 2000, 『영국노동계급의 형성』(상·하), 나종일 외 옮김, 창비.

푸르타도, C. 외, 1985, 『제3세계의 외채 위기』, 정윤형 편역, 창작과비평사.

한양환, 1997, 「불어권 흑아프리카: 대불 종속관계의 현황과 전망」, 『한국프랑스학논집』, 제23집.

_____, 1998, 「후투-투치족간 종족분규의 합리적 해결방안 모색」, 『한국아프리카학회지』, 제10집.

_____, 2006, 「불어권 서부 아프리카의 발칸화—주변부화—세계화 과정 분석」, 『한국아프리카학회지』, 제23집.

_____, 2007, 「아프리카의 민주화와 종족분규(코트디부아르의 남북분단사태를 중심으로)」, 『한국아프리카학회지』, 제25집.

_____, 2009, 『불어권 아프리카의 사회발전: 경제회생 및 사회통합을 중심으로』, 높이깊이.

Ambrose, Brendalyn P., 1995, *Democratization and the Protection of Human Rights in Africa*, Praeger Publishers.

Amougou, Jean-Louis, 2003, "Avances et limites du système africain de protection des droits de l'homme: La naissance de la cour africaine des droits de l'homme et des peuples," *Droits fondamentaux*, 3(janvier – décembre).

Artadi, Elsa Vila, 2006, *Essays in Development Economics*, Ph.D. Dissertation, Harvard University.

Braathen, Einar(ed.), 2005, *Ethnicity Kills? The Politics of War, Peace and Ethnicity in Subsaharan Africa*, Macmillan Press.

Bukovansky, Mlada, 2006, "The Hollowness of Anti-Corruption Discourse," *Review of International Political Economy*, Vol.13, No.2(May).

Clark, John F., 1997, *Political Reform in Francophone Africa*, Westview Press.

Cole, Remlleka Rakiatu, 2000, *The Diffusion of Innovations in Agriculture Rice Technologies in West Africa Approaches Used the Case of Gambia*, Ph.D. Dissertation, Ithaka, Cornell University.

Crowder, Michael, 1987, "Whose Dream was It Anyway? Twenty-Five Years of African Independence," *African Affairs*, Vol.86, No.342(Jan.).

de Sardan, J. P. Olivier, 1999, "A Moral Economy of Corruption in Africa?," *The Journal of Modern African Studies*, Vol.37, No.1(Mar.).

De Witte, Ludo, 2001, *The Assassination of Lumumba*, trans. by Renée Fenby and Ann Wright, New York and London: Verso.

Dibua, J. I., 2002, "Agricultural Modernization, the Environment and Sustainable Production in Nigeria, 1970-1985," *African Economic History*, No.30.

Ellis, Stephane and Gerrie Ter Haar, 1998, "Religion and Politics in Sub-Saharan Afirca," *The Journal of Modern African Studies*, Vol.36, No.2.

Gauchet, Marcel, 1998, *La religion dans la démocratie*, Gallimard.

Gérimont, Patricia, 2008, *Teinturières à Bamako, Quand la couleur sort de sa réserve*, Paris: IBIS Press.

Gibbon, Peter and Stefano Ponte, 2005, *Trading Down: Africa, Value Chains and the Global Economy*, Temple University Press.

Gleave, M. B. & W. B. Morgan, 2001, "Economic Development in tropical Africa from a geographical perspective: a comparative study," *The Geographical Journal*, Vol.167, No.2(June).

Griffiths, Ieuan, 1986, "The Scramble of Africa: Inherited Political Boundaries," *The Geographical Journal*, Vol.152, No.26(July).

Hanna, W. J. and J. L. Hanna, 1981, *Urban Dynamics in Black Africa: An Interdisciplinary Approach*, Aldine.

Iroghama, Paul, 2005, *Bandits or Ruler? Sources of Perceived Political Corruption in Sub-Saharan Africa*, Ph. D. Dissertation, University of Texas.

Liebenthal, Roberrt(ed.), 2006, *Attacking Africa's Poverty*, Washington D. C.: World Bank.

Manning. Patrick, 1998, *Francophone Sub-Saharan Africa, 1880-1995*, Cambridge University Press.

Mbaku, John Mukum and Julius Omozuanvbo Ihonvbere, 2003, *Political Liberalization and Democratization in Africa: Lessons from Country Experiences*, Praeger Publishers.

Meagher, Kate, 2006, "Social Capital, Social Liabilities, and Political Capital: Social Networks and Informal Manufacturing in Nigeria," *African Affairs*, Vol.105, No.421(Oct.).

Miles, William F. S. and David A. Rochefort, 1991, "Nationalism Versus Ethnic Identity in Sub-Saharan Africa," *American Political Science Review*, Vol.85, No.2(Jun).

Odinkalu, Chidi Anselm, 2003, "Back to the Future: The Imperative of Prioritizing for the Protection of Human Rights in Africa," *Journal of African Law*, Vol.47, No.1.

Olowu, Bamidele, 1999, "Redesigning African Civil Service Reforms," *The Journal of Modern African Studies*, Vol.37, No.1(Mar.).

Pourtier, Roland, 1999, "Villes africaines, documentation photographique," *La Documentation*

*Française*, No.8009(Juin).

Price, Stuart, 2006, "Rwanda: the Road to Recovery," *New African Issues*, 457, December.

Puechguirbal, Nadine, 2003, "Women and War in the Democratic Republic of the Congo," *Signs: Journal of Women in the Culture and Society*, Vol.28, No.4.

Rempel, Henri, 1994, "The Role of Urban Informal Activity in the Rural-to-Urban Transition in Africa," Fidelis Ezeala-Harrison, Senyo B.-S. K. Adjibolosoo, *Perspectives on Economic Development in Africa*, Praeger Publishers.

Roberts, Richard and William Worger, 1997, "Law, Colonialism and Conflicts over Property in Sub-Saharan Africa," *African Economic History*, No.25.

Saidu, Mahmoud Sakah, 1993, "The State and Human Rights in Africa in the 1990s: Perspectives and Prospects," *Human Rights Quarterly*, Vol.15, No.3(Aug.).

Sankara, Thomas, 2008, *L'émancipation des femmes et la lutte de libération de l'Afrique*, Pathfinder.

Seck, Cheikh Yerim, 2009, *Kéba M'baye. Parcours et combats d'un grand juge*, Editions Karthala.

Sfez, Lucien, 1988, *La symbolique politique*, 〈Que sais-je?〉, PUF.

Shepard, George W., 1993, *World Debt and the Human Condition: Structural Adjustment and the Right to Development*, Greenwood Press.

Taylor, Ian, 2004, *Africa in International Politics*, Routledge.

Uvin, Peter, 2007, "From the Right to Development to the Rights-Based Approach: How 'Human Right' Entered Development," *Development in Practice*, Vol.17, Nos.4/5(Aug.).

Wallerstein, Immanuel, 2005, *Africa, The Politics of Independence and Unity*, University of Nebraska Press.

Wunsch, I. and S. James, 1990, *The Failure of the Centralized State*, Westview Press.

Zeilig, Leo, 2008, *Patrice Lumumba, Africa's Lost Leader*, London: House Publishing.

Zeleza, Paul Tiyambe, 2007, "The Struggle of Human Rights in Africa," *Canadian Journal of African Studies*, Vol.41, No.3.

# 구비문학의 새로운 지평

문 학 자 원 의 보 고 흑 아 프 리 카                    이규현

## 1. 개관

선사 시대부터 오늘날까지 아프리카는 수많은 민족 집단의 자연발생적이
거나 인위적인 이주가 빈번히 일어나는 공간이다. 현재와 같은 국가들 사
이의 경계는 각 민족 집단의 사회·문화적 특수성을 무시한 식민지화의 결
과일 뿐이다. 모리타니, 세네갈, 기니, 코트디부아르, 부르키나파소, 토고,
베냉, 니제르, 차드, 카메룬, 중앙아프리카공화국, 가봉, 콩고민주공화국,
콩고공화국, 르완다, 부룬디, 마다가스카르 등을 포괄하는 프랑스어권 흑
아프리카의 어느 국가를 막론하고 민족의 모자이크, 언어의 모자이크가
아닌 곳이 없다.

　　문화사의 견지에서 프랑스어권 흑아프리카를 볼 때 맨 아래 기층에
는 각 민족의 유구한 전통 문화, 중간층에는 이슬람 문화, 맨 위층에는 프

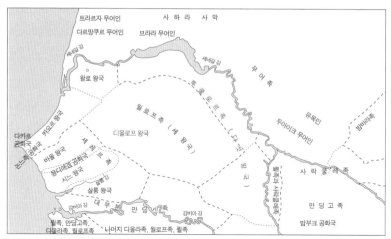

**지도 1** 19세기 세네갈의 민족 집단들

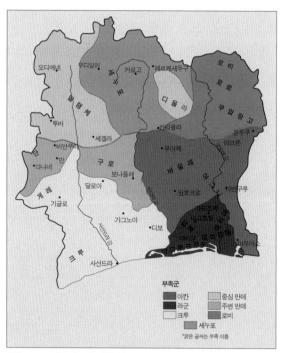

**지도 2** 코트디부아르의 민족 분포도

랑스 문화가 퇴적되어 있다. 이 세 가지 문화는 통시적으로 서로 단절되어 화석화된 과거의 유물이기는커녕 도시화와 세계화의 동향에 따라 국가마다 제각기 다른 밀도로 문화의 도가니 속에서 들끓어 흑아프리카 각국의 독특한 문화 지형을 빚어낸다. 이 흥미로운 문화 삼국지는 거의 모든 지식인의 교육 과정에서도 그대로 구현된다. 어린 시절에는 누구나 마을의 케이폭 나무 아래에서 자신의 민족어로 입에서 입으로 전해져온 설화, 우화, 속담, 수수께끼, 전설, 서사시를 들으며 구술(口述) 문화 또는 말의 문화를 전수받고, 이어서 코란 학교나 프랑스어 학교에서 기술(記述) 문화 또는 글의 문화를 익힌다. 그런데 집단이나 개인적 차원에서 아프리카의 구술 문화는 결코 기술 문화로 발전하기 이전의 기본적이고 원시적인 문화가 아니다. 구술 문화는 기술 문화에 압도되거나 흡수되기는커녕 나름대로의 변용과 발전을 거듭하는 엄연히 독립된 영역이다. 즉, 구술 문화는 급속한 도시화와 세계화의 물결 속에서 패권적인 문자 문명과 새로운 의사소통 도구에 맞서 과거와는 다른 새로운 형태의 자율적인 문화 양식으로, 이를테면 네오오랄리테(néo-oralité)로 엄존하면서 근대 문학의 자양분이 되고 있다. 요컨대 기술적인 것은 귀족적이고 구술적인 것은 통속적이라거나 전자는 우월하고 후자는 열등하다는 생각은 아프리카의 구비문학에 접근하고자 할 때 반드시 극복해야 할 편견이다.

근래에 들어 연구가 본격화되고 있는 구비문학은 수행(perform-ance)[1] 과정에서만 진정으로 작품 또는 텍스트가 존재하기 때문에, 달리 말하면 변이와 전파 그리고 창조의 과정 자체가 구비 텍스트의 본질이기 때문에 결코 전체를 망라할 수 없다. 수집·조사·번역을 통해 고정된 문자 텍스트는 많은 이본 중 하나일 뿐이다. 그러므로 구비문학의 연구는 애초부터 구술 문화의 맥락에서 벗어난 제한적인 것일 수밖에 없다. 재(再)맥락화도 아프리카의 구술 문화에 익숙한 연구자에게나 가능한 일이지 그렇지 않은 이에게는 거의 불가능한 일이다. 아프리카 구비 문학 연구의 한계는 대부분의 국가가 다민족으로 구성되어 있다는 사실[2]에 기인하기도 한다. 그래서 연구자를 배출한 민족의 구비문학은 널리 알려지고 그렇지 않은 민족의 구비문학은 민족의 울타리를 넘어서지 못한다. 프랑스의 연구자가 연구 역량을 갖추고 있는데도 언제나 총망라의 불가능성을 사전에 인정하는 것은 수많은 민족 및 언어의 존재 때문일 것이다.

그러나 구비문학의 연구는 아무리 부분적일지라도 아프리카인의 사유방식 또는 아프리카인이 세계와 관계를 맺는 방식을 이해하는 데 매우 중요하다. 이는 다른 어떤 곳보다 아프리카에서 전통적인 것의 유산이 훨씬 더 높은 강도를 띠고 있기 때문일 것이다. 물론 근대 문학을 통해서도 아프리카인의 존재방식이나 사유방식에 접근할 수 있지만, 이 경우에도 중요한 관건은 전통적인 것의 흔적일 것이다. 그런데 구비문학은 바로 전통적인 것의 핵심을 이루고 있으며, 따라서 아프리카인의 기본 심성을 이해할 수 있는 가장 좋은 방법 또는 아프리카인의 기본 심성으로 열린 창이라고 할 수 있다. 비록 구술 문화와 기술 문화의 상호침투가 이루어지는 과정에서 기껏해야 사후에 후위에서 아프리카 및 프랑스 연구자들에 의해 확립되고 프랑스어로 번역된 범위 내에서일망정 구비문학의 여러 작품은 아프리카 문화의 기층을 탐사하는 데 불가결한 것이다.

연구사에 의해 확증할 수 있듯이 아프리카의 구비문학만큼 학제적 연구를 요구하는 분야도 없다. 애초에 구비문학은 식민지 지배의 필요에 의해 인류학의 관점에서 연구되어 문화적·사회적 재현의 장소 겸 매체, 사회 통합을 위한 교육 및 입문 의식의 수단, 개인이나 사회 집단 사이의 의사소통 방식, 권력의 정당화와 대항 권력의 표현 및 사회 규제의 수단으로 간주되면서 사회 현실의 맥락에 끼어 넣어졌다. 그러다가 민족들의 이동 경로와 제국들의 부침에 대한 근거를 찾으려는 역사가들의 접근, 뒤이어 민족어들의 연구, (언어학자, 문체연구가, 수사학자, 구조주의자에 의한) 형식주의적 연구가 이루어졌다. 최근에는 수행성과 언술의 사회적 차원이 중시되면서 끊임없는 변화 상태를 오히려 긍정하며 그 가변성을 연구하게 되었고, 문학성과 구비의 맞물림에 입각해 구비문학의 시학을 정립하려는 경향이 생겨나고 있다.

이와 같은 접근방법은 서로 배타적이지 않고 상호 보완적이다. 사실 프랑스어권 흑아프리카의 구비문학을 연구하려면 이 모든 방법이 적절히 구사될 필요가 있다. 사회의 현실이나 제도 또는 역사의 부침을 읽어내려고만 해서도 안 될 것이고, 반대로 사회나 역사에 대한 고려 없이 문학성만 파고들어서도 안 될 것이다. 극히 제한된 채록·번역 텍스트에서 출발하여 사회와 역사에 관한 정보뿐만 아니라 구비문학의 본질적 특징을 추출하고 더 나아가 구비문학의 새로운 지평—구비의 문학성이란 무엇인가, 글의 문학이 패권을 차지하고 있는 오늘날의 상황에서 말의 문학이 갖는 가치나 의의는 무엇인가—에 대한 답을 모색하는 것이 구비문학 연구의 중심이자 목적이어야 한다.

구체적인 텍스트는 모두가 그저 재미있는 이야기라고 보아도 무방하다. 프랑스어권 흑아프리카는 남·북회귀선 사이의 열대지방으로서 태양이 떠 있는 동안에는 사람은 물론 자연도 극도의 무기력과 녹초 상태에 빠지기 일쑤지만 대기에 기분 좋은 선선한 기운이 감도는 저녁이면 살아 있는 모든 것이 즐거움과 활기를 되찾는다. 그리고 이때부터 사람들은 나무 밑에 모여 이야기를 하고 노래를 부르고 춤을 추고 의식을 치르는 등 문화 활동을 시작한다. 이와 같은 노래와 춤과 의식의 현장은 구비문학의

### 그리오(griot)

1637년 드 생로(A. De Saint-Lô)가 쓴 『캅베르 여행기(Relation Du Voyage Du Cap-Vert)』에서, 그리고 1728년 라바(Jean Baptiste Labat) 신부가 쓴 『새로운 서 아프리카 견문록(Nouvelle relation de l'Afrique occidentale)』에서 사용된 기리오 (guiriot)라는 말이 변형된 용어이다. 지배자의 하인이나 식객을 의미하는 포르투갈 어 크리아도(criado)에서 유래했다고도 하고, 대중 가객을 지칭하는 무어어에서 유 래한 용어라고도 한다. 그러나 그리오의 활동은 훨씬 오래전부터 존재했다. 혹자는 그리오 계급의 연원이 15~16세기에 융성한 송하이 제국에 있다고 주장하고, 혹자는 13~16세기 동안 존속한 말리 제국을 창건한 순디아타 시대에 자리 잡았을 것이라고 추정한다. 만딩고족의 신 파로(Faro)가 희생되면서 흘린 피에서 그리오의 조상이 태 어났다는 신화를 원용하는 연구도 있고, 퓔(Peul)이라는 유목민족의 마보(mabo) 계급이 간직하고 있는 근원 신화로 거슬러 올라가는 연구도 있다. 명칭 또한 민족 에 따라 다르고 세분되어 있다. 만딩고족은 단순히 시인이란 의미의 디엘리(dyeli), 이슬람화된 피네(finè), 왕의 그리오인 벨렌티기(bélentigi), 사냥의 그리오를 지칭하 는 응고닌포(ngoninfo)를 구별하면서도 이들을 모두 세습 계급의 사람 또는 직업인 을 가리키는 사회 집단 니아마칼라(nyamakala)로 지칭한다. 퓔족은 시인-역사가 마 보, 시인-찬양자 가울로(gawlo), 악사 밤바도(bambado), 어릿광대를 구별하는데, 마보는 귀족에게만 이야기를 들려주는 반면에 가울로는 모든 이를 위해 노래하고 이 야기한다. 그리오는 귀족 계급보다 낮은 신분이지만 발언의 권력을 지닌 '미디어크라 시(mediacracy)'를 향유했다.

현장이기도 하다. 구비문학은 다른 공연예술과 긴밀하게 연결되어 있을 뿐만 아니라 그 자체로 공연의 성격, 즉 수행성을 지니고 있다. 그런데 작 가는 없고 구연자만 있다. 이야기가 저절로 생겨났다고 또는 집단 전체가 이야기를 생산한다고 볼 수 있다. 곡과 연주자는 있으나 정작 작곡한 이는 없고 연극과 연기자는 있으나 정작 대본을 쓴 사람은 없는 것과 같다.[3]

구비문학에서는 구연자의 존재가 대단히 중요하다. 구연자가 하나의 사회계급으로 존재하느냐 그렇지 않느냐에 따라 구비문학의 융성이 좌우

왕과 그리오들

된다. 일반적으로 그리오라 불리는 이들은 다른 직종의 종사자(예컨대 대장장이)와 마찬가지로 동족 결혼을 하고 대대로 직업을 계승하는데, 서사시 전문가는 그들 중에서도 족장이나 왕조 또는 부양자-귀족에게 귀속되어 있다. 서사시 전문가는 우선 가정에서 여러 해 동안 아버지나 삼촌에 의해 세심하게 육성되고 뒤이어 다른 선생들을 찾아가 낮에는 들판에서 일하고 저녁에는 도제로서 기예를 연마한다. 이러한 수행은 혼자서 충분히 그리오의 직무를 수행할 수 있을 때까지 계속된다. 그러나 서사시나 전투 전야의 의례에서와는 달리 설화, 우화, 속담, 수수께끼의 차원에서는 기예의 연마도 그렇게 오래 걸리지 않고 이야기꾼의 범위도 훨씬 더 넓어진다.

구비문학의 장르는 일반적으로 서사시, 설화, 우화, 속담, 수수께끼로 구분된다. 오늘날에는 이야기라는 두루뭉술한 범주로 섞여 있어서 이러한 장르의 구분이 의미 없을지 모른다. 그렇지만 구비문학이 오늘날에도 여전히 새로운 형태로 계속해서 생산되고 있는 상황을 고려하면 구비문학 자체에서 전통과 현대 사이의 연결고리를 찾는 것이 중요하며, 이를 위해서 일반적인 장르 구분을 좇는 것이 여전히 유익하고 타당한 방법으로 보인다. 장르별 탐색을 하고 난 연후에야 문자문학의 패권과 관련해서 구비문학의 뜻과 힘을 어느 정도 짐작해볼 여건이 마련되고, 더 나아가 현재의 담론 생산양식 또는 적어도 현재의 담론 구성체를 가시적이게끔 해줄 오늘날의 구비문학으로 들어갈 디딤돌을 놓을 수 있지 않을까 생각한다.

## 2. 아프리카 서사시의 세계: 구비적 기원과 전투성

### 1) 성격 규정

『로베르 사전』에 의하면 서사시는 "경이로운 것이 참된 것과 섞이고 전설이 역사와 섞이는, 영웅이나 위대한 공적을 상찬하는 것이 목적인 긴 시(그리고 나중에는 때때로 고상한 문체의 산문 이야기)"라고 정의된다. 『리트레 사전』의 풀이도 유사하다. 즉, 서사시는 "위대하고 영웅적인 행동에 관한 운문 서술……흥미롭고 기억할 만한 행동의 모방"이다. 『라루스 사전』에는 서사시를 "영웅의 위업을 이야기하고 경이로운 것이 개입하는 시적인 운문 또는 산문 이야기"라고 정의되어 있다. 이러한 정의들은 고대 그리스·로마의 서사시와 중세 유럽의 무훈시에 기반을 둔 것으로 아프리카 서사시의 성격 규정에는 불완전하다. 물론 세계의 서사시 전체를 아우르는 만족스러운 정의를 만들어내는 것은 거의 불가능하다. 공통분모를 찾아 서사시를 객관적인 화자, 과거에 속하는 사건의 서술, 현 세계와 결정적으로 단절된 가공의 내용 등으로 규정하는 것 역시 만족스럽지 않기는 마찬가지이다.

19세기부터 오늘날까지 논쟁거리로 남아 있는 서사시의 기원과 관련된 두 가지 견해가 있다. 하나는 민중 시인에 의해 이미 말로 구축된 자생적 창조라는 것이고, 다른 하나는 박학한 전문가들에 의해 성찰되고 글로 일관성 있게 구성된 작품이라는 것이다. 이와 같은 두 가지 견해가 여전히 대립하고 있는 것은 유럽의 서사시가 갖는 특이성, 즉 구비적 기원은 인정되지만 구비 전승이 아니라 고대부터 글로 고정되어 인문주의자들에 의해 전달되었다는 특이한 운명 때문이다. 그러나 낭만주의 시대부터는 민중에 의한 창조 이론이 특히 게르만 서사시와 중세 무훈시의 기원을 둘러싸고 개진되었다. 가령 『롤랑의 노래』는 역사적 사건에 참여한 병사들에 의해 창작된 중세 속요에서 유래했다는 것이다. 군인 계급이 그것들을 반복적으로 부름으로써 10세기까지 전달했을 것이고, 10세기부터는 음유시인들이 대중의 주목을 끌기 위해 그것들을 모았을지 모른다. 그렇다면 음유시인에게 속요는 서사시적 이야기 구성의 초안이나 바탕으로 구실했을 것이 분명하다. 이러한 가설은 많은 비평가의 반박에 부딪혔다. 그들은 서사시 텍스트의 구비적 기원을 인정하지만 전체가 구술에 의해 창작되었거나 속요들을 이어 붙여 만들었다고 생각하기가 지극히 어렵다고 보았다. 민간의 노래는 기껏해야 착상, 재치, 활기만을 제공했을 뿐이고 나머지 전체는 발견되었다는 것이 그들의 주된 견해였다.

1980년대부터 아프리카 서사시들이 본격적으로 수집되고 번역되면서 전통주의적 견해가 힘을 얻었다. 아프리카 서사시들은 전적으로 구비적으로 어떤 그리오에게는 실례가 되겠지만 중세 유럽의 음유시인보다 더 박학하지도 문학적 소양이 있지도 않은 직업적 이야기꾼들 또는 전문가들에 의해 전해진 것이다. 그러므로 아프리카 서사시를 고려할 때 서사시의 기원에 관한 개인주의적 견해는 일정 부분 수정되어야 한다. 요컨대 아프리카 서사시는 잠재적인 서사시적 활동이 글에 선행했다는 가설을 확증한다. 아프리카 서사시는 복잡한 장르에서도 순전히 구비적인 창작이 가능하다는 것을 확연히 보여준다.

서사시란 무엇인가라는 정의의 문제를 아프리카 서사시에 비추어보면 어떤 새로운 정의가 가능할까? 아프리카 서사시에서 핵심 사항은 말과 악기의 결합, 서술의 동기 또는 원동력이 되는 위반, 집단 정체성을 되새기는 기능이다. 그중에서 서사시의 정의에 새로운 관점을 함축하고 있는 것은 두 번째 사항이다. 왜냐하면 첫 번째 사항은 아프리카에 특유한 것으로서 일반성을 결여하고 있으며 세 번째 사항은 정의와 관련된다기보다는 효과 또는 결과의 측면[4]이 강하기 때문이다. 헤겔이 게르만 서사시에 관해 말했듯이 전쟁 상태의 갈등은 서사시의 전형적인 주제이다. 어느 서사시에서건 핵심은 생명과 생명이 부딪히고 삶과 죽음이 갈리는 전투이다. 전투가 없다면 공훈도 없고 서사시도 없다. 굳이 전투가 아니더라도 결투나 다른 격한 갈등이 모든 서사시의 불가결한 요소이다. 호메로스의 『일리아드』와 『오디세이』에서도 『롤랑의 노래』에서도 아프리카의 대표적인 서사시 『순디아타(Soudiata)』에서도 전투가 중심의 자리를 차지한다. 이 점에서 19세기 소설 가운데 힘들의 관계로, 힘과 힘이 무수히 교차하는 벡터 공간으로 귀착시킬 수 있는 작품은 기본적으로 서사시적인 소설이라고 보아도 무방하다. 가장 대표적인 예가 톨스토이의 『전쟁과 평화』이다. 이러한 관점에서 서사시는 어떤 위대한 기도(企圖)를 위한 남성적 공격성을 무대화한다. 기본적으로 서사시는 전투를 서술하고 중심인물 중에서 비범한 인물을 돋보이게 하는데, 그는 늘 시련을 이겨내지는 않는다 하더라도 어김없이 감탄을 불러일으킨다. 아프리카 서사시에 비추어 쉽게 확증할 수 있는 전투성에 의한 서사시의 정의가 앞에서 인용된 몇 가지 사전적 정의보다 더 만족스러운 듯하다.

　수백을 헤아리는 프랑스어권 흑아프리카 민족 중에서 어떤 민족은 서사시의 전통이 있고 어떤 민족은 서사시의 흔적조차 없다. 일반적으로 역사가 민족의 이동과 쟁투로 점철되어 있는데도, 즉 지역 자체가 전반적으로 전투성의 공간인데도 이렇게 차이가 나는 것은 무엇 때문인가? 한 사회에서 서사시의 출현과 부재를 설명해줄 수 있는 요소는 무엇일까? 이 문제는 구비의 문명이 많은 기억화 기법을 발전시켰다는 점과 밀접한 관계가 있는데, 이 기법들은 사회 직능의 범주가 형성될 때부터 완벽해지기 마련이다. 아프리카의 서사시는 설화 또는 민담, 전설 또는 신기한 이야기 등의 서술 장르들과는 달리 결코 문외한들에 의해 전해지는 것이 아니다. 실제로 아프리카 서사시의 전승에서 사회구조(전사 계급이 있는 사회)도, 박학한 문인의 실재도, 민족 영웅의 필요도, 민족 정체성의 기능이나 공동체 정립이라는 이데올로기적 합목적성도 충분한 설명이 되지 못한다. 가령 18~19세기에 절대군주국의 형태를 취한 다호메(Dahomey) 왕국 또는 전사 계급과 식자층이 엄연히 존재한 아샨티(Ashanti) 제국이나 바울레(Baoulé) 왕국에서는 서사시가 전혀 창작된 적이 없다. 이와는 반대로 팡(Fang)족은 결코 중앙집권국가를 건설하지 못했고 산림 속에서 살았지만 음베트(Mvet)[5]를 생산했다. 자이레의 몽고(Mongo)족은 『리안자(Lianja)』라는 서사시를 갖고 있는 반면에, 훨씬 더 조직화되고 위계질서가 엄격한 쿠바(Kuba) 왕국에는 역사의 단계들을 명시할 뿐 조금도 문학적이지 않은 연대기가 있을 뿐이다. 이와 같은 사례들로부터 구비 사회에서 서사시가 생산되기 위한 단 하나의 조건은 기억, 이를테면 군주나 민

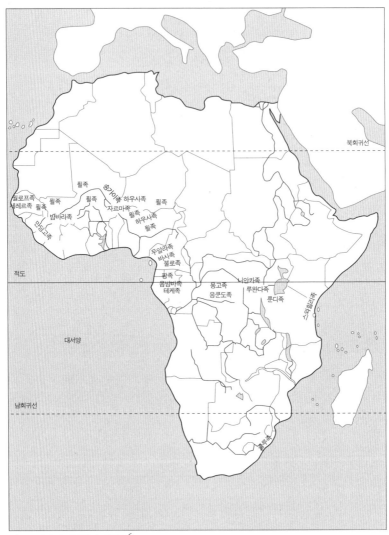

북회귀선

필족
윰기야족
세레르족  필족          하우사족    필족
윌로프족  필족     자르마족
밤바라족         필족
만딩고족         하우사족
                필족
           두알라족
적도        바사족
           불로족
           팡족     몽고족    니안카족
           음밤바족   응쿤도족   루완다족
           테케족            쿤디족

대서양

남회귀선

**지도 3** 서사시 민족들의 위치도[6]

족 영웅의 뛰어난 공적을 보존하고 낭송하고 현양하는 것이 직능인 전문
화된 예술가의 실재였음을 추론할 수 있다. 전문가의 양성은 서사시 장르

의 실재 여부를 결정하는 필수 조건이다. 고대 그리스에 음영시인(aéde)이 그리고 갈리아에 음유시인(barde)이 존재했던 것처럼 만딩고족의 디알리(dyali), 송하이-지르마족의 제제레(gesere), 필족의 마보(mabo), 월로프족의 바이-제웰(baj-gewel), 불루-팡족의 음보모-음베트(mbomo-mvet), 하우사족의 마로키(marok'i) 등처럼 그리오를 보유한 민족은 어김없이 서사시를 갖고 있다.

## 2) 아프리카 서사시의 네 가지 유형

아프리카 서사시는 서구에서 전통적으로 통용되어온 신화 모델, 호메로스 모델, 중세의 역사 모델 중에서 신화 모델과 역사 모델에 속한다. 그렇지만 이 양자 사이에서 잡종 형성이 눈에 띄는 것도 사실이다. 따라서 다른 범주를 추가해 작품군의 유형을 네 가지로 구분할 필요가 있다.

역사 모델은 아프리카 대륙에 매우 널리 퍼져 있다. 그러나 여타 지역들과는 달리 역사가 문자로 기록되지 않았으므로, 그리고 서사시의 바탕을 이루는 전사 도식이 예외 없이 정치적인 것으로 해석되는 만큼 역사 모델을 왕 또는 왕조 서사시라고 부르는 것이 적어도 아프리카의 경우에는 더 합당하다. 여기에 속하는 많은 작품은 실제로 피라미드 구조의 세습 계급으로 위계를 갖춘 왕국들에서 유래한다. 이 사회들은 일정 부분 유럽의 무훈시를 낳은 봉건 사회와 유사한 특징을 갖는다. 즉, 왕을 중심으로 하나 또는 여러 영웅이 있고, 정치적 갈등이 표면화되고, 봉신의 반란이 일어나고, 이웃 왕국과의 전쟁이 벌어지고, 왕위 계승 싸움이 전개되고, 기마행렬과 전투와 결투 그리고 용맹성의 옹호, 승리에서건 파국에서건 노래되는 민족의 현양, 집단의식의 표지가 되는 뛰어난 공훈의 선포와 기억화가 감지된다. 이 서사시들은 실제의 역사에 접목되어 있고 실제의 역사를 이상화된 이미지로 변형하는데, 이러한 격조 높은 이미지는 지배 집단의 정치 이데올로기와 가치 체계를 강하게 전달한다. 이와 같은 역사의 문학적 재구축은 여러 세기 동안 실행되는데, 물론 이 과정을 구체적으로 밝히는 것은 거의 불가능하다. 이 유형에 속하는 대표적인 예는 옛 만딩고 제국의 건설을 신성화하는『순디아타』, 밤바라족의『세구(Ségou)』, 퓔족의 디아스포라 과정에서 노래된『삼바 겔라디오 디에기, 푸타 군주의 전설(Samba Guéladio Diégui, La légende du Prince du Foûta)』, 세네갈과 감비아에 걸쳐 있는 월로프-세레르 작품군 가운데 가장 아름다운『카조오르(Kajoor)』등이다.

서구의 분류 항목에는 없지만 아프리카에는 어부, 사냥꾼, 목동 등 직능 집단의 서사시가 대단히 많다. 이 서사시들은 해당 직업에서 영웅의 위업을 예찬하는 이야기로 직업상의 위험이나 야생 동물(물소, 표범, 악어)의 신비스런 힘에 맞서거나 정령과 싸우는 영웅들을 보여주며 그들이 서로 용맹을 겨루는 일도 이야기된다. 모든 경우에서 이 영웅들은 민족의 차원이 아니라 자신이 속한 집단 차원에서 정신적 가치와 기예를 드높인다. 세네갈 강의 페카안(Pekaan)족 어부들의 서사시『세구발리(Segoubali)』와『삼바 디에렐(Samba Dierel)』, 디올로프(Diolof)족 목동들의 서사시『구말렐(Goumalel)』과『아마두 삼 폴렐(Amadou Sam Polel)』이 이 유형에 속하며, 여기에『함보데디오(Hambodêdio)』의 몇몇 에피소드, 하우사족의 서사시『가마 가리(Gama Gari)』, 무어족의 서사시『헤우눈(Heu-noune)』처럼 약탈, 목축, 강도질과 관련된 이야기를 덧붙일 수 있다. 끝으로 만딩고족 사냥꾼들의 서사시『캄빌리(Kambili)』,『마칸(Makan)』,『소마노(Somano)』,『칼라(Kala)』,『맘비(Mambi)』등이 조사되어 있다. 아직 현장 연구가 이루어지지 않은 다른 민족의 사냥꾼 서사시도 있을 것이다.

세 번째 유형은 종교 서사시이다. 이것은 이슬람교로 귀의한 주민 집단에 한정된 것으로서 19세기의 투쿨로르(Toucouleur)족 이슬람교 원로이자 작품명인 『엘 하지 오마르(El Hadj Omar)』의 지하드(성전)로부터 발전되어 아마두 밤바(Amadou Bamba)와 그의 제자 람프 팔(Lampe Fall) 그리고 마마바 디악수 바(Maaba Diaxou Ba) 같은 위대한 원로들을 기리는 서사시가 생겨났다. 이 서사시들은 하나 또는 여러 문자 판본도 있는데, 말로 된 것이건 글로 된 것이건 관련 신도회에서 창설자 또는 영웅에 대한 기억과 존경을 밑받침한다. 흑아프리카에서 이 새로운 종교는 말로건 글로건 토착어에 의한 서사시의 창작을 통해 사회에 통합되었다.

마지막으로 많은 아프리카 서사시는 신화 모델에 속한다. 그러나 여기에서 이야기되는 것은 민족이 아니라 씨족의 신화이다. 그러므로 이 유형의 명칭으로는 씨족 신화 서사시가 적합하다. 실제로 산림 서사시의 대부분은 바사족처럼 씨족, 계족(系族), 소(小)부족으로 구조화된 사회들에서 생겨났다. 이러한 공동체 또는 공동지배 사회, 아니면 원시 공산주의 사회에서는 실제로 우두머리의 권력이 다른 집단들(유지들, 사제들, 사법의 기능을 맡는 비밀 단체들)에 의해 강하게 통제받는다. 그렇기 때문에 씨족 서사시는 특히 내부의 긴장으로 표면화되고 분명하게 비사회적이고 주변적인 소외된 영웅, 아버지에 의해 처단된 비정상의 영웅, 과도한 권력 의지를 지닌 영웅 등을 그려낸다. 이는 상궤를 벗어난 것과 독자적인 패권을 전혀 용납하지 않는 사회에 대한 반발이거나 권력의 중심이 없는 사회에서 작은 우두머리들이 서로 경쟁하는 행태의 반영일지도 모른다. 그리고 경이로운 것이 일상적인 마법과 점술가의 고전적인 예언으로 축소되는 왕-역사 모델과는 달리 이 유형의 서사시들은 환상적이고 심지어 초현실적인 특성을 띤다. 가령 제키 라 응잠베(Djekki la Njambé), 오지디

## 『순디아타』 소개 및 「사자의 각성」 발췌 번역 [7]

『순디아타』는 말리 제국의 창설자 순디아타 케이타(Keïta) 이야기이다. 그의 치세는 1230~1255년이라는 것이 정설이다. 오래전의 시대인데도 이 군주와 제국에 관한 증언은 이븐 할둔(Ibn Khaldoun)의 여행기 이외에도 상당히 많다. 그렇지만 그의 눈부신 통치와 긴 시간의 간격 때문에 전설의 특징이 강화되었다. 오늘날 아프리카 학교들에서 이 서사시를 역사 과목으로 가르치고 있다. 1960년 지브릴 탐시르 니안느(Djibril Tamsir Niane)에 의해 수집된 이래 다양한 판본이 나온 서사시 텍스트는 순디아타의 가족, 어머니, 다처(多妻), 어린 시절에 관한 세부사항, 제국 창설자의 중요성을 부각시키는 세부 사항을 많이 제공한다. 실제로 애초에 만딩고는 소왕국에 불과했다. 순디아타의 유배, 맏형의 왕위 획득, 수수(Soussou)족의 왕 수마구루 칸테(Soumangourou Kanté)에 의한 만딩고의 점령, 순디아타가 이웃 왕들에게서 도움을 구하는 과정 및 그들과의 동맹, 연합군에 힘입은 재정복, 크리나(Krina) 및 나레나(Naréna) 전투, 순디아타가 주변 망데족 왕들을 복속시키고 봉건 군주로 등극하는 행로, 이 모든 것으로 인해 『순디아타』는 신격화로 끝나게 된다. 그러나 텍스트의 아름다움 덕분으로 이 서사시의 역사성은 의심받지 않았다.

### 「사자의 각성」

『순디아타』에 실려 있는 이야기 「사자의 각성」은 다음과 같다.

소골론 케주와 그녀의 자식들은 여왕-어머니가 먹고 남긴 것으로 살았다. 소골론은 마을 뒤편의 평원에 작은 텃밭을 일구어 대부분의 시간을 그곳의 마늘을 돌보면서 보냈다. 어느 날 그녀는 양념이 다 떨어져 여왕-어머니를 찾아가서 바오밥 나뭇잎을 좀 달라고 애걸했다. 악독한 사수마가 말했다.

"저런, 난 바가지 가득 있지, 가져가, 한심한 여편네야. 일곱 살 먹은 내 아들은 오래전부터 걸을 줄 알았고 나를 위해 바오밥 나뭇잎을 따왔지. 자, 여기, 한심한 어머니 같으니, 네 아들은 내 아들만 못해."

그러고 나서 사수마는 살을 뚫고 뼛속까지 스며드는 비웃음을 흘렸다.

소골론 케주는 견딜 수 없는 모욕을 느꼈다. 그녀는 인간의 증오가 그토록 강할 수 있다고는 결코 생각해본 적이 없었고, 목이 메어 수수마의 집에서 나왔다. 그녀의 집 앞에는 마리-자타가 불구의 다리를 뻗고 퍼질러 앉아 말없이 바가지 안의 음식을 먹고 있었다. 소골론은 더는 참을 수 없어 오열을 터뜨렸고 나무 막대기를 집어 아들을 때렸다.

……

마리-자타는 먹기를 마치고는 햇볕이 매우 뜨거웠으므로 다리를 질질 끌며 가옥의 벽 아래로 가서 앉았다. 그는 무슨 생각을 했을까? 그만이 알고 있었다.

왕의 대장간은 고을 밖에 있었는데, 백여 명의 대장장이가 거기에서 일했다. 바로 거기에서 니아니 전사들의 활, 창, 화살, 방패를 만들었다. 발라 파세케가 와서 쇠막대를 달라고 했을 때 파라쿠루가 그에게 말했다.

"마침내 위대한 날이 왔는가?"

"그래, 오늘도 다른 날들과 마찬가지지만, 오늘은 어떤 다른 날에도 보지 못한 것을 보게 될 거야."

대장간장 파라쿠루는……도제 여섯을 불러 쇠막대를 소골론의 집으로 나르게 했다.

대장장이들이 거대한 쇠막대를 집 앞에 내려놓았을 때 소리가 엄청나게 크게 울려서 소골론은 누워 있다가 소스라쳐 일어났다. 그때 발라 페세케, 그난쿠만 두아의 아들이 말했다.

"위대한 날이다, 마리-자타. 내 네게 말하노라, 소골론의 아들 마간이여. 졸리바의 강물은 몸의 더러움을 지울 수 있지만 모욕을 씻어줄 수는 없다. 일어나라, 젊은 사자여, 포효하라. 관목 숲으로 하여금 이제부터 지배자를 갖게 되리라는 것을 알게 하라."

……마리-자타가 네 발로 기어 쇠막대로 다가갔다. 무릎과 한쪽 손으로 땅을 짚고 다른 손으로 쇠막대를 수월하게 들어 올렸고, 이제 무릎만으로 몸을 세워 두 손으로 막대를 들고 있었다. 죽음과도 같은 침묵이 감돌았다. 자타가 눈을 감았다. 쇠막대에 힘을 주었다. 팔의 근육이 팽팽해졌다. 뿌지직 힘을 썼다. 무릎이 땅에서 떨어졌다.……

자타의 이마에서 땀이 흘러내렸다. 그는 한껏 힘을 쓰는 중에도 여유로웠고 단숨에 두 다리로 섰는데, 커다란 쇠막대는 휘어져 활의 형태를 띠었다.

……

소골론의 아들이 숨을 돌리고 지팡이를 내던졌을 때 군중이 흩어졌다. 그의 첫걸음은 거인의 걸음이었나니, 발라 파세케는 그의 뒤를 따르면서 손가락으로 자타를 가리키고는 외쳤다.

"비켜라, 비켜라, 저리 비켜라.

사자가 걸었다.

영양이여, 피해라,

그의 길에서 물러서라."

……

소골론 디아타가 걸었다. 그날부터 여왕-어머니는 수선을 떨었다. 그러나 운명에 맞서 무엇을 할 수 있겠는가?

(Ozidi), 아코모 음바(Akimo Mba), 엔구앙 온도(Engouang Ondo), 오벵 응두무 오바므(Oveng Ndoumou Obame) 같은 주인공들은 대양과 싸우기도 하고, 구름을 가로지르기도 하고, 산을 쪼개기도 하고, 거인이나 해골을 쓰러뜨리기도 하고, 대지의 내장에서 흡혈귀를 창으로 찌르기도 하는 등 경이와 환상에 한계가 없다. 또한 이 서사시들은 무엇보다도 대중의 즐거움, 즉 유희성이 우선적이고 볼거리도 함께 제공한다. 왕-역사 서사시의 구연자는 종교 서사시의 구연자처럼 공적인 것에 기인하는 근엄성을 의식해 동작과 흉내를 최소화하고 줄곧 고결한 자세를 유지하는 반면, 씨족-신화 서사시의 구연자는 요란한 복장, 방울, 깃털로 괴상하게 치장하고 서술 텍스트와 노래가 교대로 이어지는 합창을 수반한다.


## 3. 사회생활 입문으로서의 설화

### 1) 이야기의 계몽성

아프리카 설화(conte)는 짧은 이야기를 통틀어 이르는 용어로 이해해야 한다. 물론 전승되어온 신화·전설·민담을 포함하지만 옛 이야기로만 볼 수는 없다. 설령 전승의 측면이 있다 해도 각 이야기에서 문제되는 것은 언제나 당대적인 것, 즉 이야기가 수행되는 시대의 것이기 때문이다. 아프리카에서 설화는 엄연히 시간과 공간에 따라 표현과 내용이 변화해온 유동적인 문학 텍스트의 집합체이자 구비문학의 한 장르이다. 그러므로 민속 연구의 대상이라기보다는 오히려 문학성을 갖춘 단편 소설에 가깝다. 그렇지만 구비문학의 다른 장르처럼 작가가 없고 다만 이야기꾼이 있을 뿐인데, 말의 전달자인 이야기꾼은 대체로 나이가 많은 남녀이다. 예를 들어 1986~1989년 카메룬에서 현지 연구를 수행한 위르쉴라 봄가르트에게 70편의 설화를 들려준 이는 여든 살의 여자였다.[8] 이것으로 미루어보건대 "아프리카에서는 노인 한 사람이 죽을 때 도서관 한 곳이 불타는 셈이다"[9] 라는 아마두 함파테 바의 유명한 말은 과장이 아닌 듯하다.

어느 민족에게나 설화는 존재할 것이고, 그래서 구비문학의 연구에서 이 영역만큼 망라가 어려운 것도 없다. 기존에 채록되고 프랑스어로 번역된 자료만 해도 방대하다. 그리고 현지 연구의 보고, 이야기꾼의 삶 이야기, 서술의 공간은 우리가 직접 수행할 수 없는 불가항력적인 부분으로 차지한다 하더라도 수집된 자료집으로부터 우정, 부모-자식 관계, 결혼, 모성과 사회 신분, 어머니-자식 관계, 결혼을 앞둔 처녀, 배우지, 부부 관계, 사랑, 성(性) 등의 수많은 주제뿐만 아니라 민족이나 사회의 구성, 정치와 종교의 구조까지 읽어낼 수 있는 만큼 구비 설화의 연구는 가볍게 덤벼들 만한 예사로운 일이 아니다. 현재로서 유일하게 가능한 작업은 몇 가지 사례를 분석해서 이야기의 본질적 속성을 예증해보는 것이다. 그런데 이야기의 본질적 기능만 해도 논란의 여지가 많은 문제인 만큼 일단 이야기의 목적성이나 효과성을 사전에 가정하고 논의를 전개할 수밖에 없다.

왜 사람들은 이야기하는가? 이야기의 힘은 무엇인가? 폴 리쾨르의 개념 '이야기 정체성'이 함축하듯, 이야기는 개인과 집단의 정체성을 확립하는 효과적인 수단이다. 즉, 이야기를 통해 사람들은 나는 누구인가라는 해결 불가능한 문제를 문학적으로, 더 정확히 말해 시적으로 해결하면서 사회적·윤리적 성숙성에 이른다. 따라서 정체성의 추구와 미숙성에서 성숙성으로의 변화는 이야기의 본질적 기능과 힘으로서 동전의 양면과 같이 불가분의 것이다. 이런 점에서 이야기는 근대의 교양소설처럼 본질적으로 계몽 또는 교육의 기능을 갖는다. 요컨대 미숙성에서 벗어나 성숙성으로 나아가게 하는 계몽성이야말로 이야기의 본질이다. 아프리카의 설화에 통과의례의 주제가 많은 것도 따지고 보면 이야기 자체의 계몽성 때문이다. 특히 결혼의 주제가 폭넓게 발견되는 것은 정신의 성숙을 지향하는 이야기의 교육적 기능과 관계가 깊다. 어린이는 다양한 이야기를 듣고 공동체의 생활양식을 의식화하면서 성년을 맞이한다.

2) 여성의 결혼 이야기: 까다로운 아가씨의 주제

아프리카 여성은 부모와의 관계, 결혼, 부부생활, 함께 사는 다른 아내(들)와의 관계, 자식과의 관계를 차례로 경험한다. 그중에서 결혼만큼 여성에게 사회생활 입문의 가치를 갖는 것은 없다. 그러므로 결혼은 가장 빈번히 나타나는 주제 중 하나이다. 일반적으로 아프리카 여성이 결혼 적령기에 이르면 부모가 배우자를 선택해준다. 대개 딸은 선택권이 없다. 아프리카 설화에는 아버지가 부당한 선택을 하는 이야기도 있고 딸이 배우자를 선택하는 이야기도 있는데, 후자에 속하는 것들로는 딸이 아버지와 결혼하고자 하는 부정한 선택의 이야기, 딸이 선택 자체를 거부하는 이야기, 조건이 딸린 선택의 이야기 등 다양하다.

말리의 퓔족에게서 수집된 「까다로운 아가씨」라는 제목의 이야기 네 편[10]은 딸이 배우자의 조건을 제시하는 경우이다. 이 네 편의 설화에서 딸이 내거는 조건은 동일하다. 즉, '흉터 없는 남자'를 남편으로 맞이하겠다는 것이다. 아가씨가 매우 아름답다는 점, 많은 남자가 몰려오나 모두 퇴짜를 맞는다는 점, 멋진 남자로 변신한 동물이 배우자로 선택된다는 점도 동일하다. 그러나 등장하는 동물은 다르다. ①에서는 개, ②에서는 왕뱀, ③에서는 하이에나, ④에서는 사자이다. 그리고 정말로 흉터가 없는지를 아가씨에게 확인해주는 존재가 ①과 ③ 그리고 ④에서는 파리이나 ②에는 없다.

①에서 파리는 딸(파투마 사나)에게 상처자국은 없으나 인간의 냄새가 나지 않는다고 위험성을 경고하지만 딸은 고집스럽게 울미나를 남편으로 선택한다. 울미나의 주인(하마디 아르도)은 사냥을 떠나려고 개를 찾다가 개가 사라진 것을 알고는 개의 이름과 별명 그리고 사냥이 시작되었으니 돌아오라는 내용으로 이루어진 짧은 노래를 반복해서 부르며 돌아다니고 마침내 울미나가 이 노래를 듣게 된다. 그는 주인의 목소리에 옷을 하나씩 벗고 본래의 모습으로 돌아온다. 파투마 사나는 비로소 자기 남편이 개리는 것을 알고 경멸을 표한다. 그러자 개도 훌륭한 가문과 유별(類別) 친족의 아들들이 구혼했을 때 원하지 않는다고 선언하더니 개를 받아들였다고 비웃는다. 이에 그녀는 "땅이여 나를 삼켜라!/ 대지여 나를 삼켜라!/ 울미나가 파투마 사나를 가졌으니/ 파투마 사나는 이제 아무것도 아니네!"라고 여덟 번 노래하고 그럴 때마다 그녀의 몸이 땅속으로 들어간다. 그러자 파리가 그녀의 오빠에게 알리고 그가 달려와 머리털을 잡아 그녀를 빼낸다.

②에서는 왕뱀이 아가씨를 그녀의 막내 동생과 함께 흰개미 집으로 데려간다. 어느 날 막내 동생은 왕뱀이 몸을 그녀에게로 뻗어 그녀를 '먹으려' 하는 것을 보고는 그녀에게 무섭지 않느냐고 묻자 그녀는 무섭지 않다고 대답한다. 막내 동생은 자기 집으로 달아나 형들에게 위험을 알린다. 두 형이 당나귀를 타고 누이를 데리러 가지만 왕뱀이 고개를 내밀자 줄행랑을 놓는다. 그러나 나병에 걸린 나머지 형이 수탉을 걸터타고 가려 하자 사람들이 건실한 사람도 성공하지 못했는데 하물며 불필(不必)이가 해내겠는가 하고 비웃지만, 그는 왕뱀의 목을 베어버리고 누이를 구해온다.

③에서 딸 시나는 아주 아름다운 여자가 되고 아들 하마디는 불필이로 자란다. 마술사·곡예사가 되어 부적(마법의 물건)을 찾아다니고 개들을 기르는 것은 생활에 도움이 안 되는 무익한 일로 치부된다. 어머니는 딸만 예뻐하고 하마디를 자식으로 여기지도 않는다. 시나 역시 하마디를 좋아하지 않는다. 어머니와 딸은 그에게 먹을 것도 마실 것도 주지 않는다. 이렇게 세월이 흘러 시나는 상처자국 없는 '완벽한 남자' 하이에나와 결혼하게 되고 이를 비록 불필이지만 오빠에게 알린다. 흉터가 없다는 것이 사기임을 꿰뚫어본 오빠는 여동생에게 부적 주머니를 주는데, 여동생은 오빠의 지시대로 거처의 일곱 군데 둥근 부분, 침대의 다리, 잠자리의 돗자리에 놓는다. 하이에나는 한밤중에 여자를 '집어삼키기 위해' 잠자리로 향하나 부적이 놓여 있는 곳에서 "음! 이건 우리가 말한 게 아냐! 그녀는 먹히지 않을 거야! 그러지 마, 그러지 마! 그녀를 내버려둬! 그녀를 먹지 마! 먹지 마!" 하는 말이 들려오자 어리둥절해져 새신랑의 모습으로 변해 가만히 기다리다가 새벽이 되자 다시 하이에나가 되어 여자를 덮쳐 먹으려고 하지만 이번에는 돗자리가 예의 말을 하고 이 과정이 삼 일 동안 계속된다. 신혼부부가 신랑의 집으로 갈 때에 맞춰 하마디는 시나에게 작은 류트와 부적 주머니 일곱 개를 주고 여동생은 이것을 여행함에 가지런히 간직한다. 그들은 걷고 또 걸어 관목 숲으로 들어가고 그때 신랑은 자신이 하이에나라고 정체를 밝히고는 하이에나들에게는 마을이 없다고, 시나가 흉터 있는 남자는 모두 거부했기 때문에 하이에나인 자신과 결혼한 것이라고 말하면서 주둥이를 땅 쪽으로 기울이고 이죽이죽 웃자 하이에나가 몰려와 그녀를 에워싼다. 그녀는 잡아먹히기 일보 직전에 작은 류트를 땅에 꽂는다. 그러자 류트는 나무가 되고 그녀는 나무 위로 기어 올라가 맨 윗가지에 걸터앉는다. 하이에나들이 도끼로 나무를 찍고 나무가 쓰러지

려고 할 때마다 그녀는 부적을 던져 나무를 처음 상태로 되돌린다. 마지막 나무가 넘어가려고 할 때 하마디가 집으로 돌아와 어머니에게 누이동생이 위험하다는 것을 알리고 개들을 풀어 하이에나들을 물리친다.

④에서 파투마 아르도는 흉터 없는 일급의 남자로 변신한 사자와 결혼하여 관목 숲의 집에서 사는데, 서로 경쟁관계인 두 구혼자가 남편은 사람을 잡아먹는다고 그녀가 말하는데도 죽기를 각오하고 차례로 파투마 아루도를 찾아가 머리손질을 해달라고 한다. 첫 번째 남자는 사자가 나타나자 아무 말도 하지 않고 움직이지도 않는다. 그러자 사자는 아내에게 세 갈래로 땋아 늘인 머리카락마다 금 고리를 매달라고 말하고 그녀는 사자의 지시대로 그렇게 한다. 이 남자는 마을로 돌아와 커다란 밀짚모자를 쓰고 젊은이들의 모임에 나가고 친구들은 그의 모자를 강제로 벗겨 머리카락에 매달린 금 고리들을 보게 된다. 이번에는 그의 경쟁자가 파투마 아르도를 찾아가나 사자가 나타나자 파투마에게 숨겨달라고 하고, 파투마는 그를 커다란 부대로 들어가게 하여 매달아놓는다. 어쩐지 인간의 냄새가 난다고 사자가 의심하자, 파투마는 그렇지 않다고 만일 그렇다면 이번에는 나를 먹으라고 강변한다. 이에 부대 속의 남자는 두려움에 엄청난 설사 똥을 싸고 말아 발각되기에 이른다. 사자는 파투마에게 잡아먹지 않을 테니 똥으로 그의 머리를 손질해주라고 한다. 그는 머리가 온통 똥칠된 상태로 마을로 돌아와 밀짚모자를 쓰고 친구들의 모임에 나가서는 여자 친구 옆에 앉아 있다가 방심한 틈을 타서 여자 친구가 그의 모자를 벗기게 되고 모든 이가 그를 비웃는 것으로 이야기가 끝난다.

공공연하게 아니라고 말하지 않고 예라고 순종하는 것이 미덕인 문화에서 거부의 의사를 명백하게 표명하는 것은 확실히 마뜩치 않을 뿐만 아니라 드물기도 하다. 이러한 사회문화의 맥락에서 조건을 다는 것은 거부의 표현으로 이해될 수 있다. 이 네 가지 이야기에서 흉터의 부재는 그렇게 과도한 조건이 아닌 듯하지만, 현실에 비추어보면 젊은이가 몸에 상처의 흔적을 지니고 있지 않기는 어렵다. 모든 어린이, 특히 남자아이는 일상생활에서 우연한 사고로 생기는 상처이건 종교와 문화의 개입(할례, 소훼치료, 문신 등)에 기인하는 흉터이건 상처를 입을 위험에 놓여 있는 것이 사실이다. 그러므로 상처 자국이 없다는 것은 이동과 다툼이 특히 빈번한 유목민족인 푈족에게는 매우 이례적이고 심지어는 불가능하다.

남성 세계에서 상처의 부재는 그 남자가 용감한 사람이나 전사와는 거리가 멀다는 것을 가리킨다. 이것은 전투성 및 남성적 삶의 부재나 마찬가지이고, 이 관념은 '물러터진 소년'이라는 작중인물을 환기시킨다. 이 인물은 집안에만 처박혀 지내고 정치-사회 활동의 공간으로 나가지 않으며 특히 여자와도 접촉하지 않을 것이 틀림없다. 이 작중인물과의 관련성에 비추어볼 때 흉터 없는 남자는 성생활 없는 남자를 가리킨다. 그렇다면 흉터 없는 남자를 남편으로 맞이하겠다는 것은 모든 성관계를 거부하겠다는 것과 같은데, 이는 인정할 수 없는 거부이다.

딸이 다는 조건은 따지고 보면 아버지가 딸과 떨어지지 않으려고 딸의 결혼을 가로막는 상황과 방향은 반대이지만 동일한 결과를 낳는다. 이런 점을 고려하면 딸이 아버지와 떨어지지 않으려는 상황으로 해석된다. 이 두 가지 상황은 아버지/딸의 관계와 이별의 어려움을 하나는 아버지의 관점에서, 다른 하나는 딸의 관점에서 밝혀주는 만큼 상보성을 갖는다. 네 이야기에서도 얼른 보기에 아버지는 등장하지 않지만 개의 주인, 하이에나, 왕뱀, 사자는 모두 아버지의 화신이 아닐까? 여주인공이 잡아먹히지 않고 구출되거나 동물과의 결혼이 무산된다는 점은 성생활의 부재를 의미한다는 점, 특히 ④에서는 여주인공이 엄연히 사자와 결혼한 상태인

데도 구혼자 둘이 찾아오나 사자에 의해 수모를 당하고 쫓겨난다는 점으로부터 아버지의 존재를 읽어낼 수 있다. 이처럼 딸에 의해 제시된 조건은 표면적으로는 미래의 남편과 관련된 것이지만 심층적으로는 아버지와 관련된 것일 수 있다. 조건을 제시하는 딸의 설화는 이 사이에서 흔들리는 만큼 풍부한 의미로 열려 있는 듯하다.

실제로 열려 있는 의미의 진폭에 따라 푈족뿐만 아니라 아프리카의 수많은 다른 문화에서도 많은 이본이 확인되며 앞의 네 이야기에서도 결말이 조금씩 다르고 각 설화의 의미망에 미묘한 차이가 있다. ①의 결말은 여자 자신에 의한 남편의 선택이 불행을 초래한다는 오빠의 말로 끝나는데, 이는 이야기 전체의 결론과 다름없다. ②에서는 여주인공이 결국 흉터의 유무에 개의치 않게 되고 맨 먼저 결혼하겠다고 찾아오는 남자와 짝을 맺는데, 이는 여주인공이 생각을 바꾼 것으로서 역시 다행한 결말이다. ③에서는 ①이나 ②와는 달리 여주인공과 오빠의 관계가 이야기의 초점임이 결말에서 드러난다. 즉 여주인공이 자신의 오빠를 진정한 힘의 소유자로 인정하게 된다. ④에서는 여주인의 상황에 변화가 없는 것으로 보인다. 그녀는 구혼자를 혼내 쫓아버리는 사자-아버지의 영향권에서 벗어나지 못하고 계속해서 미성숙의 상태로 살아간다.

어쨌든 이 이야기들은 딸의 결혼에 부여되는 대단한 중요성의 증거가 된다. 딸에 의해 제시된 조건에 이런저런 구체적인 의미를 부여할 수 있겠지만, 이는 아마 듣는 이들(특히 여자아이들)이 이야기를 통해 접근하는 본질적인 문제가 아닐 것이다. 중요한 것은 조건이 제시된다는 사실, 다시 말해서 결혼을 앞둔 여자아이가 욕망을 표현한다는 점이다. 이는 설화나 사회 현실과 관련해 매우 예외적인 상황이다. 설화는 이러한 예외를 검열에 걸리지 않을 허구의 방식으로 재미있게 펼쳐놓고 상징의 수법을 통해 특히 여성에게 성과 결혼에 대해 생각할 기회를 줌으로써 자연스럽게 사회생활로의 입문과 계몽의 직분을 수행한다.


## 4. 우화의 힘: 자연의 관찰과 유희성

설화와 우화는 다 같이 재미있는 이야기이다. 다만 전자에서는 인간이 중심이고 후자에서는 동물이 중심이라는 점에 차이가 있을 뿐이다. 이 차이가 확연하지 않은 경계에 자리하는 이야기들도 있는 만큼 양자를 모두 짧은 이야기로 통칭할 수 있다. 그리고 우화는 결국 인간 사회에 관한 이야기로 해석될 수 있다. 설령 그렇다 할지라도 설화와 우화에서 관찰의 대상은 인간 또는 사회와 자연으로 상당히 엄격하게 구분된다. 또한 아프리카 구비문학은 그 근본을 생각해볼 때 인간, 자연, 언어의 삼원성으로 엮여 전개된다고 감히 주장할 수 있다. 이 두 가지 사항을 염두에 두고 설화와 우화를 별개의 장르로 구분하는 것이 아프리카 구비문학의 이해에는 더 유익할 듯하다.

　우화 역시 설화와 마찬가지로 아프리카의 모든 민족에 퍼져 있기 때문에 지금으로서는 망라가 불가능하고 따라서 아프리카 구비문학이 문학자원의 보고라는 관점에 대해 어느 정도 전형성을 갖는 예를 통해 단편적으로 살펴볼 수밖에 없다. 바로 바크-프랑수아 로제(Jacques-François Roger), 일명 로제 남작의 『세네갈 우화집』(1828)이다. 그는 1821년에서 1827년까지 세네갈 및 세네갈 속령들의 군사령관 겸 행정책임자로 일한 경험을 바탕으로 이 우화집 이외에도 소설 『켈레도르, 아프리카 역사』(1828), 그리고 사전이라고 할 수 있는 『간추린 프랑스어-월로프어 어휘

집이 딸린 철학적 월로프어 연구』(1829)를 펴냈다.

그런데 여기에는 논란의 소지가 있다. 『세네갈 우화집』을 어떻게 받아들일 것인가? 이것을 과연 아프리카 우화들로 볼 수 있을까? 제목에 붙어 있는 "세네감비의 풍토, 주요 산물, 문명, 주민의 풍속을 알리기 위한 주석들과 함께, 월로프어로부터 수집되고 프랑스어 운문으로 옮긴"이라는 말에서 그의 의도와 작품 탄생의 과정을 엿볼 수 있지만, 그렇다고 해서 이 문제가 시원하게 해결되지는 않는다. 월로프족의 구연자가 이 작품에 보이는 형식으로 말하지는 않았을 것이고, 그런 만큼 로제 남작의 작품으로 보는 것이 맞을 것 같다. 그렇지만 저자가 서문의 마지막 부분에서 밝혀놓았듯이 전부 43편(번호가 붙어 있지 않은 프롤로그와 마지막 두 편, 즉 「두 종려나무의 사랑」과 「에필로그: 부플레르 총독에 관한 추억」을 포함하면 46편) 중에서 절반 이상을 차지하고 있는 첫 번째 부분은 로제 남작이 세네갈에서 직접 듣고 프랑스어로 옮긴 것이고, 두 번째 부분은 '주제, 주역, 묘사가 세네갈 지방에 속하는 우화'이며, 세 번째 부분은 저자가 여행 중에 쓴 것으로서 세네갈의 우화라고 할 수 없는 '입양한 누이' 같은 우화이다. 그러니까 적어도 첫 번째 부분(1~28편)은 채록되고 번역된 아프리카 우화로 간주해도 무방할 것이다.

이처럼 세 부분으로 구성되었다는 것이 가장 주목할 만한 특이성이기도 한데, 바로 이 특이성으로부터 아프리카 구비문학이 문학적 발상의 새로운 원천임을 예증할 수 있다. 왜냐하면 로제 남작에게 문화의 교차는 그의 '우화로 들어가기' 또는 우화작가-되기로 구현되고, 이 과정에서 세네갈의 우화들은 문화 변용의 모태와 같은 것이자 문학의 지평을 넓히는 전형적인 수단으로 간주될 수 있기 때문이다. 게다가 『세네갈의 우화집』은 하이브리드 작품, 즉 혼성 문학의 명백한 사례로 아마두 쿠루마(Amadou Koirouma), 비라고 디옵(Birago Diop), 베르나르 다디에(Bernard Dadié) 등 독립 이후의 근대 작가들이 벌이는 문체의 실험과 구비문학 전통의 회복과 관련해 하나의 전범으로 해석될 수 있다.

또 한 가지 주목해야 할 점은 아프리카 구비문학이 갖는 전복의 전하(電荷)이다. 이는 우선 로제 남작이 아프리카 민족들의 문학과 그리스-라틴 문학을 대등하게 보는 것으로 표출된다. 그가 아프리카의 전통 문학을 우화시의 형태로 번역한 데는 문화적 가치의 위계에 관한 편견을 넘어서서 아프리카인을 인류에 포함시키고 평등과 정의를 위한 그들의 투쟁에 참여하겠다는 뜻이 내포되어 있다. 더 나아가 그는 세네갈의 우화들을 접함으로써 자신의 문학관을 새롭게 정립한다. 구체적으로 말하면 서문에서 그는 아프리카 민족들의 자연스러운 순수성을 공언하고 문학의 도덕적 기능을 강하게 부정한다. 즉, 그의 눈에 아프리카 미학은 도덕이나 교훈보다는 오히려 풍자와 오락, 달리 말해 예술의 향유 자체 또는 재미나 즐거움이 우선적인 것으로 비친 것이다. 그는 "문명의 진보에 대한, 정신의 완벽에 대한 문예의 유익한 영향"에 이의를 제기할 생각이 없다고 하면서도 "연극이 풍속의 학교이고 우화가 지혜의 교훈이라고는 납득하기"[11] 어렵다고 솔직히 공언하는데, 이는 정확히 그가 세네갈의 동물 이야기들을 통해 아프리카 구비문학의 힘을 감지했기 때문일 것이다.

아프리카의 우화들에 내포된 힘은 전복의 전하와 더불어 로제 남작이 『세네갈의 우화집』 서문에서 강조하듯이 '응시의 정신' 또는 '관찰의 정신'에서 나온다. 물론 응시와 관찰의 결과가 부분적으로 현대의 동물행동학이나 식물학과 어긋나는 오류일 수 있다. 그렇지만 자연물에 대한 깊은 호기심을 내보이고 지금 있는 것의 원인을 설명하려 하는 욕망은 모든 인간에게 공통된 것이다. 어느 우화를 읽어보더라도 알 수 있듯이 아프

## 「원숭이와 토끼」

원숭이가 토끼에게 늘 깜짝깜짝 놀란다고 비웃었다.

"왜 귀를 쫑긋하고 울적한 눈으로 언제나 오른쪽 왼쪽으로 두리번거리면서 망을 보는 거니? 우스꽝스러운 버릇이야."

"그래, 하지만, 이봐, 네게도 우스꽝스러운 버릇이 있지 않니? 저것 봐! 늘 몸을 긁잖 아! 쉬지 않고서! 이 발로, 그러고는 저 발로, 머리를, 그러고는 등을, 다음에는 배를, 그러고는……우리 결점을 고치자. 나는 하루 종일 눈을 움직이지 않겠어. 그리고 뭘 보려고 고개를 돌리지도 않을 거야. 옆으로도, 뒤로도."

원숭이가 대꾸했다.

"난 말이야 저녁까지 계속해서 발을 움직이지 않을 수 있어. 정말이지 몸을 긁을 필요 가 어디 있겠어?"

처음에는 둘 다 잠자코 있었으나, 마침내 더 어쩔 수 없을 지경이 되어, 원숭이가 이렇 게 말할 생각을 해냈다.

"지난 번 싸움에서 내가 제일 용감했지. 내 몸에 확실한 증거들이 있어. 네 군데에 상 처를 입었단 말이야. 여기, 여기, 여기, 여기."

매번 원숭이는 가공의 상처 부위를 부드럽게 긁었다.

토끼가 즉시 대꾸했다.

"어느 날 적들이 연이어서 나를 몰아붙였어. 측면, 전방, 후방에 적이 있었지. 곧 포로 가 될 판이었지만 궁지에서 무사히 빠져나와 여기로, 저기로, 수많이 빙빙 돌았어."

눈의 움직임이 말의 흐름을 좇았다.

……[12]

리카인도 현실주의적 태도로 주변의 자연을 주의 깊게 조사하고 동물들의 습성을 놀라울 정도로 정확하게 묘사할 뿐만 아니라 식물의 진면목을 그야말로 자세하게 파악해낸다. 그들에게 우화는 초보적인 형태일지언정 동물행동학과 식물학의 교과서나 다름없다.

# 5. 구비문학: 기층의 문화 양식

프랑스어권 흑아프리카에서 구비문학을 형성하고 있는 주요 장르, 즉 서사시와 설화 그리고 우화에 대한 극히 부분적인 고찰만으로 전투성·계몽성·유희성을 흑아프리카 구비문학의 주요한 특성으로 도출할 수 있었다. 이 세 가지 원칙은 문학 일반에 그대로 적용될 수 없지만, 적어도 문학에 관한 원론적인 성찰의 출발점으로 구실할 수는 있을 것이다. 인간의 삶에도 이 세 가지 원칙은 작용한다고 추정할 수 있는데, 문학을 인간의 삶 이야기라고 규정한다면 문학 일반에서도 이것들이 발견될 것이기 때문이다. 그렇다면 이러한 추정을 뒷받침하는 것은 무엇인가? 그것은 아마 흑아프리카 사람들의 인간관일 것이다.

제한적이지만 흑아프리카 구비문학의 텍스트들에는 인간의 목숨을 끔찍할 정도로 끊는 장면이 많이 나온다. 그리고 전쟁에서 패배한 부족은 모조리 승리한 부족의 노예가 된다. 어떤 관점에서 보면 인권이 근본적으로 무시되는 문화가 아닌가 하고 의심할 수도 있다. 그렇지만 이 같은 장면을 과연 인권의 관점에서만 보아야 할까? 그것은 오히려 정당한 인간관의 발로 또는 인간 사회의 불편한 진실이 아닐까?

어느 구비 텍스트에서도 인본주의 이데올로기, 인간이 만물의 영장으로서 자연을 착취할 권리를 갖는다는 오만한 관념은 찾아볼 수 없다. 이렇게까지 인간을 높이 평가하지 않아도 되는 걸까 하는 의구심마저 들 정도이다. 인간은 자연과 거의 동등하게 간주되고 인간과 자연의 공생이 확인된다. 자연, 인간, 언어의 어울림이 예외 없이 발견된다. 더 나아가 인간에 대한 개인주의적이고 본질주의적인 관념도 나타나지 않는다. 흑아프리카 구비문학에서 인간은 고립된 개인이 아니다. 인간은 관계망 속에서만 존재한다. 그런데 인간관계의 바탕에는 온갖 힘들이 놓여 있다. 그것은 인간의 손아귀에서 벗어나 있다. 그것은 폴리네시아 원주민의 마나 (mana)처럼 초자연적인 냐마(Gnama)이다.

　인간을 이렇게 보는 것은 정령신앙적인 사유방식이다. 그렇다고 해서 과연 오류로 가득하고 미개한 인간관으로 치부해버릴 수 있을까? 이 것이 오히려 타당하고 유익한 인간관이지 않을까? 인간을 육체적이건 정 신적이건 모든 활동의 주체로 보는 시각이 이제는 유효하지도 않고 더구나 해롭기까지 하다. 그렇다면 흑아프리카의 구비문학적 인간관, 즉 인간을 독립된 개인이나 주체가 아니라 그저 온갖 힘들이 교차하는 매듭이나 지점으로 간주하는 인간관은 오늘날 인본주의의 폐해를 극복하고 새로운 인간 및 세상을 직관하는 데 일조하지 않을까? 어쨌든 흑아프리카 구비문 학의 역동성은 바로 비실체적 인간관에 바탕을 둔 전투성·계몽성·유희성 의 맞물림으로부터 연유하는 것이 분명하다.

　플라톤의 『파이드로스』에서 발명의 신 토트는 문자를 발명하고는 문 자가 기억에 약이 된다고 주장하나, 파라오 타무스는 문자가 오히려 기억 에 독이 된다고 반박한다. 이 논쟁은 메모리 반도체를 비롯한 온갖 디지털 기억 장치의 발전과 관련해서도 구술문화와 기술문화 사이의 관계에서도 벌어질 수 있다. 사실 디지털문화는 첨단화된 기술문화이고, 이 점에서 오 늘날은 기술문화가 패권을 차지하고 있다고 볼 수 있다. 문학을 예로 들면 말하기 활동에 토대를 두고 있는 문학, 즉 구비문학이 글쓰기 활동에 기반 을 두고 있는 문학에 눌려 거의 질식할 것 같은 시대이다. 적어도 문학 작 품을 떠올릴 때는 언제나 글로 된 어떤 것을 전제로 하는 것이 현실이다. 인문학 교육의 측면에서도 대체로 읽기-생각하기-쓰기의 회로가 크게 강 조된다. 다만 구비문화의 결정체와도 같은 속담과 수수께끼에서는 예외적으로 양 회로가 거의 맞닿아 있거나 통합되어 있다. 그래서 속담과 수수께끼는 글쓰기와 대칭을 이루는 오랄리튀르(oraliture)의 실제를 가장 분명하게 예증한다.

　인간의 언어활동에 듣기-기억하기-말하기의 회로도 있다는 것은 부인할 수 없고, 이 두 회로 사이의 균형이 바람직하리라는 것 또한 상식적으로 충분히 납득할 만하다. 그런데도 새로운 테크놀로지에 대한 열광은 사방에서 감지되는 반면, 사유와 기억 사이의 균형을 회복하려는 노력은 거의 이루어지지 않는 실정이다. 이러한 상황에서 흑아프리카에 널리 퍼져 있는 구비문학의 연구는 기본적으로 언어 예술인 문학의 균형 회복과 글쓰기 자체의 창조성 제고에 큰 보탬이 될 수 있다. 왜냐하면 구비문학과 문자문학은 각자 통시적 독자성을 갖지만, 달리 말하면 제각기 독자적으로 전개되지만 그렇다고 해서 공시적으로 양자 사이의 접촉이나 상호침투가 일어나지 않는 것은 아니고, 어떤 문자문학도 무정형의 구비문화로부터 자양분을 얻는 것이 사실이기 때문이다. 이 양자 사이는 이를테면 문학의 돌파구이다. 거기로 비집고 들어감으로써 새로운 창조의 공간에 이를 수 있다. 이처럼 구비문학이 오늘날의 문학을 위한 자원의 보고라는 엄연한 사실을 특히 아프리카의 구비문학은 과거의 면면한 전통과 현재의 다양한 양상으로서 뚜렷이 의식하게 해준다.

# 주

1   아프리카 구비문학 연구자들은 이 용어를 현장에서 구두로 표현되는 언표의 실현 과정을 구성하는 매개변수들 전체를 가리키는 의미로 사용한다.

2   코트디부아르와 부르키나파소는 60여 민족, 토고는 50여 민족, 니제르는 40여 민족, 카메룬은 크게 세 집단으로 분류되는 240여 민족, 콩고민주공화국은 몇몇 집단으로 묶이는 250여 민족을 헤아린다.

3   그렇다면 왜, 어떻게, 무엇에 의해 창작과 변이가 일어나는가 하는 풀기 어려운 문제가 대두한다. 이 문제는 구비문학의 새로운 이해를 논의할 결론 부분에서 살펴볼 것이다.

4   예를 들어 『순디아타』 서사시는 말리의 국가(國歌)를 낳았다.

5   서사시를 구연할 때 이용된 악기이자 이 악기와 함께 구연되는 서사시를 가리킨다.

6   사하라 이남의 아프리카에서 서사시를 생산한 민족들의 분포는 공교롭게도 프랑스령 식민지였던 지역과 거의 일치한다. 동아프리카의 스와힐리(Swahili)족과 남아프리카의 줄루(Zulu)족 그리고 영어권인 현재의 나이지리아에 자리하는 팡족, 음밤바(Mbamba)족, 테케(Téké)족만 예외이고 월로프(Wolof)족, 세레르(Sérères)족, 푈족, 만딩고(Mandingues)족, 밤바라(Bambara)족, 소닌케(Soninké)족, 송하이족, 자르마(Zarma)족, 하우사족, 두알라(Douala)족, 바사(Bassa)족, 불루(bulu)족, 몽고족, 응쿤도(Nkundo)족, 니안가(Nyanga)족, 르완다(Rwanda)족, 룬디(Roundi)족은 모두 프랑스어권 지역에 흩어져 있다.

7   그리오 마마두 쿠야테(Mamadou Kouyaté)가 구술하고 D. T. 니안느가 번역하여 프레장스 아프리켄 출판사에서 1960년에 펴낸 책에 실린 내용이다. Lilyan Kesteloot et Bassirou Dieng, 2009: 105-107에서 재인용.

8   Baumgardt, 2000, "Introduction" 참조.

9   Bâ, 1972: 21. 그는 사실 이 책이 나오기 전 파리의 UNESCO 집행위원으로 일하면서 이 말을 했다. 그 후로 이 말은 워낙 많은 사람의 입에 오르내리게 되면서 아프리카 구비문학에 대한 관심을 불러일으키는 데 일조했다.

10  Seydou, 2005: 130-147, 22~25번 이야기. 22번(1)은 Dieynaba Allâye Tangara, 23번(2)와 25번(4)는 Mayrama Sô, 24번(3)은 Pennda Yattara가 구술자이다. 「까다로운 아가씨」는 이외에도 많은 변이형이 있는, 가장 널리 퍼져 있는 설화들 중 하나이다.

11  Roger, 2008: 16-17. 5쪽에서 그는 다음과 같이 말한다. "세네갈 사람들에게서 우화는 단지 즐겁게 하기 위한 것이 아닌가 한다." 6쪽에서도 유사한 발언이 나온다. "흑인들의 우화는 우리의 라퐁텐이 매우 탁월한 본보기를 마련했듯이 적극적으로 표현된 도덕성도 심지어는 흔히 교묘하게 암시되는 도덕적 의도도 지니고 있지 않다는 점에서 우리의 우화와는 아주 다르다." 이처럼 즐거움 우선의 원칙을 강조하는 근거로 그는 이솝과 몰리에르 및 라퐁텐을 들고 있는데, 전자는 긍정적인 근거이고 후자는 부정적인 근거이다. 즉, 이솝 우화의 목적은 가르치는 데 있다기보다는 즐겁게 하고 특히 비판하는 데 있고, 몰리에르와 라퐁텐의 작품은 감수성이 예민한 교양인이 좋아하지만 비뚤어진 사람을 바로잡거나 인간의 고결성을 함양한다고 보기 어렵다. 이 유희성의 원칙을 아프리카 서사시에서 확인한 전투성의 원칙, 설화에서 도출한 계몽성의 원칙과 더불어 문학의 세 가지 본질

적인 속성으로 일반화할 수도 있을 것이다.

12   Roger, 2008: 19-20.

# 참고 문헌

Bâ, Amadou Hampâté, 1972, *Aspects de la civilisation africaine*, Présence africaine.

_____, 1994, *Petit Bodiel et autre contes de la savane*, Stock.

_____, 1994, *Contes initiatiques peuls*, Stock.

Baumgardt, Ursula, 2000, *Une conteuse peule et son répertoire. Goggo Addi de Garoua*, Cameroun, Karthala.

Baumgardt, Ursula et Françoise Ugochukwa(sous dir.), 2005, *Approches littéraires de l'oralité africaine*, Karthala.

Baumgardt, Ursula et Jean Derive(sous dir.), 2008, *Littératures orales africaine Perspectives théoriques et méthodologiques*, Karthala.

Ináñez, Mario Corcuera, 2009, *Tradition et littérature orale en Afrique noire Parole et réalité*, L'Harmattan.

Kamanda, Kama, 2005, *Les Contes du griot Les contes des veillées africaines*, Magnard.

Kesteloot, Lilyan et Bassirou Dieng, 2009. *Les épopées d'Afrique noire*, Karthala-Edition UNESCO.

Prevost, Liliane et Barnabé Laye, 1999, *Guide de la sagesse africaine*, L'Harmattan.

Roger, Baron, 2008, *Fables sénégalaises*, Collection 〈Aturement même〉, L'Harmattan.

Seydou, Christiane, 2005, *Conte peuls du Mali*, Karthala.

*Revue africaine Civilisation de l'oralité et fixation de la mémoire*, No. 4, L'Harmattan, 2010.

# 프랑스어권 흑아프리카 문학

### 네그리튀드에서 미그리튀드까지 　　　　　　심재중

## 1. '프랑스어권 흑아프리카 문학' 혹은 '흑아프리카 프랑스어 문학'

상식적인 차원에서 '프랑스어권 흑아프리카 문학'이라는 지칭은 '프랑스어권 흑아프리카 지역의 작가들에 의해 산출된 문학'을 가리키는 표현일 것이다. 그러나 이 글에서 여기서 다루려고 하는 것은 과거에 '식민 종주국의 언어였던 프랑스어를 표현 수단으로 사용하는 흑아프리카 출신 작가들의 문학'이다. 그러므로 '프랑스어권 아프리카 문학'이라는 표현보다는 차라리 '흑아프리카 프랑스어 문학'이라는 표현이 좀 더 적절한 것일 수도 있다

　그런데 이러한 용어 선택의 문제 이면에는 한층 더 복잡하고 해결하기 어려운 문제들이 놓여 있다. 예컨대 흑아프리카 프랑스어 문학은 아프

리카 문학의 특수한 변형인가 아니면 프랑스어권 문학의 한 부분인가. 흑아프리카 프랑스어 문학은 '하나의' 범주인가 아니면 다수의 국민문학을 가리키는 총칭 명사인가. 흑아프리카 프랑스어 문학은 작가의 국적을 기준으로 한 분류인가 아니면 출신 지역을 기준으로 한 분류인가.[1]

사실 '프랑스어권 흑아프리카 문학'은 그 명칭의 탄생에서부터 오늘날에 이르기까지 거의 전적으로 프랑스와 서구의 관점에서 규정되고 기술되어왔다. 그런 관점에서 보면 그 역사는 100년이 채 넘지 않는다고 할 수 있다. 제1차 세계대전을 전후한 시기에, 그것도 '아프리카 문학'이라기보다는 '프랑스어권 문학'으로 프랑스와 서구의 대중 앞에 모습을 드러냈기 때문이다. 1921년 기안느(Guyanne) 출신의 작가 르네 마랑(René Maran)이 소설 『바투알라(Batouala)』로 프랑스의 중요한 문학상인 공쿠르 상을 수상한 것을 계기로 카리브 지역과 인도양을 포괄하는 넓은 의미의 '프랑스어권 아프리카 문학'이 하나의 범주로 정착했다는 것이 통설이다. 또한 프랑스에서는 1960년을 전후한 아프리카 국가들의 독립과 함께

---

**르네 마랑**

르네 마랑의 부모는 카리브 해의 기안느 출신이고 그도 마르티니크(Martinique)에서 태어났지만, 6살 무렵 아버지가 프랑스 식민성의 관리로 아프리카 가봉에 파견되면서부터 줄곧 프랑스에서 공부했다. 소설 『바투알라』는 그 부제('진정한 흑인 소설')처럼 '흑인이 쓴 최초의 흑인 소설'이라는 평가를 받는다. 또한 자신의 아버지처럼 프랑스령 적도아프리카의 우방기(Oubangui)에서 식민성의 관리로 일하고 있었던 작가가 소설의 서문에서 프랑스 식민통치의 폭력성을 신랄하게 비판하여 적지 않은 논란을 불러일으키기도 했다. 그러나 1930년대에 네그리튀드(Négritude)가 하나의 운동으로 등장했을 때 르네 마랑은 '새로운 휴머니즘이 아니라 또 하나의 인종주의에 빠질 위험'을 지적하면서 네그리튀드에 대해 유보적인 태도를 취했다.

'프랑스어권 아프리카 문학'에 대한 비평과 연구가 본격적으로 이루어지기 시작했고, 학교의 문학 교과서에 몇몇 아프리카 작가와 작품들이 소개되었다. 나아가서 2000년대를 전후하여 시작된 '프랑스어권 아프리카 문학사' 연구의 거의 대부분도 프랑스에서 프랑스 연구자들의 손으로 이루어지고 있다.

다른 한편으로 비록 프랑스어를 표현 수단으로 삼고 있다고 하더라도 원칙적으로 '프랑스어권 흑아프리카 문학'은 아프리카 문학의 한 부분임에 틀림없다. 또한 프랑스를 중심으로 한 하나의 '프랑스어권 문학'이 아니라 '복수의 국민 문학'이라는 관점에서 아프리카의 프랑스어 문학에 접근하는 것이 정치적으로도 올바른 선택일 것이다. 그러나 현실은 훨씬 복잡하다. 예컨대 오늘날 프랑스어권 흑아프리카를 대표하는 많은 작가들은 프랑스를 비롯한 서유럽에 거주하고 있거나 거주 지역에 상관없이 프랑스에서 작품을 출판하는 것이 통례이다. 또한 프랑스어권 아프리카 나라들의 고등 교육 과정에서 다루어지는 아프리카 문학 작품들도 대부분 프랑스에서 출간되거나 다카르(Dakar), 아비장(Abidjan) 등의 몇몇 아프리카 거점 도시들에서 문고판으로 출간되었다. 그들의 조국에서 문학 작품의 독자는 여전히 극소수에 불과하기 때문에 일반적으로 그들은 자신들의 조국에서 작가라는 명성만 누리고 있다. 그래서 약간 다른 관점('아프리카의 정체성', '아프리카 흑인의 정체성'이란 그저 하나의 허구에 불과할 뿐이라는 관점)의 의견 표명이긴 하지만, 2000년대 이후 활발한 작품 활동을 하고 있는 토고 출신의 작가 코씨 에푸이(Kossi Efoui)는 아프리카 문학을 '유령'에 비유하기도 했다. 또한 민족주의적인 성향이 두드러진 작가들도 일국 중심의 '국민 문학'이라는 의식보다는 오히려 아프리카 흑인 민족주의로 통칭되는 '아프리카 흑인 민족들 간의 연대와 통일성에 대한 의식'을 더 강하게 드러낸다. 바로 이러한 여러 가지 현실적 맥락 속에서 대부분의 연구자들은 양차 대전 사이의 파리에서 아프리카 출신의 젊은 지식인들을 중심으로 전개된 '네그리튀드'를 '프랑스어권 아프리카 문학'의 출발점으로 위치시켜왔다.

나아가서 최근의 '미그리튀드(Migritude)' 문학은 '프랑스어권 흑아프리카 문학'을 한층 더 모호하고 복합적인 문화 현상으로 만들어가고 있다. '이주'를 의미하는 프랑스어 '미그라숑'과 '네그리튀드'의 합성어인 미그리튀드는 기본적으로 이주의 산물이다. 예컨대 프랑스에 정착하여 거주하고 있는 아프리카 출신 작가들이나 프랑스에서 아프리카 이주민의 후예로 태어난 작가들, 그리하여 프랑스와 아프리카라는 이중의 정체성 사이에서 갈등하며 뿌리 뽑힌 '경계인'의 삶을 살아가는 작가들의 문학이 바로 미그리튀드 문학이라는 점에서 그렇다. 그렇다면 그들은 아프리카 작가인가, 프랑스 작가인가. 그들의 문학은 아프리카 문학인가, 프랑스 문학인가.

　요컨대 '프랑스어권 흑아프리카 문학'은 '노예무역—식민—탈식민—세계화'로 요약되는 오랜 역사의 진행 과정 속에서 형성된 '독특한 문화현상'이라고 할 수 있다. 그것은 지리·문화·사회·역사적으로 그 경계를 명확하게 확정할 수 없는 문학이고, 그 '유령적인 성격' 덕분에 세계화와 다문화주의로 요약되는 오늘날의 시대적 흐름 속에서 특별한 의미를 부여받을 수 있는 문학이다. 그들의 문학에 대한 이 글의 관심도 바로 그 점에 초점이 맞추어져 있다.


## 2. 네그리튀드, 긴 우회

### 1) 카리브, 파리, 아프리카

역설적으로 '프랑스어권 흑아프리카 문학'은 아프리카의 바깥, 파리와 카리브 해 사이에서 본격적으로 시작되었다. 1930년대에 네그리튀드를 주창하며 본격적으로 흑아프리카 문학의 물꼬를 튼 대표적인 시인 중 한 사람인 에메 세제르(Aimé Césaire)는 『바투알라』의 작가 르네 마랑과 마찬가지로 카리브 해의 마르티니크 출신이었다. 물론 그 이전에도 프랑스어로 쓴 아프리카 문학 작품이 없었던 것은 아니다. 소위 '선사 시대(1850~1930)'라고 지칭되는 시기에 아마두 은디예(Amadou Dugay Clédor Ndiaye), 바카리 디알로(Bakary Diallo), 레오폴드 파네(Léopold Panet), 프레데릭 카레르(Frédéric Carrère) 등의 프랑스어권 아프리카 작가들이 있었다.

　그러나 네그리튀드 이전의 프랑스어권 흑인 문학은 '동화(同化)주의'를 지향하는 문학이 주를 이루었다. 19세기 후반부터 보급되기 시작한 교육 덕분에 엘리트 계층을 중심으로 흑인의 자기 정체성에 대한 의식이 서서히 싹트기 시작했지만, 식민 지배의 폭력과 소외에서 벗어나기 위해 그들이 택한 수단은 역설적이게도 프랑스 공화국 또는 백인 문화와의 완전한 동화였다. 그리고 그런 맥락 속에서 등장한 것이 '흑인 동화주의' 문학, 즉 프랑스 문학을 전범으로 하는 모방과 답습의 문학이었다. 물론 그 바탕에는 흑백의 구분 없는 인간의 보편적 존엄성에 대한 믿음, 다인종적 공동체의 가능성에 대한 희망 같은 것이 놓여 있었다. 그러나 궁극적으로 '흑인 동화주의' 문학은 식민 지배자의 언어와 문화를 유일하게 가치 있는 것으로 인정하면서 흑인의 정체성과 흑인 문화의 가치를 스스로 부정하는 결과를 낳았다.

1934년에 세제르는 "동화되기를 바라는 것은 그 누구도 동물상(相)을 변화시킬 수 없다는 사실을 망각하는 것이며 자연의 법칙인 이타성을 무시하는 것"이라고 선언했다. '동물상'이라는 비유나 '자연의 법칙'이라는 표현에서 알 수 있듯이, 네그리튀드의 바탕에는 혈통이나 땅의 순수성에 대한 어떤 열망이 놓여 있었다. 일종의 흑인-아프리카 근본주의로 귀결되는 그러한 급진적인 태도, 동화의 근본적인 불가능성에서 한 걸음 더 나아가 동화의 반자연성을 주장하는 태도의 이면에는 식민지 출신 흑인 지식인들이 느꼈던 강렬한 욕구, 소외와 억압의 역사를 부정하고자 하는 반식민주의적인 욕구가 자리하고 있었다. 또는 고등 교육을 받아 프랑스어를 완벽하게 구사하는 '특혜 받은 흑인들'임에도 불구하고 그들은 식민 종주국의 수도 파리에서 흑인이 프랑스 문화에 동화되는 것은 근본적으로 불가능한 일이라는 사실을 뼈저리게 체험했는지도 모른다. 어쨌든 비록 식민 지배자의 언어로 된 문학이라 하더라도 근대 이후의 아프리카와 흑인의 역사적 경험에 대한 명확한 자의식을 바탕으로 흑인이 자신의 정체성을 미학적으로 형상화한 것은 적어도 '프랑스어권 문학'에서는 네그리튀드가 처음이었다.[2]

네그리튀드의 대표적 시인이었던 에메 세제르와 레오폴드 상고르에 따르면, 네그리튀드는 다음과 같이 정의될 수 있다. 즉, 흑인이라는 사실에 대한 유보 없는 인정, 흑인이라는 사실과 흑인으로서의 운명에 대한 수락, 흑인의 역사와 흑인의 문화에 대한 긍정, 또는 흑인의 삶과 제도와 작품을 통해 표현되는 흑인 세계의 모든 문화적 가치들에 대한 긍정이다. 그런데 1934년 세제르가 네그리튀드라는 용어를 처음으로 사용하긴 했지만, 운동으로서의 네그리튀드는 1930년대 초반 파리에서 몇몇 시인이 주도한 문학잡지인『정당 방어(Légitime Défense)』(1932-1934) 및『흑인 학생(L'étudiant noir)』(1934)과 함께 태동했다. 그리고『정당 방어』를 주도한 에티엔 르로(Etienne Lero)와 르네 메닐(René Ménil),『흑인 학생』을 주도한 세제르, 상고르, 레옹 공트랑 다마스(Léon-Gontrant Damas)는, 세네갈 출신이었던 상고르를 제외하고는 모두 카리브 해의 마르티니크 또는 기안느 출신의 젊은 지식인들이었다. 다시 말해서 수세기 전에 노예선을 타고 대서양을 건넌 흑인 노예의 후예이자 식민 본국의 수도 파리에서 서구식의 고등 교육을 받은 '예외적' 흑인이었던 셈이다.[3] 요컨대 네그리튀드의 등장에 필요했던 '카리브―파리―아프리카'라는 지리적 공간 배경은 프랑스어권 아프리카 문학이 수세기에 걸친 흑인 노예무역과 식민 지배의 '딸'이라는 사실, 그 역사적 부산물이라는 사실을 잘 말해준다.

마르티니크 출신이었던 프란츠 파농(Franz Fanon)이 1950년대에 정치하게 분석해놓은 것처럼, 마르티니크를 비롯한 카리브 지역의 흑인은 노예제와 식민 통치의 깊고 어두운 기억이 남겨놓은 '분열증적 소외'

로부터 벗어나야 하는 힘든 과제를 안고 있었다. 그러한 사정을 마르티니크 출신의 또 다른 작가인 에두아르 글리상(Edouard Glissant)은 "마르티니크와 구아들루프에서 우리는 아프리카의 후예들이면서 '아프리카적'이라거나 '니그로' 같은 말들이 모욕으로 통용되는 그런 민족을 만나게 된다"[4]는 역설을 통해 알기 쉽게 설명해주었다. 바로 그런 맥락 속에서 세제르와 같은 마르티니크 출신의 흑인 지식인들에 의해 20세기 전반의 파리에서 네그리튀드가 태동할 수 있었다. 노예제도의 비인간적 폭력성의 기억, 식민지 흑인의 궁핍하고 고통스러운 삶, 정체성의 혼란에 사로잡힌 식민지 출신 흑인 지식인의 고통스러운 자의식에, 식민 종주국의 수도 파리가 역설적이게도 근대적인 의미에서의 '문학적 자기 표현'의 물질적·문화적 토대를 제공해주었던 것이다.

서구 유럽의 근대적 휴머니즘이 '세계의 척도'일 수는 없다는 각성이자 오랜 역사를 통해 식민지 흑인의 내면에 축적된 서구 문화 콤플렉스를 일거에 털어버리고자 하는 반항의 몸짓이었음에도 불구하고, 네그리튀드의 문학적 표현이 당대의 프랑스 초현실주의에서 적지 않은 자양을 이끌어냈다는 것은 거의 정설로 받아들여지고 있다. 서구 문명의 이성과 합리성의 지배로부터 벗어나고자 했던, 또는 감수성과 상상력의 원시적 상태를 되찾고자 했던 초현실주의의 미학과 네그리튀드의 '흑인 미학'(식민지 지식인의 날카롭고 예민한 감수성에서 비롯된 거칠고 열정적인 문체, 강렬하고 자극적인 이미지들, 본능적·신비적인 열정의 표현 수단이자 소위 '흑인성'의 핵심 요소로 간주된 원초적 리듬 등) 사이에는 어떤 근친성이 존재했던 것이다.

세제르와 상고르의 네그리튀드가 프랑스어권 아프리카 문학의 '신화'로 자리 잡는 과정에서 철학자 사르트르나 초현실주의자 앙드레 브르통의 역할도 적지 않았다. 그 역사적 의의에도 불구하고『정당 방어』나 『흑인 학생』의 독자들은 소수의 아프리카 출신 지식인으로 한정되어 있었다. 결국 1940년대에 세제르의『귀향 수첩(Cahier d'un retour au pays natal)』(1939)과 상고르의 시가 프랑스 대중의 주목을 받게 된 데는 초현실주의자 브르통이나 철학자 사르트르가 기여한 바가 적지 않았다. 사실 '정당 방어'라는 잡지의 제목 자체가 이미 1926년에 브르통이 발표한 책의 제목을 차용한 것이었고,『귀향 수첩』에서 서구적 합리성과 이성의 논리를 뛰어넘고자 하는 흑인 시인의 뜨겁고 맹렬한 반항의 열기를 읽어낸 브르통은 1943년 뉴욕에서 세제르를 소개하는 짧막한 글을 발표했다(그 글은 나중에 1947년 판『귀향 수첩』에 서문으로 실렸다). 1948년 상고르가 『프랑스어로 된 흑인과 마다가스카르의 새로운 시 선집(Anthologie de la nouvelle poésie nègre et malgache de langue française)』을 발간했을 때「흑인 오르페우스(Orphée noir)」라는 제목의 서문을 통해 네그리

### 아프리카 흑인 민족주의와 카리브

1956년 세네갈 출신의 지식인이었던 알리운 디옵(Alioune Diop)은 네그리튀드 정신을 이어받은 잡지『프레장스 아프리켄(Présence africaine)』에 발표한 글에서 다음과 같이 선언했다. "미국의 흑인, 카리브와 아프리카 대륙의 흑인 우리는, 때로 우리의 정신세계를 갈라놓는 거리에도 불구하고 모두가 동일한 조상의 후예라는 명백한 공통점을 지니고 있다." 그러나 1920~1930년대 파리의 흑인 지식인들 사이에는 출신 지역에 따른 차별의식과 적대감이 꽤나 존재했다고 한다. 흑백 혼혈이 적지 않았던 카리브 출신 흑인 중에는 아프리카 출신 흑인을 은근히 경멸하는 사람들이 있었고, 프랑스의 식민 정책에 의해 아프리카 현지의 하급 관리로 일하는 카리브 지역 출신 흑인을 많이 보아왔던 아프리카 출신 흑인 중에는 카리브 지역 출신자들을 '식민 지배의 하수인'으로 간주하는 사람도 있었기 때문이다.

튀드라는 용어를 세상에 널리 알린 것도 사르트르였다고 할 수 있다. 식민지 출신 흑인 시인의 치열한 자의식과 실존적 각성을 변증법적 시각에서 해석·소개하고 있는 그 서문에서 사르트르가 내린 네그리튀드의 정의('흑인의 사고와 행동에 공통되는 어떤 자질', '세계에 대한 흑인의 어떤 정서적 태도')는 오랫동안 전범으로 남았고, 역설적이긴 하지만 그 서문이야말로 '최초의 네그리튀드 선언'이라고까지 할 수 있을 것이다. 그 글이 네그리튀드의 '신화'가 만들어지는 데 결정적인 기여를 했기 때문이다.[5]

네그리튀드 문학의 본질 속에 프랑스 초현실주의나 사르트르의 철학과는 전혀 다른 아프리카와 카리브 흑인의 고유한 역사성이 담겨 있는 것 또한 사실이다. 그래서 그들의 문학은 출발에서부터 일국 중심의 국민 문학이나 지역 문학의 성격을 뛰어넘어 수세기에 걸친 지배–피지배의 폭력적 역사 경험을 공유하는 아프리카 출신 흑인의 문학인 '범아프리카 흑인 민족주의 문학'으로 스스로를 정초할 수밖에 없었다. 말하자면 그것은 모든 흑인의 뿌리인 아프리카로 돌아가는 기나긴 우회(수세기에 걸친 대서양 횡단과 프랑스의 파리를 매개로 한 근대 서구문명의 횡단), 길고 고통스러운 우회의 결과물이었다.

## 2) 세제르와 상고르의 네그리튀드

네그리튀드의 고전이 된 세제르의 산문시 『귀향 수첩』에는 오랜 역사적 고난의 여정 끝에 마침내 자신의 뿌리를 찾아 '아프리카라는 기원의 땅'으로 회귀하고자 했던 아메리카 흑인의 보편적 열망이 잘 드러나 있다. 세제르는 프랑스 정부의 장학금을 받아 파리 고등사범학교에서 공부했고 학위를 받은 1939년에 고향 마르티니크로 돌아갔다. 그러므로 그 시에서 '귀향'의 일차적 의미는 식민 본국의 수도에서 유학을 마친 뒤 자신이 태어난 땅으로 돌아간 한 흑인 지식인의 귀향이라고 할 수 있다. 그러나 그는 마르티니크의 비참하고 절망적인 현실 앞에서 오히려 스스로를 이방인처럼 낯설어할 수밖에 없었다. 시의 전반부를 가득 채우고 있는 절망과 분노, 회한의 외침은 분열되고 찢긴 시인의 내면의식을 너무나도 생생하게 드러내 보여준다. 체념과 절망과 무기력에 빠져 있는 마르티니크 흑인의 현실을 바라보는 시인의 냉철한 의식은 냉철하다 못해 거의 비극적인 광기의 수준으로 고양되어 있다. "배고픈 안틸……천연두로 얽은……알코올로 결딴이 난, 저 만(灣)의 진흙 속에 좌초한, 저 도시의 먼지 속에 음산하게 좌초한 안틸." 그런 현실에 가난과 소외로 얼룩진 시인의 어린 시절의 기억이 포개지고 노예제를 통해 언어와 뿌리를 상실한 마르티니크 흑인의 고통스러운 역사가 포개진다.

결국 "우리들, 노예선의 토사물들"이 살아가는 땅, 치욕의 진창, 악몽 같은 현실 속으로 귀환한 흑인 지식인의 내적 여정은 네그리튀드라는 에우리디케를 양손에 거머쥐고 대지 위에 당당히 서고자 하는 결연한 의지로 귀결된다. 나아가서 시인은 흑인도 보편적인 인류 문화의 창조에 긍정적인 계기로 작용할 수 있음을 증명하고 싶어 한다. "내 입은 입이 없는 불행한 자들의 입이 될 것이고, 내 목소리는 절망의 감옥에서 쓰러지는 목소리들의 자유가 될 것이다." 그런데 그러기 위해서는 무엇보다도 노예제와 식민 지배의 역사가 흑인에게 남겨놓은 현실과 내면의 질곡에 정면으로 맞서 싸워야 했다. 그 내적 싸움의 첫 기록이 바로 『귀향 수첩』이었다.

일반적으로 세제르의 네그리튀드는 상고르의 네그리튀드에 비해 좀더 급진적·투쟁적·민중적이라는 평가를 받아왔다. 그러한 평가는 상고르의 시가 아프리카의 원초적 밀림의 신비와 아프리카인의 영혼을 종교적 감성으로 찬미한 반면에, 세제르의 시는 흑인의 비참한 현실에 대한 고통스러운 인식과 그에 대한 거부·극복의 의지로 가득 차 있다는 점과 관련이 있을 것이다. 또는 아프리카의 토착 문화 속에서 유복하게 자라난 상고르의 네그리튀드와 달리 세제르의 네그리튀드는 뿌리 뽑힌 흑인 노예의 네그리튀드였다는 점과도 관련이 있을 것이다. 예컨대 세제르는『귀향 수첩』에서 카리브의 섬나라인 아이티를 "처음으로 네그리튀드가 일어선 곳"이라고 말하기도 하고(세제르가 염두에 두었던 것은 아이티가 1804년 흑인노예 반란으로 세워진 세계 최초의 흑인 공화국이라는 사실이다), 아이티 독립의 영웅 투생 루베르튀르(Toussaint-Louverture)가 죽어간 쥐라(Jura)의 작은 감옥에서 자기 정체성의 뿌리를 확인하기도 한다. 반면에 상고르는 인류 문명의 기원에 아프리카 흑인의 영혼이 있고 흑인의 영혼은 언제나 존재해왔으며 아프리카의 과거가 곧 낙원의 이미지라고 주장했다. 따라서 흑인은 '흑인이라는 사실에 대한 정당한 자부심과 긍지'를 되찾아야 한다는 것이 상고르의 생각이었다. 상고르는 다음과 같이 썼다. "나는 우리에게도 진정한 문명이 있다는 것, 그것도 아주 아름다운 문명이 있다는 것을 느꼈다. 나는 여인들, 형제들과 누이들, 하녀들과 하인들, 목동들과 마부들이 있었던 아버지의 집에서 보낸 유년의 왕국을 추억하곤 했다."[6] 또한 다음과 같은 시 구절에서도 그가 생각하는 네그리튀드의 특징이 잘 드러난다. "아프리카의 밤이여, 신비롭고 밝은 흑색으로 빛나는 나의 어두운 밤이여./ 그대는 땅과 한 몸이 되어 눕고 그대는 땅이며 조화로운 언덕이다./……/ 오! 나의 암사자, 나의 검은 미녀, 나의 검은 밤, 나의 검은 여인, 나의 벗은 여인이여!// 오! 그대 좁은 우리 속에서 길들여지지 않는 표범처럼 얼마나 내 가슴을 고동치게 했던가."[7]

이러한 기본 입장을 바탕으로 1940년대 중반에서 1950년대 중반까지 상고르는『어둠의 노래들(Chants d'ombre)』(1945),『검은 제물들

(Hosties noirs)』(1948) 등의 시집들을 발표했고『프랑스어로 된 흑인과 마다가스카르의 새로운 시 선집』(1948)을 통해 세네갈 출신의 비라고 디옵, 다비 디옵(David Diop) 등의 네그리튀드 시인들을 세상에 알렸다. 동시에 그는 이론적 글들을 통해 지속적으로 네그리튀드 문학과 문화의 본질적 특성을 규명하고자 시도했다. 예컨대 1954년에 발표한「흑아프리카의 언어와 시(Langage et poésie négro-africaine)」에서 그는 '아프리카적 문체'의 특징을 선언적으로 규정했다. 상고르가 네그리튀드 시의 가장 중요한 특징으로 언급한 것들은 신들림에 가까운 '감정의 열기', 주술적인 '반복의 수사', 영탄적인 명사구의 사용, 유추적 이미지, '생명력의 발현인 리듬' 등이다. 그러나 뭐니 뭐니 해도 상고르의 네그리튀드, 즉 흑인과 아프리카의 보편적 본질에 대한 그의 입장을 가장 압축적으로 요약해 주는 문장은 "이성이 그리스적이라면 감정은 흑인적이다"[8]일 것이다. 그런데 '서구의 이성과 아프리카의 감정'이라는 식의 이분법은 장차 상고르의 네그리튀드에 대한 비판의 핵심 표적이 되기도 했다.

서구 문화는 합리적·이성적이고 아프리카 문화는 신비적·감성적이라는 이분법적 규정에 대한 비판은 대략 두 가지 측면에서 제기되었다. 첫번째는 그것이 아프리카와 흑인에 대한 복고주의적·과거지향적인 나르시시즘에 불과하다는 비판이다. 예컨대 프란츠 파농은 "15세기에 흑인 문명이 있었다는 사실이 내게 인간으로서의 자격증을 주지는 않는다"[9]고 비꼬았다. 두 번째는 '흑인의 가치를 옹호하기 위해 역설적이게도 유럽인들이 만들어놓은 아프리카의 신화-이미지를 그대로 차용하고 있다'는 비판이다. 상고르는 흑인 문명과 백인 문명의 차이를 각각의 문명이 세계와 관계 맺는 방식의 차이에서 찾았다. 흑인은 세계에 대해 동화(同化)적·신비적·시적인 관계를 유지하는 반면 백인은 세계에 대해 대상화·객관화하는 태도를 취한다는 것이다. 그런데 흑인과 아프리카에 대해 그런 식의 신화-이미지를 만들어낸 것은, 비록 선의에 의한 것이었다 하더라도 유럽의 몇몇 인류학자나 민속학자들이었다. 1936년에 프랑스어로 번역된 『아프리카 문명사』(1933)의 저자인 독일의 인류학자 레오 프로베니우스(Leo Frobenius)가 대표적인 경우이다. 그는 오랫동안 유럽인들이 지녀온 '야만적이고 미개한 아프리카'라는 부정적 이미지 대신에 장차 '쇠퇴기에 접어든 서구 중심의 인류 역사를 갱신할 새로운 영혼'으로 아프리카와 흑인의 문명을 소개했다. 그런데 상고르 자신도 다음과 같은 구절을 통해 어느 정도는 그러한 영향 관계를 인정했다. "우리가 직간접적으로 예술가들, 작가들, 학자들과 철학자들을 접하면서, 주지주의―지성이라고는 말하지 않겠다―와 합리주의―이성이라고는 말하지 않겠다―를 불신하는 법을 배우게 된 것은 파리에서였다. 우리는 파리에서 민족학자들을 따라 네그리튀드, 즉 흑인-아프리카 문명의 문화적 가치들을 재발견하게 되었다."[10]

---

### 네그리튀드의 한계

네그리튀드에 대한 비판은 독립 투쟁 시기에 한층 두드러지게 표출되었다. 더구나 프랑스 하원의원이 된 세제르는 1946년에 마르티니크의 프랑스 공화국 편입을 지지했고, 상고르는 '프랑스 공동체'의 설립(1958)을 주도했다. 상고르는 여러 차례에 걸쳐 프랑스어를 '문화 언어이자 프랑스 본토의 바깥까지 비추는 태양'이라고 찬양했고, 세네갈의 초대 대통령이 된 뒤에는 프랑코포니(프랑스어권 국제기구)의 창설을 적극 주도했다. 나아가서 1969년 알제에서 열린 '범아프리카 페스티벌'에서 상고르는 민중적·혁명적 입장에 선 흑인 작가들의 비판을 좌파적·분파주의적이라고 비난하기까지 했다. 이런 사실들을 통해 다시 한 번 확인할 수 있는 것은 상고르와 세제르의 네그리튀드가 보여주는 '아프리카 근본주의'의 이면에는 서구 유럽 문화와 아프리카 전통 문화 간의 '혼혈'을 지지하는 입장도 분명히 존재한다는 사실이다.

상고르와 세제르의 네그리튀드에 공통되게 제기된 비판들도 있었다. 첫 번째는 그들의 네그리튀드가 강조하는 아프리카 흑인의 기원적 통일성이 신화이자 허구에 불과하다는 비판이다. 요컨대 아프리카에는 '흑인'이 있는 것이 아니라 서로 다른 '흑인 민족들'이 있다는 것, 현실적으로 아프리카도, 흑인도, 흑인 문화도 동질적이지 않다는 것이 비판의 핵심 내용이다. 두 번째는 언어의 중립적인 성격에 대한 상고르와 세제르의 믿음, 다시 말해서 프랑스어가 네그리튀드의 단순한 표현 수단이 될 수 있다는 그들의 암묵적인 전제가 비판의 대상이 되었다. 물론 사르트르의 주장처럼 네그리튀드 시인들은 프랑스어를 '폭력적으로 비틀어서 자신들만의 독특한 언어로 만들었다'는 해석도 가능하지만, 탈식민을 통한 아프리카 흑인의 해방을 외치면서 식민 종주국의 언어를 그대로 사용하는 것을 비판하는 것은 충분히 있을 수 있는 일이었다.

어쨌든 이후에도 세네갈의 다비 비옵, 말리의 필리 다보 시소코(Fily Dabo Sissoko), 기니 출신의 포데바 케타(Fodeva Keita) 등의 시인이 상고르의 전통주의적 네그리튀드와 세제르의 민중적 네그리튀드의 계보를 이어갔다. 특히 1960년대 이후에는 상고르의 영향으로 세네갈 출신의 시인들이 많이 배출되었다. 네그리튀드의 미학과 이념을 계승하면서도 그 한계를 효과적으로 극복한 것으로 평가받는 중요한 시인들로는 콩고 출신의 제랄드 치카야 우탐시(Gérald Tchicaya U Tamsi), 장 바티스트 타티 루타르(Jean-Batiste Tati-Loutard) 등을 꼽을 수 있다.

문학 운동의 차원을 넘어서는 '아프리카 흑인문화운동'의 측면에서도 네그리튀드는 큰 영향을 끼쳤다. 세네갈 출신의 알리운 디옵은 1947년에 잡지 『프레장스 아프리켄』을 만들어서 아프리카 흑인 문화의 소개와 현대적 해석 작업에 주력했고 1949년에는 같은 이름의 출판사를 세웠다.[11] 출판사 '프레장스 아프리켄'은 몽고 베티(Mongo Béti, 카메룬)의 소설, 다비 디옵의 시, 세제르의 『귀향 수첩』 등을 출판했고, 그 이후 오늘날에 이르기까지 프랑스어권 아프리카 문학 출판의 메카 역할을 해오고 있다. 또한 네그리튀드 시인들에 의해 촉발된 아프리카 흑인 민족주의에 대한 자각은 '흑인 예술가와 작가 회의'(1955년 반둥, 1956년 파리), '프랑스어로 표현된 아프리카 문학 심포지엄'(1963년 다카르), '흑인 예술 페스티벌'(1966년 다카르) 등을 통해 현실 속에서 구체화되기 시작했다.


## 3. 흑인성에서 아프리카의 현실로

### 1) 출판 환경과 정전(正典)의 확립

1930년대에서부터 1940년대에 걸쳐 네그리튀드는 '하나의' 흑인 문화라는 전제하에 프랑스어권 아프리카 문학을 출발시켰다. 그러나 좀 더 정확하게 말하면, 네그리튀드가 탄생시킨 것은 '프랑스어권 아프리카 문학'이

---

**NEA와 CLE**

출판사 NEA를 세운 것은 세네갈의 대통령 상고르였다. 세네갈, 토고, 코트디부아르가 공동으로 출자했고, 다카르, 아비장, 로메(Lomé)에 각각 사무실을 두었다. 프랑스의 출판사 콜랭(Collin), 나탕(Nathan), 쇠이유(Le Seuil), 프레장스 아프리켄도 주주로 참여했다. NEA는 1988년에 해체되었지만, 코트디부아르의 NEI(Nouvelles éditions ivoiriennes)와 세네갈의 NEAS(Nouvelles éditions africaines du Séné-gal)로 나뉘었다고도 할 수 있다. CLE의 창립에는 카메룬, 베냉, 브라자빌콩고, 코트디부아르, 킨샤사콩고, 토고, 르완다 등이 참여했다.

---

아니라 '프랑스어권 아프리카의 시'였다. 네그리튀드는 시를 중심으로 전개된 문학 운동이었기 때문이다. 프랑스어권 아프리카의 소설 장르가 본격적으로 모습을 드러내기 시작하는 것은 1950년대의 일이다. 그러나 시와 마찬가지로 소설 장르에서도 프랑스어권 아프리카의 문학은 개별 국민 문학이 아닌 '프랑스어권 아프리카의 문학'으로, 그리고 시와 마찬가지로 프랑스의 수도 파리를 거점으로 삼아 출발했다고 할 수 있다.

1970년대까지도 프랑스어권 아프리카 문학의 출판은 대부분 프랑스에서 이루어졌다. 1972년 세네갈의 수도 다카르에 NEA(Nouvelles éditions africaines)가 세워지기 전까지는 1963년에 설립된 카메룬의 CLE(Centre de Littérature Evangélique)가 아프리카 대륙의 유일한 '프랑스어 문학' 출판사였다. 세네갈, 토고, 코트디부아르가 공동으로 설립한 NEA는 프랑스어권 아프리카 문학 출판의 메카 역할을 했다고 해도 과언이 아니다. 그 후 여러 나라에 속속 세워진 출판사들은 프랑스 출판사들의 영향력을 따라잡기에는 역부족이지만 프랑스어권 아프리카 문학의 자생적 환경을 만드는 데 적지 않은 기여를 했다.

프랑스의 프랑스어권 아프리카 문학 출판은 크게 세 가지 유형으로 분류된다. 첫 번째 유형은 1946년에 설립된 '프레장스 아프리켄', 1975년에 설립된 '라르마탕(L'Harmattan)' 같은 아프리카 전문 출판사들이고, 두 번째 유형은 1980년대 이후에 '아프리카 문학 총서'를 발간하기 시작한 아티에(Hatier)나 갈리마르(Gallimard) 같은 출판사들이다. 세 번째는 출판 목록에 이따금씩 아프리카 작가들을 포함시키는 알뱅 미셸(Albin Michel), 쇠이유, 세게르스(Seghers) 같은 유력 출판사들이다. 2000년에 갈리마르 출판사가 발간하기 시작한 '검은 대륙' 총서는 다시 한 번 아프리카 문학의 위상에 관한 논란을 불러일으켰다. 논란의 핵심은 여전히

'프랑스어로 된 아프리카 출신 작가들의 문학을 단순히 프랑스어 문학의 일부로 볼 것이냐 아니면 지역적·역사적·문화적 특수성을 갖는 별개의 문학으로 볼 것이냐'는 것이었다.

어쨌든 1980년대를 전후하여 프랑스어권 아프리카 문학에 일어난 가장 중요한 변화는 출판 환경의 전반적인 개선, 비평적 연구의 토대 확립, 새로운 문학 형식 실험의 활성화, 그리고 무엇보다도 프랑스어권 아프리카 문학의 '정전(正典)' 목록이 확립되기 시작했다는 점을 꼽을 수 있다. 20여 명 남짓한 정전 작가들——몽고 베티, 페르디낭 오요노(Ferdinand Oyono, 카메룬), 쉐이크 아미두 칸(Cheikh Hamidou Kane, 세네갈), 앙리 로페스(Henri Lopes, 콩고), 아마두 쿠루마(Ahmadou Kourouma, 코트디부아르), 치카야 우탐시, 소니 라부 탄시(Sony Labou Tansi, 콩고) 등——의 위상은 1990년대 이후의 새로운 사회문화적 환경 속에서 더욱 공고해졌다. 그중에는 페르디낭 오요노처럼 1960년대 이후에는 작품을 발표하지 않은 작가들도 있지만, 치카야 우탐시, 소니 라부 탄시, 몽고 베티, 앙리 로페스처럼 꾸준히 작품 활동을 계속해온 작가들도 있었고, 쉐이크 아미두 칸처럼 첫 작품 이후 20~30여 년 동안 침묵을 지키다가 다시 작품 활동을 재개한 작가도 있었다. 특히 아마두 쿠루마는 『모네, 모욕과 멸시 (Monné, outrages et défis)』(1999),[12] 『알라의 책임이 아니다(Allah n'est pas obligé)』(2000) 등의 작품들을 통해 오늘날 가장 대표적인 프랑스어권 아프리카 작가로 자리 잡았다. 그런데 이런 현상은 그들의 작품이 프랑스의 유력 출판사에서 출판되고 있다는 사실과 결코 무관하지 않다. 다만 프랑스의 비평계와 출판 시장에 의해 주도되는 그러한 정전화 작업의 의미와 한계, 아프리카 현지 문학과의 관계 등에 대해서는 아직 충분한 분석과 연구가 이루어지지 않은 실정이다.

## 2) 역사와 현실, 그리고 환멸의 문학

1950년대에는 몽고 베티가 에자 보토(Eza Boto)라는 필명으로 발표한 소설『잔인한 도시(Ville cruelle)』(1954), 페르디낭 오요노의 소설『어느 보이의 일생(Une vie de boy)』(1956)과『늙은 흑인과 훈장(Le Vieux nègre et la médaille)』(1956), 우스만 상벤(Ousmane Sembène, 세네갈)의 소설『하느님 세계의 천민들(Les bouts de bois de Dieu)』(1960) 등이 식민 지배의 비인간성과 폭력성에 대한 고발을 통해 리얼리즘에 기초한 저항과 참여를 아프리카 문학의 기본 성격으로 각인시켜나갔다.[13] 오요노는 1960년의『유럽 가는 길(Chemin d'Europe)』을 마지막으로 작품 활동을 접었지만, 몽고 베티는 창작과 비평 활동을 통해 독립 이후의 신식민주의와 아프리카 독재 정권을 비판하는 작업을 이어갔다. 1962년에는 소설『모호한 모험(L'Aventure ambiguë)』으로 쉐이크 아미두 칸이 정전 작가의 반열에 올랐다.『모호한 모험』은 식민 지배의 유산인 서구 문화와 아프리카 전통 문화 사이에서 갈등을 겪다가 비극적 죽음을 맞이하는 아프리카 젊은이의 정신적 여정을 그린 소설이다.

---

**자전적 성격의 아프리카 문학**

프랑스어권 아프리카 소설 전통의 또 다른 특징 하나로 넓은 의미에서의 '자전적인 성격'을 꼽을 수 있다. 특히 '파리의 흑인 학생' 같은 주제를 다루는 소설들은 작가의 직접적인 체험이 소설적 허구의 밑바탕이 될 수밖에 없었다. 바카리 디알로의『힘-선의(Force-Bonté)』(1926), 우스만 소세(Ousmane Socé, 세네갈)의『파리의 신기루들(Mirages de Paris)』(1937), 카마라 레이의『흑인 아이(Enfant noir)』(1953)가 대표적인 사례들이다. 쉐이크 아미두 칸은『모호한 모험』이 '작품을 쓰겠다는 욕망보다는 자신의 느낌과 성찰을 기록하고 싶은 생각'에서 비롯된 것이라고 말하기도 했다.

---

이 시기의 소설가들은 '흑인의 문체'와 '아프리카의 풍요로운 문화 전통'을 강조한 상고르 계열의 네그리튀드에 비판적이었지만, 네그리튀드 시인들과 마찬가지로 아프리카 민중에 대한 책임 의식을 아프리카 흑인 문학의 가장 중요한 요소로 간주했다. 예컨대 몽고 베티는 『왕의 시선(Le Regard du roi)』(1954)을 쓴 카마라 레이(Camara Laye, 기니)가 순수한 허구의 세계로 도피함으로써 아프리카 작가의 의무를 배반했다고 비판했다. 아프리카 흑인 작가의 소설은 리얼리즘 소설일 수밖에 없고 사회 소설일 수밖에 없다는 것이 그의 생각이었다. 나아가 다비 디옵은 몽고 베티와 동일한 관점에서 몽고 베티의 소설 『임무 종결(Mission terminée)』(1957)을 비판하기도 했다.

비록 지나치게 논쟁적이고 교조적인 측면도 없지 않았지만, 문학의 사회·역사적 책임에 대한 강조는 당시의 아프리카 문학이 처해 있던 복합적 상황에 대한 작가들의 강렬한 자의식의 필연적 귀결이었다. 예컨대 다비 디옵이나 몽고 베티는 식민 상황에 대한 자각이 아프리카 흑인 소설의 토대가 되어야 하고 흑인 작가는 아프리카 민중의 해방을 위해 글을 써야 한다고 주장했다.

물론 그 이전에도 아프리카 흑인 작가들의 소설이 없었던 것은 아니다. 예컨대 파리의 출판사 '아프리카 통신(La Dépêche africaine)'에서 발간된 펠릭스 쿠초로(Félix Couchoro, 베냉)의 통속 소설 『노예(L'esclave)』(1929)는 '최초의 흑인 원주민 소설'(작가는 프랑스 땅에 발을 디뎌본 적이 없었다)로 평가받지만 내용에서는 프랑스 문화에 동화된 흑인 작가의 동화(同化) 이데올로기를 담고 있는 소설이라고 할 수 있다. 쿠초로는 1960년대에 발표한 몇 편의 소설에서도 당대의 아프리카 풍속을 개혁할 필요성을 설파하는 모럴리스트의 어조를 유지했다. 1935년에 발표된 우스만 소세의 소설『카림(Karim)』은 쿠초로에서 시작된 풍속 소설에 '문학적인 차원'을 부여하는 데 성공함으로써 세네갈 문학의 고전으로 자리 잡았다. 특히 그의 두 번째 소설『파리의 신기루들』은 이후 프랑스어권 아프리카 문학의 전형적인 모티브 중 하나가 되는 '파리의 흑인 학생'이라는 주제를 다루었다. 예컨대『모호한 모험』의 주인공 삼바 디알로(Samba Diallo)처럼 아프리카 흑인이 '백인 학교'에 다니면서 겪는 문화 충격, 즉 전통과 근대 사이의 갈등과 충돌은 불가피하게 아프리카 문학의 주된 주제의 하나가 될 수밖에 없었다. 이후 1960~1970년대에도 한편으로는 쿠초로처럼 근대를 택한 작가들이 있었고, 다른 한편으로는 전통을 옹호하는 작가들이 있었다.

1938년에는 폴 아주메(Paul Hazoumé, 베냉)의 소설『도기시미(Doguicimi)』가 아카데미 프랑세즈의 문학상을 받으면서 아프리카 역사 소설의 시작을 알렸다. 그 소설에서 작가는 부족 간 전쟁을 바탕으로 19세기 게조(Guézo) 왕국의 호사와 잔혹함(예컨대 열광적으로 발을 굴러대는 군중들 앞에서 전쟁 포로의 몸에 말뚝을 박아 처형하던 관행)을 사실적으로 재현해냈다. 이후로 연대기나 서사시 형태로 아프리카 과거 역사 속의 위대한 인물들, 예컨대 줄루 샤카(Zoulou Chaka)나 말렝케 순디아타(Malinké Soundiata)의 삶과 시대를 묘사하는 문학이 하나의 흐름을 형성하게 되었다. 1950년대 이후에 아마두 암파테 바(Amadou Hampaté Bâ, 말리)나 부부 아마(Boubou Hama, 니제르)가 선보인 아프리카의 문명과 전통의 아름다움을 예찬하는 '뿌리 찾기 문학'은 그런 흐름의 연장선상에 있다고 할 수 있다.

비슷한 맥락에서 아프리카 소설의 선구자로 꼽을 수 있는 또 한 명의 작가는 비라고 디옵이다. 1947년에 그가 발표한『아마두 쿰바의 이야

## 샤카와 순디아타

샤카(1787~1828)는 19세기 초반 줄루 왕국(현재의 남아프리카 공화국과 그 인근)을 세운 강력한 통치자였다. 줄루 부족은 원래 은구니족에 속하는 작은 부족이었지만, 샤카의 통치하에 남아프리카 최대 부족으로 성장했다. 한때 10만에 육박했던 그의 군대는 강력한 조직과 기강, 엄격한 훈련으로 단련돼 있었고, 특히 '임피'라는 기동대는 하루에 80킬로미터를 맨발로 달렸다고 한다. 피정복 부족들에 대한 가혹한 대우, 폭군적 통치 스타일 등과 관련된 많은 일화들이 전해진다. 순디아타 말렝케(순디아타 케이타라고도 한다)는 그리오들의 구전을 통해 전해지는 13세기 초 말리 제국의 황제이다.

기들(Les Contes d'Amadou Koumba)』은 세네갈의 실존하는 그리오였던 아마두 쿰바의 이야기들을 프랑스어로 옮겨 쓴 작품이다. 디옵은 이후로도 계속해서 아프리카의 전설과 설화를 담은 작품들을 발표했다. 1960~1970년대에는 소설이 서구에서 유입된 장르라는 사실에서 비롯되는 어떤 불편함을 극복하고자 하는 시도, 예컨대 그리오 전통에서 아프리카 소설의 뿌리를 찾아보려는 시도 등과 관련해 아프리카의 구전 설화와 전설에 대한 관심이 증폭되기도 했다.

　엄격히 말하면 '정전 작가'는 프랑스어권 흑아프리카 문학의 2세대 작가들이지만, 그들은 쿠초로, 아주메, 비라고 디옵을 비롯한 앞 세대의 문학을 거의 알지 못했다. 그리고 독립 이후에 태어난 세대가 자신의 문학의 전범으로 삼은 것도 그리오가 아니라 상벤, 몽고 베티, 오요노 같은 '정전 작가'의 문학이었다.

　그 내용이 개인적 모험이든 동시대 사람들의 경험이든 또는 풍속과 전통 및 과거 역사 속의 시련과 영광이든, 프랑스어권 아프리카 문학은 '객관적 사실의 재현'이라는 의미에서 리얼리즘을 미학의 기본 원칙으로 삼았다고 할 수 있다. 다만 몽고 베티나 디옵이 강조한 저항과 비판의 과녁은 1960년대의 독립과 함께 식민 지배의 폭력으로부터 아프리카 사회의 신식민주의적 소외와 절망의 현실로 옮겨갔다.

아프리카 국가들의 독립은 아프리카인들에게 이내 악몽과 환멸, 절망과 분노의 동의어로 바뀌어버렸다. 많은 나라에서 식민 지배자들이 떠난 자리를 타락하고 부패한 독재자들과 그 하수인이 차지했고, 아프리카와 흑인의 보편적 존엄성을 되찾기 위해 싸운 작가들은 다시 폭력과 공포, 궁핍이 지배하는 조국의 사회·정치적 현실에 맞서 싸워야 했다. 결과적으로 현실의 폭력상과 부패상을 고발하는 증언과 참여의 문학이 주된 흐름을 형성할 수밖에 없었다. 문학은 식민시대의 저항에 뒤이어 후기 식민시대의 폭압적 정치권력에 저항하는 고통스럽고 위험한 역할을 자임했던 것이다.[14]

그러나 독립 이후 아프리카 문학의 가장 중요한 변화는 아마두 쿠루마의 『독립의 태양들(Les Soleils des indépendances)』(1968)을 필두로 하여 문학의 거의 모든 장르에서 실험적이고 복합적인 글쓰기가 모색되기 시작했다는 점에서 찾을 수 있다. 그 이전 세대의 작가들은 비록 식민 지배자들을 격렬하게 비판하고 공격하는 내용의 작품을 쓰는 경우에도 적어도 언어 문제에서만은 프랑스의 고전 작가들을 전범으로 삼은 정확하고 아카데믹한 프랑스어의 구사를 고집했다. 그 이면에 '우리도 당신들만큼 훌륭한 프랑스어를 구사할 수 있다는 것을 증명'해 보이고자 하는 피식민지 지식인들의 콤플렉스가 깔려 있었던 것이 사실이다. 그런데 1960년대 말을 고비로 변화가 일어난다. 쿠루마는 자신의 출신 부족 언어인 말렝케(Malinké)어의 어휘와 표현을 과감하게 글쓰기에 끌어들임으로써 프랑스어를 좀 더 생동감 있는 언어, 좀 더 아프리카의 현실에 부합하는 언어, '거세되지 않은' 언어로 변화시켰다. 그 후 '아프리카화된 프랑스어'가 프랑스어권 아프리카 문학의 특징적인 언어로 자리를 잡았다.[15]

또 다른 중요한 변화는 소설 형식에서도 전범이나 모델이 사라지기 시작했다는 점이다. 리얼리즘이라는 미학의 기본 원칙은 계속 유지되었지만 동시대 아프리카의 사회·정치적 현실이 그 어떤 합리적 기준이나 척도에 의해서도 재단이 불가능할 정도로 극심한 폭력과 혼란 속으로 빠져들어갔기 때문이다. 비현실적이리만치 절망적인 현실 앞에서 광기에 빠지지 않게 해주는 유일한 수단이라도 되는 듯 작가들은 현실 못지않게 강렬하고 폭력적이고 혼란스러운 소설 언어와 형식에 도움을 청했다. 이 시기의 중요한 작가들로는 콩고의 앙리 로페스, 치카야 우탐시, 소니 라부 탄시, 그리고『하늘의 비늘(Ecailles du ciel)』(1986)로 '흑아프리카 문학대상'을 수상한 기니의 티에르노 모네넴보(Tierno Monenembo),『기억의 북(Les Tambours de la mémoire)』(1990)을 비롯한 여러 편의 소설을 통해 '아프리카의 기억'을 다루는 가장 위대한 작가 중 한 사람으로 평가받고 있는 세네갈의 부바카르 보리스 디옵(Boubacar Boris Diop) 등을 꼽을 수 있다.

소니 라부 탄시는 소설『라비 에 드미(La vie et demie)』(1979)의 머리말에서 이렇게 썼다.

당신들에게 부조리한 것의 부조리에 대해 말하는 나, 절망의 부조리에 대해 처음으로 말하기 시작하는 내가, 바깥으로부터 말하는 것 말고 달리 어떻게 할 수 있겠는가? 인간이 그 어느 때보다도 삶을 죽이기로 작정한 시대에 내가 암호 같은 몸의 언어로 말하는 것 말고 달리 어떻게 할 수 있겠는가?

그리고 다른 작품에서는 이렇게도 썼다. "나의 글은 단순히 쓴 게 아니라 울부짖음이고, 내 삶 자체도 단순히 산 것이 아니라 헐떡이고 고함치고 봉기한 삶이다."[16]

말하자면 이들 작가들에게 현실의 타락과 폭력은 너무나 구체적이고 일상적인 것이어서 역설적으로 작품 속에서는 환상이나 악몽의 성격을 띠고 나타난다. 특히 앙리 로페스의『울고 웃기(Le pleurer-rire)』(1982), 치카야 우탐시와 소니 라부 탄시의 몇몇 소설들은 콩고의 암울한 현실을 바탕으로 1980년대 이후의 프랑스어권 아프리카 문학 속에 '환멸의 문학'이라는 범주를 만들었다. 또한 소니 라부 탄시는『아래 서명한 심장병 환자(Je soussigné cardiaque)』(1981)와『피의 괄호(La Parenthèse de sang)』(1981)처럼 20세기 프랑스어권 아프리카 연극에서 가장 중요하게 평가받는 희곡 작품들을 발표하기도 했다.

1980년대를 전후한 프랑스어권 아프리카 문학의 또 다른 특징으로 여성 작가들의 등장을 꼽을 수 있다. 1929년에서 1978년 사이의 작품들을 정리해놓은 앙브루아즈 콤(Ambroise Kom)의『사하라 이남 아프리카의 프랑스어 작품 사전(Dictionnaire des oeuvres littéraire de langue française en Afrique au sud du Sahara)』(1978)에는 4명의 여성 작가만 언급될 정도로 아프리카에서 글을 읽고 쓰는 것은 거의 전적으로 남성만의 특권이었다. 그런데 마리아마 바(Maiama Bâ, 세네갈)의『아주 긴 편지(Une si longue lettre)』(1979)를 시작으로 칼리스트 베얄라(Calixthe Beyala, 카메룬), 타넬라 보니(Tanella Boni, 코트디부아르) 등이 속속 작품을 발표했다. 특히 가장 대표적인 미그리튀드 작가로 부상한 베얄라는 10여 년 동안에 7권의 소설을 발표하기도 했다.

## 4. 미그리튀드, 새로운 시작

### 1) 센 강 위의 아프리카

1990년대 이후로 프랑스 문학비평과 출판계는 아프리카 출신이면서 프랑스를 비롯한 서구에 거주하고 있는 작가들의 문학, 특히 아프리카 사회의 대변인 역할을 넘어서서 이주와 망명, 유랑 등의 주제를 중심으로 아프리카와 프랑스, 아프리카와 서구 사이의 혼종적 상호작용 속에 놓인 '경계-주변인'들의 운명에 관심을 갖는 작가들의 문학에 주목하기 시작했다. 바로 미그리튀드 문학이다. 반드시 그런 것은 아니지만 이들은 대개 아프리카 국가들의 독립 이후에 태어난 세대, 아프리카적 뿌리를 강조하기보다는 아프리카와 프랑스라는 이중 정체성을 받아들이는 세대, 아프리카인이라는 자의식보다는 세계화의 물결에 떠밀려 낯설고 이질적인 환경에 처한 개인 작가라는 자의식을 앞세우는 세대라는 특징을 공유한다. 대표적인 작가로 칼리스트 베얄라, 다니엘 비야울라(Daniel Biyaoula, 콩고), 알랭 마방쿠(Alain Mabanckou, 콩고), 파투 디오메(Fatou Diome, 세네갈), 코시 에푸이, 시몽 은자미(Simon Njami, 카메룬/스위스), 마리 은디예(Marie Ndiaye, 세네갈) 등을 꼽을 수 있다.

이들 작가들의 부상은 최근 20여 년 동안 눈에 띄게 증가한 아프리카인의 프랑스 이주 현상과 맞물려 있고, 작가들 자신도 대부분 독립 이후 아프리카 현지의 권위주의적이고 억압적인 정치권력의 폭력을 경험한 뒤 프랑스로 이주한 세대에 속한다. 요컨대 그들은 자의에 의해서든 개인적·사회적 상황에 의해서든 조국을 떠나 서구의 여러 나라와 아프리카 사이를 끊임없이 오가며 살아온 사람들이 대부분이다. 따라서 이 새로운 세대의 작가들은 주된 관심사, 정체성 의식, 문학의 역할에 대한 생각, 아프리카와의 관계 설정에서 앞 세대와는 뚜렷한 차이를 보여준다. 그들의 문학적 자의식은 앞 세대 프랑스어권 아프리카 문학의 정전을 참조하면서도 '아프리카적인 정체성'에 갇혀 있지 않다. 그들의 삶이 그렇듯이 그들의 문학적 자의식은 프랑스적인 것(또는 서구적인 것)과 아프리카적인 것 사이에 찢겨져 있거나 그 양자에 공히 귀속되어 있는 양상을 드러낸다. 그리고 대부분의 경우 그러한 문화적 혼종성은 이들 작가에게 장애와 난관으로 작용하기보다는 오히려 창작의 원천적 에너지로 작용한다.[17]

이전 세대들과 달리 1990년대 이후의 미그리튀드 작가들의 문제의식은 아프리카가 아니라 프랑스 내의 아프리카 이주 사회에 집중되어 있다. 미그리뷔드 문학의 내표적 작가 중 한 사람으로 긴주되는 칼리스트 베알라는 1990년대에 발표한 다섯 편의 소설에서 한결같이 파리 주변에 거주하는 아프리카 출신 이주자들의 삶에 주목한다. 물론 아프리카의 현실과 미래에 대한 관심이 전혀 없지는 않지만 아프리카의 현실은 프랑스 내 이주 사회와의 관계 속에서만 의미를 부여받는다. 심지어는 시몽 은자미나 필립 카마라(Philippe Camara)처럼 자신의 문학과 아프리카의 모든

> **미그리튀드와 디아스포라**
>
> 용어 자체의 어원적 의미만으로도 미그리튀드는 '흑인성'이라는 기원의 흔적이 이주 사회의 이질적인 문화 환경 속에서 겪게 될 '갈등, 교섭, 혼종'의 가능성을 예측할 수 있게 해주는 개념이다. 2000년부터 프랑스의 갈리마르 출판사가 발간하고 있는 '검은 대륙' 총서의 편집 책임자는 그 총서의 의의를 다음과 같이 규정하고 있다. "'검은 대륙' 총서는 주로 프랑스어로 된 아프리카 작품들, 아프리카 혈통의 작가들과 아프리카 출신 디아스포라 작가들의 문학 텍스트 또는 에세이를 대상으로 하는 총서이다." 그가 말하는 '디아스포라'는 미그리튀드보다 상위의 개념이다. 미그리튀드는 디아스포라의 특수한 한 형태라고 할 수 있을 것이다.

관계(예컨대 아프리카의 현실에 대한 책임의식)를 전면 부정하는 작가들도 없지 않다. 1958년부터 프랑스에 거주하다가 1991년 조국 카메룬으로 돌아간 몽고 베티(1980년대 말까지 그는 현지 정권에 의해 카메룬 체류를 금지 당했고 그의 책들은 검열의 대상이었다)는 32년간의 망명 생활 동안 10권이 넘는 작품을 발표했는데, 그의 문제의식은 항상 아프리카 현실에 초점이 맞추어져 있었다. 그의 문학은 신식민주의 체제와 아프리카 현지의 권력 엘리트에 대한 비판이라는 문제의식을 통해 식민시대 이래로 아프리카 문학이 유지해온 현실 참여적이고 투쟁적인 성격을 이어나갔던 것이다. 반면에 미그리튀드 작가들의 문학은 현재의 거주지인 프랑스, 특히 파리를 중심으로 이주의 개인적 경험에서 비롯되는 포스트콜로니얼 시대의 다양한 문제점들을 다룬다. 미그리튀드 문학을 지칭하기 위해 사용되는 '센 강 위의 아프리카'라는 은유적 명칭은 바로 그러한 사정과 관련이 있다.

물론 아프리카 작가 또는 아프리카 출신 작가들이 파리를 중심으로 (실제의 삶이나 작품 속 허구의 삶에서나) 작품 활동을 하는 것이 최근에 생겨난 새로운 현상은 아니다. 네그리튀드도 파리를 중심으로 시작된 운동이었고, 『프레장스 아프리켄』 같은 잡지도 파리에서 발간되었다. 그리고 '파리의 이방인'이라는 주제는 이미 1950년대에서 1970년대에 이르는 프랑스어권 아프리카 문학—우스만 디옵 소세(Ousmane Diop Socé, 세네갈), 페르디낭 오요노, 쉐이크 아미두 칸 등의 작품—에서 빈번하게 다루어진 주제 중 하나였다. 다만 그 시기의 소설들에서는 '일시적인 체류 뒤의 귀향'이라는 틀을 바탕으로 인물들이 프랑스 사회에서 겪는 정체성의 갈등, 그리고 귀향한 뒤에 아프리카에서 겪는 사회·문화적 갈등이 문제의 핵심이었다. 다시 말해서 프랑스에 일시적으로 체류하는 아프리카 출신의 젊은이들(대개는 프랑스에 유학 온 젊은 지식인들)이 서구 사회 속에서 겪는 심리적 갈등과 정신적 혼란, 자신의 뿌리인 아프리카 문화와 교육을 통해 습득한 서구적 가치·사유 체계 사이의 충돌 등이 문제였다. 쉐이크 아미두 칸의 『모호한 모험』(1961)이 대표적인 사례이다.

그러나 미그리튀드 문학의 경우 작가나 작품 속 인물에게 귀향은 더 이상 중요한 고려 사항이 아니다.[18] 또한 미그리튀드 문학에서 빈번하게 확인되는 소외, 망명, 유랑, 광기 등의 주제는 앞선 세대들에 비해 훨씬 더 개별적인 정체성의 문제, 이산(離散)의 개인적 경험에서 비롯된 갈등·혼란의 경험과 새로운 자기 정체성의 모색이라는 실존적 과제와 결부되어 있다. 물론 미그리튀드 문학에서도 여전히 아프리카의 존재는 중요하다. 다만 대부분의 미그리튀드 작가들이 가진 아프리카를 바라보는 시선은 아이러니와 자조 또는 환멸로 특징지어져 있다.[19] 요컨대 미그리튀드 문학은 아프리카라는 집단적 범주 명칭에 의해 규정되기보다는 개인의 특수한 목소리로써 자기 존재를 인정받고자 하는 아프리카 출신 작가 세대의 문학이라고 할 수 있다.

## 2) 프랑스어권 문학, 아프리카 문학, 프랑스 문학

프랑스어권 아프리카 문학은 그 출발에서부터 지금까지 '이중의 독자층'이라는 역설적 조건 위에서 자기 존재의 의미를 발견해왔다. 대부분이 프랑스의 출판사에서 프랑스어로 출간되었다는 점에서, 또한 지금도 여전히 사회·경제적 여건 때문에 그들의 작품을 접할 수 있는 대륙의 아프리카인은 극소수라는 점에서 일차적으로 프랑스어권 아프리카 문학의 독자는 프랑스인 또는 서구인들이라고 할 수 있다. 그러나 다른 한편으로 '아프리카 문학은 현실 참여적인 사회적 리얼리즘 문학이어야 한다'는 묵계를 오랫동안 유지해왔다는 점에서 프랑스어권 아프리카 작가들은 항상 아프리카인들을 자기 문학의 잠재적 독자로 상정해왔다고 말할 수 있다.

그리하여 20세기 내내 프랑스어권 아프리카 작가들은 역설적이게도 파리라는 도시의 예술적·세계주의적·보편적 성격과 프랑스어의 양면성을 발판으로 삼아 프랑스어권 문학이라는 위계적·종속적 범주 규정으로부터 벗어나 '아프리카 문학'의 자격으로 세계 문학의 장에 진입하고자 노력해왔다. 그러나 역으로 프랑스와 프랑스인은 프랑스어라는 언어를 기반으로 아프리카 작가들의 문학을 자신의 '보편성의 제국주의'를 유지·작동시켜나가는 수단으로 활용해온 것 또한 사실이다. 요컨대 문학의 도시 파리는 이중적인 역할을 수행해온 셈이다. 한편으로 아프리카 작가들에게 파리는 자신들의 국민적·국지적 공간의 한계를 극복하고 근대성과 자유의 표지들을 획득할 수 있는 가능성의 공간이었다. 다른 한편으로 어떤 작가들에게는 파리가 동화의 동의어였고 온전히 '프랑스 작가'가 되고자 하는 야심의 동의어였다.

그렇다면 미그리튀드 작가들은 어떠한가. 파리라는 시공간 속에 자신들의 문학을 기입함으로써 그들은 세계문학의 주변부로부터 중심부로 진입하고자 시도하고 있는가. 이런 질문은 미그리튀드 문학의 작가들이 자기 작품의 잠재적인 독자로 누구를 상정하고 있는가, 나아가 자신의 문학을 어떤 범주(프랑스어권 문학, 아프리카 문학, 프랑스 문학)에 귀속시키고 있는가 하는 질문과 밀접한 관련이 있다.

미그리튀드 문학은 아프리카 대륙의 현실과 아프리카인의 집단적 운명보다는 프랑스 및 서구 사회에 이주한 개인의 현재와 미래에 대해 더 많이 질문하는 문학이다. 다시 말해서 네그리튀드처럼 식민 지배와 소외라는 공통의 역사적 경험에서 출발하여 집단적 정체성의 회복을 모색하는 문화적 운동이기보다는, 이주사회 속에서 확인되는 각 개인들의 개별적 특수성을 더 강조하는 문학이다. 극단적인 예로 세네갈 출신의 마리 은디예를 들 수 있다. 그녀의 작품에서는 아프리카와 관련된 특징을 거의 찾아볼 수 없다. 그녀의 문학은 온전히 '아프리카 출신 작가가 쓴 프랑스 문학'이라고 말할 수 있다. 또한 1990년대 이후 프랑스에서 대중적으로 가장 많이 알려진 미그리튀드 작가인 칼리스트 베얄라의 문학은 프랑스 문학인가 프랑스어권 아프리카 문학인가. 1986년에 '프랑스 아카데미 대상'을 받았으니 그녀의 문학은 프랑스 문학이 아닌가. 프랑스에 살고 있고 프랑스 국적을 지녔으니 프랑스 작가가 아닌가. 그런데 그녀의 작품들은 파리의 대형 서점에서 어떤 코너('프랑스 문학', '프랑스어권 문학', '프랑스어권 아프리카 문학')에 진열되어 있는가.

반면에 카메룬 출신의 작가 에솜바(J.-R. Essomba)는 '독자로부터 인정받고자 하는 욕구'가 자신과 같은 아프리카 작가들로 하여금 고향을 떠나 파리, 런던, 뉴욕으로 향하게 한다고 말하면서 다음과 같이 말하기도 한다. "아프리카 작가들은 자신의 작품이 아프리카 독자를 일차적인 대상으로 하지 않는다는 사실을 잘 알고 있다. 그렇지만 누구를 위해 글을 쓰느냐는 질문을 받으면 대부분의 아프리카 작가들은 두말없이 아프리카인을 위해 쓴다고 대답할 것이다."[20] 요컨대 앞선 세대의 작가들과 마찬가지로 미그리튀드 작가들의 출발점에도 출구를 찾기 힘든 아프리카의 고통스러운 현실이 놓여 있다는 사실에는 변함이 없다. 다만 그 문학의 생산과 소비뿐만 아니라 내용과 주제 선택까지 거의 대부분 프랑스 및 파리라는 시공간을 중심으로 이루어진다는 점에서 미그리튀드 문학의 상황은 이전보다 훨씬 더 복잡하다.

이 문제와 관련해 '세계 문학이라는 공간 내부의 권력과 위계관계를 중심으로 국민 문학과 세계 문학의 상관관계를 다원적으로 규정할 필요성'을 언급하는 프랑스의 문학비평가 파스칼 카사노바(Pascale Casanova)의 관점은 많은 시사점을 제공한다. "불가피하게 모든 작가는 자기가 속한 국민 문학이 세계 문학의 공간 속에서 차지하는 위치에 따라 세계 문학의 공간 속에 자리 잡는다. 그러나 또한 그의 위치는 그가 국민 문학의 유산을 불가피하게 물려받는 방식, 그가 행하게 되는 미학적·언어적·형식적 선택들에 좌우되고 그런 선택들이 세계 문학 속에서의 그의 위치를 결정한다."[21] 요컨대 '그가 속해 있는 국민 문학의 공간이 세계 문학의 공간 내에서 차지하는 위치에 따라 그리고 그가 세계 문학의 공간 내에서 차지하는 위치에 따라' 이중적·다원적으로 규정되어야 한다는 것이다. 그런데 프랑스어권 아프리카 문학에서 국민 문학의 개념은 아주 부차적인 의미밖에 지니지 못한다. 더군다나 미그리튀드 문학에는 국민 문학의 개념을 더 이상 적용하기 불가능해 보이기까지 한다. 그럼에도 불구하고 사람들은 콩고의 문학, 세네갈의 문학, 코트디부아르의 문학을 말해왔고 '프랑스어권 아프리카 문학'을 말해왔으며, 여전히 '프랑스어권 아프리카 문학'의 한 하위범주로서 '미그리튀드 문학'에 대해 언급하고 있다.

이런 역설적이고 모호한 상황은 그 출발에서부터 오늘날에 이르기까지 프랑스어권 아프리카 문학을 규정해온 역사적 조건과 결코 무관하지 않다. 예컨대 모두 미그리튀드 작가로 분류되면서도 프랑스에서 다니엘 비야울라는 여전히 '콩고 작가'이고 파투 디오메는 '세네갈계 프랑스 작가'이며 칼리스트 베얄라는 '카메룬 출신의 프랑스 작가'이다. 요컨대 미그리튀드 문학은 '프랑스 문학', '프랑스어권 문학', '아프리카 문학'이라는 기존 범주 구분의 경계를 한층 더 모호하게 만드는 '잡종의 문학'이다. 다시 말해서 미그리튀드 문학은 아프리카 문학이면서 프랑스어권 문학이고 나아가 프랑스 문학의 일부이기도 하다.

　프랑스 사회에서 미그리튀드 문학이 여전히 '프랑스어권 아프리카 문학'으로 통칭되는 경향이 지배적인 이유는 무엇일까. 혹자는 프랑스 사회가 이미 내적으로 다문화적 복수성의 사회로 바뀌었다는 사실을 인정하고 싶지 않은 기층 프랑스인의 허위의식, 또는 여전히 전통적인 동화의 이데올로기에 사로잡혀 이주자를 '위험한' 이등시민 취급하는 기층 프랑스인의 불안의식에서 그 이유를 찾기도 한다. 물론 미그리튀드 문학의 주요 생산 공간인 파리, 리용, 마르세유 같은 대도시의 교외 지역을 프랑스 문화와 외국 문화 사이의 조화롭고 생산적인 융합이 이루어지는 공간으로 규정하는 것은 비현실적이고 목가적인 관점임에 틀림없다. 그러나 아프리카-흑인 이주자의 혼종적인 문화가 '프랑스와 아프리카'라는 이분법으로는 규정되지 않는 제3의 '새로운 프랑스 문화'를 산출하고 있으며, 미그리튀드가 그 한 예라고 말하는 것은 꽤나 현실에 부합하는 설명처럼 보인다. 미그리튀드 문학이 '아프리카라는 타자의 시선에 의해 프랑스 사회의 내부로부터 삼투되고 전도된 파리-프랑스를 표상하는 문학'이기도 하다는 점에서 그렇다.

# 주

1 원칙적으로 다음과 같은 지적이 타당해 보인다. "'프랑스어권 아프리카 문학'은 전적으로 프랑스 입장에서 아프리카를 프랑스어를 사용하는 세계 속의 한 지역으로 분류하는 것이다.⋯⋯반면 '프 랑스어로 된 아프리카 문학'은 프랑스어를 단순히 표현 수단으로 보는 것으로 비록 식민 종주국의 언어를 사용하지만 나름대로 아프리카 문학의 독자성과 자주성을 강조하고 있다"(원종익, 2009). 그러나 실제 현실은 이보다 훨씬 애매하고 복잡하다.

2 네그리튀드에 대한 전반적인 소개, 세제르와 상고르의 시 세계에 대해서는 오생근, 2007 참조.

3 1920년에서 1940년 사이에 프랑스어권 아프리카와 카리브 지역의 취학률은 3퍼센트, 초등학교를 마치고 중등학교에 진학하는 학생의 비율은 5퍼센트 정도에 불과했다. 대학 입학 자격을 획득하는 젊은이는 천 명에 한 명꼴이었다.

4 Glissant, 1981: 23.

5 프랑스의 대표적인 사전 중 하나인 『로베르(Robert) 사전』은 1959년 '네그리튀드'를 사전에 등재 하면서 '1948년에 등장한 용어'로 정의했으며, 용어의 의미도 주로 사르트르의 규정에 따라 기술 했다.

6 상고르, 「행동의 시(Poésie de l'action)」. Senghor, 1990: 51.

7 상고르, 「코라와 발라퐁이여 내 노래 반주해 주오」. Senghor, 1990: 37.

8 상고르, 「자유 I(Liberté I)」. Senghor, 1990: 24.

9 Fanon, 1965: 202.

10 잡지 『아프리카-행동(Afrique-Action)』, 1961: 17.

11 『프레장스 아프리켄』의 창간호는 파리와 다카르에서 동시에 출간되었는데, 잡지 발행을 후원하는 위원회에는 프랑스의 작가 미셸 레리스, 장 폴 사르트르, 알베르 카뮈, 앙드레 지드, 철학자 메를로 퐁티 등이 참여했다.

12 말랭케 부족의 언어로 '모네(monné)'는 '모욕, 멸시, 경멸, 굴욕, 격분'의 의미를 모두 담고 있는 어휘이다.

13 몽고 베티의 『잔인한 도시』, 상벤의 『하느님 세계의 천민들』, 그리고 오요노의 『어느 보이의 일생』 등에 대해서는 오생근, 2007 참조. 오요노의 소설 제목에 사용된 '보이'라는 단어는 '원주민 시동 (侍童)'을 의미한다. 『하느님 세계의 천민들』은 1947년의 다카르-니제르 간 철도 노동자들의 파업 을 사실주의적으로 묘사한 소설이다.

14 니제르의 켄 사로-비바(Ken Saro-Wiwa)는 자기 나라의 독재체제에 저항하다가 1995년 사형을 당했고, 1960년대에 기니의 티에르노 모네넴보(Thierno Monenembo), 카마라 레이 등은 비슷 한 이유로 감옥에 갇히거나 망명을 떠나야 했다.

15 쿠루마의 『독립의 태양들』은 독립 이후의 사회·정치적 현실에 대한 절망과 환멸이 주된 내용이지 만, 전통 사회의 인습 속에서 고통 받는 아프리카 여성의 운명에 대해서도 신랄한 비판적 시선을 던지고 있는 소설이다.

16 소니 라부 탄시, 「로르사 로페스의 일곱 가지 고독(Les sept Soiltudes de Lorsa Lopez)」.

17 프랑스 문학계가 보여준 새로운 세대의 아프리카 출신 작가들에 대한 관심은 1980년대에 마그레

브계 이주 2~3세대를 중심으로 등장한 '뵈르(Beur) 문학'에 대한 관심과 유사하다. 다시 말해서 뵈르 작가들과 마찬가지로 이들의 위상은 문제적이다. 프랑스에 거주하고 있거나 프랑스 국적을 지니고 있지만 그들의 문학은 왜 여전히 출신지와의 관계 속에서 규정되어야 하는가라는 문제가 제기되기 때문이다.

18  여러 가지 이유가 있겠지만, 가장 중요한 것은 아프리카로의 귀향이 더 이상 보다 나은 사회·경제적 삶을 보장해주지 못한다는 사실에 있다. 예컨대 인종 간 결혼을 한 흑인은 아프리카 현지 사회의 인종 간 결혼에 대한 반감을 두려워하고, 프랑스에서 대학 졸업장을 딴 젊은이는 예전처럼 '지식인'으로서의 희소성을 인정받을 수 없다는 점을 두려워한다.

19  미그리튀드 세대에 속하는 작가들의 작품에서도 여전히 '아프리카(의 신화)를 말하는' 경우가 없지는 않다. 가스통 폴 에파(Gaston-Paul Effa, 카메룬)는 1960년대에 자신이 카메룬에서 보낸 유년의 기억들(나아가서 조국의 신화들)을 통해 박탈당한 자신의 정체성을 되찾고자 시도하는 작품들을 썼다. 다시 말해서 그의 문학은 이주자가 겪는 '결핍, 부재, 분리, 상실의 고통'을 극복하기 위해 자신이 떠나온 땅과 그곳의 전통을 본질주의적인 관점에서 재해석하는 이주 문학의 갈래에 속한다고 할 수 있다.

20  Cazenave, 2003: 222.

21  Casanova, 1999: 65.

# 참고 문헌

권명식, 2007, 『아프리카의 언어와 문학』, 다해.

딥, 모하메드 외, 1981, 『아프리카의 어떤 여름』, 전채린 역, 한길사.

마방쿠, 알랭 , 2007, 『가시도치의 회고록』, 이세진 역, 랜덤하우스코리아.

_____, 2007, 『아프리카 술집, 외상은 어림없지』, 이세진 역, 랜덤하우스코리아.

상고르, 1977, 『검은 영혼의 춤』, 김화영 역, 민음사.

오생근, 2007, 『프랑스어 문학과 현대성의 인식』, 문학과지성사.

원종익, 2009, 「혼돈의 문학사, 프랑스어로 된 아프리카 문학의 역사」, 『외국문학연구』, 제35호.

_____, 2010, 「네그리튀드에서 미그리튀드로: 새로운 세대의 아프리카 문학」, 『외국문학연구』, 제39호.

파농, 프란츠, 1998, 『검은 피부, 하얀 가면』, 이석호 역, 인간사랑.


Beti, Mongo, 1991, *Ville cruelle*, Présence africaine.

Beyala, Calixthe, 1996, *Les Honneurs perdus*, Paris: Albin Michel.

Casanova, Pascale, 1999, *La République mondiale des Lettres*, Le Seuil.

Cazenave, Odile, 2003, *Afrique sur Seine. Une nouvelle génération de romanciers africains à Paris*, L'Harmattan.

Césaire, Aimé, 1956, *Cahier d'un retour au pays natal*, Présence africaine, Paris.

Chevrier, Jacques,1999(2006), *Littératures d'Afrique noire de langue française*(Paris: Nathan), *Littératures francophones d'Afrique noire*, Edisud.

_____, 2004, *La littérature nègre*, Armand Collin.

_____, 2004, "Afrique(s)-sur-Seine: autour de la notion de ⟨migritude⟩," *Notre librairie. Revue des littératures du Sud*, No.155-156, juillet-décembre.

Fanon, Frantz, 1965, *Peau noire, masques blancs*, Le Seuil.

Gérard, Albert, 1984, *Essai d'histoire littéraire africaine*, Sherbrooke: Naaman.

Glissant, Edouard, 1981, *Le Discours antillais*, Gallimard.

Hausser, Michel, 1998, *Littératures francophones. III. Afrique Noire, Océan Indien*, Belin.

Kane, Cheik Hamidou, 1961, *L'aventure ambiguë*, Julliard.

Kesteloot, Lilyan, 2001, *Histoire de la littérature négro-africaine*, Karthala.

Kom, Ambroise, 2003, *Dictionnaire des oeuvres littéraire de langue française en Afrique au sud du Sahara*, tome I, L'Harmattan.

_____, 2006, *Littératures francophones d'Afrique noire*, Edisud.

Kourouma, Ahmadou, 1990, *Les Soleils des indépendances*, Seuil.

Oyono, Ferdinand, 2006, *Une vie de boy*, Pocket.

Ricard, Alain, 1995, *Littérature d'Afrique noire*, Karthala.

Sembène, Ousmane, 1994, *Les bouts de bois de Dieu*, Pocket.

Senghor, L. S., 1990, *Oeuvre poétique*, Le Seuil.

_____, 1984, *Poèmes*, Le Seuil.

Tansi, Sony Labou, 1979, *La vie et demie*, Seuil.

U Tamsi, Tchicaya, 1987, *Ces fruits si doux de l'arbre à pain*, Seghers.

# 경계에 선 가족, 그리고 여성

강초롱

## 1. 변화의 한가운데에 선 아프리카의 가족과 여성

가족은 인류의 역사에서 가장 보편적인 사회제도로 간주되어왔다. 그러나 가족의 형태와 기능은 시대와 장소에 따라 끊임없이 변화했다. 독립 이후부터 현재에 이르기까지 어느 대륙보다도 원초적인 사회 구조를 오랫동안 간직해왔을 아프리카 전역을 휩쓸고 있는 근대화의 바람은 아프리카의 전통적인 가족 구조에 커다란 변화를 몰고 오고 있다. 서구적 가치의 유입에 따른 화폐 경제의 정착, 학교 교육의 보급, 인구의 도시 집중 등으로 요약될 수 있는 근대화의 흐름 속에서 아프리카 사회가 전통적으로 유지해왔던 가치와 규범은 급속도로 해체되고 있으며 사회구성원들 간의 관계 역시 변화하고 있다. 가족 구조 역시 이러한 흐름으로부터 자유로울 수 없었다. 무엇보다도 자급자족적 농경 사회에 바탕을 두고 유지되어온 전통적인 대가족 형태를 대신하여 작은 단위로 분산된 핵가족 형태의 모습을 한 가족이 등장하기 시작했다. 이는 전통적인 대가족 제도의 근간이 되어왔던 친족 간의 끈끈한 유대 관계와 긴밀한 협업 정신을 약화시키는 등 아프리카 가족의 유형과 기능, 그리고 구성원들 간의 관계에서 중대한 변화를 야기하고 있다. 더구나 1980년대 중반 무렵에 아프리카 사회를 강타한 경제 위기로 인해 아프리카의 사회·경제 구조 전반이 급격하게 변화하고 있는 상황에서 아프리카의 전통적 가족 구조의 해체는 더욱 가속화되고 있다.

가족 구조의 변화는 특히 아프리카 사회에서 여성이 전통적으로 차지해왔던 사회적 지위의 변화와 맞물려 진행되고 있다. 가부장제를 근간으로 하고 있는 전통적인 아프리카 가족 구조 속에서 여성은 언제나 피지배 계층에 속해 있었다. 사회를 구성하는 최소 집단인 가족이 언제나 개인과 사회를 연결하는 매개체 역할을 수행해왔을 뿐만 아니라 한 개인이 사회에서 차지하는 사회적 지위를 결정하는 출발점이었다는 사실을 고려할 때 아프리카 여성이 가족 내에서뿐만 아니라 사회 속에서 지배와 통제의 대상으로서만 존재했을 것이라는 사실을 어렵지 않게 유추해낼 수 있다. 물론 아프리카 여성을 가부장적 억압으로 고통스러워하는 이미지로만 일반화하는 것은 매우 위험하다. 그럼에도 불구하고 근대화의 흐름이 가부장적 전통이 야기한 문제점들에 대해 비판을 가할 수 있는 가능성을 아프리카 여성에게 열어주었다는 점에서는 의견을 달리할 수 없을 것이다. 이와 관련하여 특히 서양식 학교 교육의 보급은 결정적인 영향력을 미쳤다. 학교 교육을 통해 아프리카 여성은 가부장적 사회의 억압적이고 모순적인 구조에 대해 문제제기할 수 있는 비판적인 안목을 길러나갔다. 즉, 학교 교육은 아프리카 여성이 자신의 사회적 지위를 개선하기 위한 집단적 움직임을 직접 만들 수 있는 가장 중요한 밑거름이었다. 오늘날 아프리카 여성이 경험하고 있는 이러한 변화의 움직임은 전통적인 대가족 제도의 약화로 대변되는 아프리카 가족 구조의 변화를 다시 한 번 가속화시키는 데 결정적으로 기여하고 있다.

가족 및 여성과 관련하여 아프리카 사회를 관통하고 있는 변화의 물결을 어떻게 바라보아야 할까? 전통과의 단절만을 의미하는가? 지금부터 아프리카 사회를 휩쓸고 있는 근대화의 바람이 가족 구조의 변화 및 여성의 사회적 지위를 개선하고자 하는 움직임에 어떤 영향을 미치고 있는지를 함께 살펴보면서 이 질문에 대한 답을 찾아보고자 한다. 이 과정에서 오늘날 아프리카 사회가 경험하고 있는 역동적인 변화의 파노라마를 구체적으로 이해할 수 있는 계기 역시 마련될 수 있으리라 기대한다.


## 2. 가족의 전통적인 구성 원리[1]

### 1) 개인에 대한 공동체의 우위

광활한 대륙 아프리카의 사회 제도와 관습은 지역에 따라 커다란 차이를 보인다. 그러나 아프리카의 전통 사회는 일반적으로 자급자족적인 농경 사회의 절대적 지배를 받았으며, 그에 따라 아프리카인의 일상생활을 비롯한 가족 문화 역시 농경 사회의 주요한 특징을 반영한다. 농경 생활은 무엇보다도 개인보다는 혈연 공동체의 존속을 우선시하는 경향으로 특징지어질 수 있다. 그 결과 토지 역시 가문 혹은 부족이 공동으로 소유하는 것을 원칙으로 하며 토지의 경작 역시 집단적 형태로 이루어진다. 공동체를 우선시하는 생활 방식은 자연스럽게 공동체의 존속에 기여하는 정도에 따라 구성원들 간의 위계질서를 발생시켰고 이는 곧 사회 계급으로 이어졌다. 그리고 공동체 구성원들은 어떤 계층에 속하는가에 따라 각기 다른 종류의 노동에 종사한다. 아프리카 전통 사회는 기본적으로 부족, 씨족 그리고 가족의 단위로 구분된다. 부족장은 위계질서를 고려하여 부족에 속한 가문들에게 일정한 토지를 분배하고, 각 가문의 우두머리는 이 토지를 다시 가문에 속한 각각의 가정에게 재분배하며, 각 가정의 가장은 자신의 가정에 할당된 토지를 자유롭게 경작할 권리를 지닌다. 동시에 각 가정의 구성원들에게는 가문과 부족이 공동으로 소유하고 있는 토지 경작에 참여해야 할 의무가 있다. 이렇게 공동 토지에서 수확된 생산물은 공동체 내에 존재하는 노인이나 병자 등 비생산적인 구성원을 먹여 살리는 데 사용된다.

부족 사회를 지배하는 위계질서는 가족 내 구성원의 지위와 노동의 종류를 결정하는 데도 엄격하게 적용된다. 아프리카의 전통적 가족은 기본적으로 남성의 여성에 대한 우위를 인정하고 가장은 남성들 중에서도 가장 커다란 우선권을 지닌 존재로 간주된다. 우선 가장은 자신에게 부여된 우선권을 기반으로 나머지 가족 구성원을 지배하고 통제할 수 있는 절대적 권한을 지닌다. 또한 가장은 가족 구성원이 거주하게 될 거처 및 가정에게 할당된 토지에 대한 소유권을 지니며 토지 생산물의 종류를 결정할 수 있는 권한을 지니는 동시에 토지의 일부를 다른 가정에게 임대하는 문제에서도 절대적인 결정권을 행사할 수 있다. 그러나 그에게 주어진 막대한 권한만큼 가장에게는 가정을 제대로 운영하고 존속케 해야 할 막대한 책임이 요구된다.

절대적인 권위를 지닌 가장을 중심으로 수립된 위계질서하에서 나머지 가족 구성원은 각자에게 부여된 역할을 수행한다. 여성은 일반적으로 남편에게 복종해야 하며 가사노동을 전적으로 담당해야 하는 동시에 남편을 도와 토지를 경작하는 등 식량 생산과 관련된 노동 활동에도 종사해야 한다. 자녀들은 생물학적인 부모뿐만 아니라 혈족 공동체의 어른 모두를 섬기고 존경해야 하며 그들에게 복종할 의무를 지닌다. 동시에 공동체 구성원 모두가 어린이의 양육과 교육을 공동으로 책임지는 관행이 제도처럼 자리 잡고 있다. 이러한 현상은 어린이를 가족뿐만 아니라 혈족 공동체의 공동 자산으로 간주하는 아프리카 전통 사회의 풍습을 반영하는 것이다. 아프리카 전통 사회에서 어린이는 혈족 공동체의 생산 활동에 투입될 미래의 노동력, 즉 공동체 유지에 필요한 가장 중요한 근간으로 간주되기 때문이다. 5살 무렵부터 어린이는 가족뿐만 아니라 공동체 차원의 노동 활동에 점진적으로 투입되며, 이 과정을 거치면서 그들은 서서히 공동체가 필요로 하는 생산 활동의 주체로 자리매김해 나간다. 어린이를 집단의 공동 소유물로 간주하고 부족 구성원이 함께 양육하는 현상은 오늘날까지도 대가족 제도의 전통이 강하게 남아 있는 사하라 이남의 아프리카 지역에서 자주 목격되고 있다.

## 2) 결혼의 기본적인 목표는 노동력의 재생산

아프리카 전통 사회에서 혈족 공동체의 존속 여부는 미래의 잠재적인 노동 인구를 지속적으로 재생산해낼 수 있는가에 달려 있었다. 그에 따라 가족은 공동체에 노동력을 공급하는 것을 가장 우선적인 의무로 삼았으며 가족 구성의 가장 기본적인 원칙 역시 노동력 재생산에 놓여 있었다. 이러한 가족 구성의 원칙은 가족 구성의 출발점이라 할 수 있는 결혼 단계부터 엄격하게 적용되었다. 즉, 아프리카 전통 사회에서 결혼의 가장 기본적인 목표는 노동력의 재생산이었다. 바로 그렇기 때문에 아프리카 전통 사회에서 결혼은 남성과 여성, 즉 개인 간의 결합이 아닌 두 가족 간의, 나아가 두 가문 간의 연합을 의미했다.

공동체의 존속에 필요한 노동력을 재생산하는 것을 목표로 한다는 점에서 결혼은 부부를 중심으로 하는 개별적 가족의 탄생이 아니라 공동체의 내적 확장 및 집단적 결속력의 강화라는 의미를 지녔다. 그에 따라 결혼과 동시에 부부는 가족과 씨족, 나아가 부족 구성원의 결속을 유지하고 강화시키는 데 필요한 사회적·종교적·경제적 관습을 실천해야 할 의무를 부여받는다. 즉, 결혼을 결정할 때 우선시되는 것은 개인이나 부부의 의사가 아니라 공동체의 필요이며, 그렇기 때문에 공동체의 존속을 가능케 하는 노동력의 재생산과 직결되는 자녀의 출산은 남녀가 부부로서 가장 우선적으로 수행해야 하는 의무였다.

아프리카의 전통적인 결혼 체결 방식과 결혼 유형은 이러한 결혼의 목표에서 비롯한 결과물이라 할 수 있다. 결혼이 공동체의 존속을 가능케 하는 가장 기본 단위인 가족을 구성하는 행위라는 측면에서 아프리카인은 결혼을 선택이 아니라 공동체 내에서 살아가기 위해서는 반드시 따라야만 하는 의무로 인식했다. 따라서 일정한 나이가 되어서도 결혼을 하지 않은 구성원은 공동체 자체를 부정하는 불순한 존재로 간주되었다. 그에 따라 전통 사회 내에서 남성이든 여성이든 독신으로 살아간다는 것은 거의 불가능한 일이었다.

특히 남성에게 결혼은 무엇보다도 잠재적 노동력을 확보함으로써 공동체가 자신에게 부여한 책임을 완수하고 그에 대한 대가로 공동체를 통제할 수 있는 권한을 부여받는 문제와 직결되었다. 따라서 결혼은 원칙적으로 남성 측의 주도로 이루어졌으며, 이는 신부대금이라고 부르는 지참금 제도의 탄생으로 이어지기도 했다. 신부대금이란 남성이 아내를 맞이하기 위해 신부 측에게 물건이나 돈으로 대가를 지불하는 전통을 지칭한다. 1,500년 전부터 시작되었다고 하는 이 전통은 오늘날에도 유지되고 있다.

남성 측은 신부 측에게 신부대금을 지불함으로써 아내가 될 여성뿐만 아니라 이후 태어날 아이를 전적으로 소유하고 통제할 권리를 획득하고, 신부 측에서는 신부대금을 받음으로써 여성의 출가가 야기하게 될 경제적 손실을 보상받는다. 지참금의 규모는 양가가 협상하고 상호 동의하기까지의 복잡한 공식 절차를 거친 다음에야 결정된다. 이 절차는 두 가문이 남녀의 결합을 공식적으로 승인하는 과정에 다름 아니기 때문에 지참금에 대한 합의 과정이 마무리되고 나서야 비로소 부부 간에, 나아가 두 가문 간에 진정한 결합이 완성된다고 할 수 있다.

복혼(polygamie)은 많은 노동력을 요구하는 아프리카의 전통적인 농경 사회가 여성과 아이가 제공하는 노동력에 상당 부분 의존할 수밖에 없는 상황에서 필연적으로 대가족 제도를 선호하게 됨에 따라 발전하게 된 결혼 유형이다. 대가족을 이루었다는 것은 노동력을 자급자족할 수 있는 안정적인 경로를 확보했다는 것을 의미하기 때문에 가족과 부족 모두에게 복혼은 공동체의 존속을 가능케 하는 가장 확실한 수단으로 인식되었다.

복혼의 유형은 크게 일부다처제와 일처다부제로 구분되는데, 가부장제에 기반을 둔 아프리카 전통 사회에서는 주로 일부다처제의 전통이 훨씬 지배적으로 나타난다. 일처다부제에 비해 일부다처제가 지배적인 전통으로 자리 잡은 현상과 관련해 일부에서는 사하라 이남 아프리카 지역에 확산되어 있는 이슬람 전통의 영향에 따른 것이라고 보기도 한다. 그러나 이 지역에 이슬람교가 정착하기 이전부터 이미 일부다처제가 보편적인 결혼 유형으로 자리 잡고 있었다는 점을 고려할 때 일부다처제의 우세는 채집이나 농경을 위주로 하는 아프리카 전통 사회에서 여성의 노동력이 투입되는 영역이 남성의 노동력이 요구되는 영역에 비해 많은 부분을 차지한다는 사실에서 기인한 현상이라고 보는 것이 보다 타당하다. 다수의 아내와 그들이 출산하게 될 다수의 아이들을 통해 생산 활동에 필요한 다량의 노동력을 안정적으로 확보함으로써 더 많은 생산물을 효과적으로 획득하고, 나아가 이를 통해 공동체의 부를 축적함은 물론 공동체의 존속 자체를 가능케 하고자 한 아프리카인의 전략적 선택이 바로 일부다처제의 보편화라는 결과를 낳았던 것이다. 일반적으로 일부다처제의 전통이 남성에 의해 경제 활동이 주도되었던 북아프리카 지역보다 여성의 경제 활동에 보다 커다란 중요성을 부여해온 사하라 이남 아프리카 지역에서 더욱 지배적으로 나타나고 있다는 사실이 이러한 관점을 뒷받침해준다.

프랑스의 유명한 아프리카 인구통계학자인 테레즈 로코(Thérèse Locoh)는 오늘날까지도 적지 않은 아프리카인이 공동체의 존속을 가능케 하는 가장 기본적인 경제적 자산으로 자손을 간주하고 있으며, 그에 따라 여전히 다산을 통해 공동체가 필요로 하는 노동력을 수급하고자 하는 경향을 보이고 있다고 지적하면서 일부다처제의 전통이 오늘날까지 유지되고 있는 이유를 설명한다.[2] 튀니지나 코트디부아르를 비롯한 몇몇 나라에서 공식적으로 일부다처제를 금지했음에도 불구하고[3] 상당수의 나라가 여전히 일부다처제를 허용하고 있는 오늘날의 상황, 심지어 일부다처제의 비율이 최근 들어 증가 추세를 보이고 있기까지 한 세네갈의 현실은 바로 이러한 경향 속에서 이해될 수 있을 것이다.

그러나 아프리카 사회가 근대화되어감에 따라 최근 들어 일부다처제의 전통이 전반적으로 많이 약화되고 있다는 점은 부인할 수 없는 사실이

## 일부다처제와 출산율의 상관관계

최근 『인구통계학(Demorgraphy)』이라는 학술지에 흥미로운 조사 결과가 발표되었다. 케냐를 중심으로 일부다처제가 출산율에 미치는 영향을 조사한 이 보고서에는 일부다처제가 출산율 증가에 미치는 긍정적인 영향을 준다는 결과를 소개하고 있다. 그에 따르면, 상당수의 연구자들이 출산에 대한 의무를 다수의 아내가 서로 분담할 수 있는 일부다처제의 특성상 여성 한 명당 출산하는 평균 자녀수가 일부일처제에 비해 적을 것이라고 쉽게 가정해온 것과 달리, 오히려 일부다처제하의 여성이 일부일처제하의 여성에 비해 개인당 평균적으로 출산하는 자녀수가 더 많다는 것이다(아래 표 참조). 이 보고서는 이러한 현상이 일부다처제가 일부일처제에 비해 이상적인 가족 규모를 기본적으로 더 크게 상정하고 있다는 점에서 기인한다고 결론 내리고 있다. 이 조사 결과를 통해 다산을 중시하는 아프리카 사회의 경향이 오늘날까지도 일부다처제의 전통이 유지되는 데 중요한 요인으로 자리 잡고 있음을 다시 한 번 확인할 수 있다.

| 일처다부제의 강도 | 모든 여성 | | | 최근에 결혼한 여성 | | |
| --- | --- | --- | --- | --- | --- | --- |
| 자녀수 | 낮음 | 중간 | 높음 | 낮음 | 중간 | 높음 |
| 최근 5년 동안 출산한 자녀의 수 | 0.87 | 0.98 | 1.07 | 1.22 | 1.28 | 1.35 |
| 이상적으로 생각하는 자녀의 수 | 3.76 | 4.33 | 4.87 | 4.07 | 4.72 | 5.18 |

출처: Alex Chika Ezeh, 1997 : 360.

다. 사하라 이남 아프리카 지역에서 오늘날 일부다처제를 이룬 가정의 비율이 평균적으로 전체 가정의 30퍼센트 정도에 머물고 있다는 최근의 조사는 이러한 추세를 잘 보여준다. 나아가 일부다처제하에서 1명의 남성이 거느리는 아내의 수가 평균 2~2.5명이라는 통계를 통해 오늘날에도 일부다처제의 전통이 유지되고 있긴 하지만 그 규모가 점차 축소되고 있다는 사실을 확인할 수 있다.[4]

# 3. 근대화된 가족 구조와 그 위기

## 1) 현대 가족의 생존 전략: 새로운 가족 유형으로의 전환

1950년대 이후 사하라 이남 아프리카 지역에서 도시로의 인구 집중 현상이 본격적으로 시작되었고 최근 들어 더욱 빠르게 확산되고 있다. 이는 수치상으로도 명확하게 드러난다. 1950년대만 하더라도 전체 인구의 15퍼센트에 불과했던 도시 인구가 1990년대 말 40퍼센트를 웃돌게 되었는데, 그 수치는 도시에 대한 시골의 상대적 빈곤이 심화되면서 더욱 증가하고 있는 추세이다. 지역에 따라 구체적인 수치는 다르지만, 현재 전체적으로 평균 25~55퍼센트의 인구가 도시에 거주하는 것으로 보고되고 있다.[5]

도시라는 새로운 환경은 아프리카인에게 새로운 삶의 방식에 적응하도록 요구했으며, 그에 따라 그들은 전통적으로 유지해온 가족의 가치나 기능, 원칙 등을 수정해야만 했다. 시골에 비해 자유로운 도시 문화 속에서 점차 결혼은 두 공동체의 연합이라는 기존의 의미를 넘어서 자유로운 개인 간의 개별적인 결합을 의미하기에 이른다. 또한 시골과는 다른 도시의 주거 환경은 전통적인 대가족 제도의 해체를 야기했다. 특히 도시 특유의 밀집된 주거 환경으로 인해 많은 가정이 더 이상 다산을 경제적 자산이 아닌 경제적 부담으로 인식하기에 이른다. 그 결과 도시를 중심으로 출산율 저하 현상이 대두되었으며 복혼을 선호하는 경향 역시 약화되었다. 여기에 1980년대 이후 아프리카 사회를 강타한 잇따른 경제 위기가 실업률을 증가시키고 사회 계층 간의 불균형을 심화시킴에 따라 도시의 수많은 가정이 심각한 빈곤을 경험하게 되었고, 이는 다시 한 번 대가족의 해체 현상을 가속화시키는 결과로 이어졌다. 또한 도시로의 인구 집중 현상은 만혼의 비율과 이혼율 증가의 중요한 원인 중 하나로 작용했다.

도시로의 인구 집중 현상이 야기한 전통적인 가족 구조의 변화와 관련해 서양식 학교 교육의 보급이 끼친 영향을 빼놓을 수 없다. 도시를 중심으로 보급되기 시작한 학교 교육은 아프리카 사회에 서구 문화가 확산되는 주요 경로가 되었다. 즉, 학교 교육이 보급되면서 아프리카 사회가 전통적으로 유지해온 규범과 관습, 사회적 위계질서 등이 총체적으로 흔들리기 시작했던 것이다. 이는 특히 전통적 가족 구조에 지대한 변화를 가져왔다.

학교를 통해 아이들이 서양의 가족 모델을 이상적인 가족 유형으로 인식하기 시작함에 따라 아프리카 고유의 가족 제도의 근간이었던 연대의 메커니즘이 붕괴되고 그로 인해 전통적인 대가족 제도의 해체가 더욱더 가속화되었다. 나아가 학교 교육의 출현은 가정에서 기성세대가 누려왔던 권위를 약화시키는 결과를 초래했다. 어린이를 공동체의 공동 자산으로 간주하는 전통적인 대가족 제도에서의 어린이 교육은 가족을 넘어서 혈족 공동체가 함께 책임져야 하는 문제였다. 그러나 서양식 학교 교육의 출현과 더불어 자녀 교육의 주도권이 부모와 공동체에서 교육자의 손으로 넘어감에 따라 자녀에 대한 어른의 통제권이 서서히 약화되기 시작했다. 동시에 교육의 목표가 부족의 미래를 책임질 수 있는 생산 주체의 재생산이라는 기존의 틀에서 벗어나 독립적인 개인의 완성이라는 새로운 측면으로 확장되면서 전통적인 가족 구조의 해체 현상은 더욱 심화되었다. 이처럼 학교 교육의 출현은 젊은 세대를 교육해야 할 책임을 더 이상 혈족 공동체가 아닌 사회가 지도록 만듦으로써 가족 내에서 기성세대와 젊은 세대 간에 확립되었던 전통적인 위계질서를 약화시켰을 뿐만 아니라 아프리카 사회가 전통적으로 유지해온 대가족제의 근간을 뒤흔들어놓는 결정적인 계기로 작용했다.

그러나 한 가지 염두에 두어야 할 사실은 대가족의 해체가 반드시 서구적인 핵가족 유형의 일반화로 이어지지는 않는다는 점이다. 물론 근대화의 흐름이 아프리카 사회에서 핵가족 유형이 증가하는 데 일조했지만, 그렇다고 해서 핵가족 유형이 현대 아프리카 사회의 지배적인 가족 모델로 자리 잡은 것은 아니다. 오히려 오늘날의 아프리카 가족 유형을 아우를 수 있는 공통적인 특징은 다양성 그 자체에 놓여 있다고 볼 수 있다. 실제로 도시에 거주하는 가족은 일부일처제에 기반하고 있는 서구적인 핵가족 유형에서 한 부모 가족 또는 부모 없이 아이들로만 구성된 가족 유형을 포함하여 복혼 형태를 유지하는 전통적 가족 유형에 이르기까지 매우 다양한 모습으로 존재한다.

현대 아프리카의 가족이 보여주고 있는 다양한 모습은 근대화로 인해 전통적 생활 방식이 붕괴되고 있는 상황에서 살아남기 위해 아프리카인이 나름대로 택한 생존 전략의 결과물로 이해할 수 있다. 이와 관련해 파트리스 비마르드(Patrice Vimard)의 주장은 상당히 주목할 만하다. 비마르드에 따르면 아프리카 사회에서 발생하고 있는 핵가족화 현상은 근대화의 결과물이 아니라 오히려 근대화된 사회로 나아가기 위해 아프리카인이 전략적으로 선택한 방식의 일환이라는 것이다.[6] 비마르드는 그 증거로 오늘날 아프리카 사회가 서구식 핵가족 모델을 일방적으로 받아들이기보다는 이 사회가 직면하고 있는 특수한 상황을 고려해 새로운 유형의 가족 모델을 끊임없이 창출하고 있다는 사실에 주목해야 한다고 말한다.

새로운 가족 유형 중에서도 비마르드는 특히 서구적 핵가족 유형과 아프리카의 전통적 대가족 유형이 절충을 이룬 '확대 핵가족(famille élémentaire élargie)'에 주목한다. 이 가족 유형은 기본적으로 하나의 핵가족이 다른 개인 또는 다른 핵가족과 결합하여 탄생한 새로운 형태의 핵가족이다. '확대 핵가족'은 주거 환경 조건이나 일상생활의 필요에 따라 다양한 유형으로 세분화된다. 비마르드에 따르면 확대 핵가족 유형은 상부상조하는 협업 정신에 기초해 가족 구성원 간의 지속적 연대를 가능케 했던 전통적 대가족 제도의 이점과 가족 구성원 각자가 한 명의 개인으로서 개별적인 이익을 추구할 수 있는 핵가족 제도의 이점을 동시에 취할 수 있는 장점을 지닌다.

이 가족 유형은 도시에 거주하는 부부가 필요에 따라 그들의 부모나 방계혈족 등 가정의 유지와 관련된 일상적 업무에 도움이 될 만한 서비스를 제공할 수 있는 가솔들과 동거하는 경향이 증가함에 따라 도시를 중심으로 확산되었다. 비마르드에 따르면 심지어 최근에는 확대 핵가족의 한계를 극복하기 위한 새로운 방편으로 또 다른 가족 유형이 등장했다. 특히 1980년대 이후 지속되고 있는 경제 위기로 인해 가족 경제가 더욱 악화되고 있는 상황에서 혈연이나 지연 관계에만 기대어서는 위기의 극복이 어렵고 보다 확장된 사회적 지원이 필요하다는 인식이 확산됨에 따라 가족의 규모가 다시금 축소되는 현상이 증가하고 있으며 그 결과 부부와 자녀를 중심으로 구성된 서구식 핵가족 형태가 새롭게 급부상하고 있는 추세이다. 그러나 이러한 현상 역시 근대화의 물결 앞에서 새로운 사회 체제를 안정적으로 구축하고 이에 적응하기 위해 아프리카인이 능동적으로 택한 전략을 보여주는 구체적인 사례라고 할 수 있다.

## 2) 에이즈와 가족의 위기

아프리카 대륙에서 기하급수적으로 확산되고 있는 에이즈는 현재 아프리카 사회가 직면하고 있는 가장 심각한 문제라 할 수 있다. 유니세프(UNICEF)의 조사에 따르면, 에이즈가 가장 심하게 기승을 부리고 있는 사하라 이남 아프리카 지역에서 2006년 말 기준으로 에이즈를 앓고 있거나 에이즈를 유발하는 VIH(Virus de l'Immuno-déficience Humaine)[7]를 보유한 사람이 2,900만 명으로 추산된다. 전 세계의 에이즈 감염자 수가 4,200만 명이라는 점을 감안하면 이는 실로 어마어마한 수치라고 할 수 있다. 그중에서도 15~24세의 젊은이가 1,000만 명에 달하며, 약 300만 명에 가까운 14세 미만의 어린이가 에이즈에 감염된 것으로 추산된다.

보다 구체적으로 살펴보면 사하라 이남 아프리카 지역의 에이즈 감염 실태는 국가에 따라 차이가 크다. 2000년대 초반의 조사에 따르면 에이즈 확산이 가장 심한 지역은 남아프리카공화국, 나미비아, 보츠와나, 잠비아 같은 국가들로서 이 지역에 거주하는 성인 인구 중 20퍼센트 또는 그 이상이 감염된 것으로 알려져 있다. 서아프리카 일대에 위치한 콩고민주공화국, 콩고공화국, 카메룬, 니제르, 코트디부아르, 부르키나파소 등의 국가에서는 전체 성인 중에서 5~19퍼센트 정도가 에이즈 환자인 것으로 보고되었다. 반면에 서아프리카 지역에 자리 잡고 있는 또 다른 국가들인 세네갈이나 가봉은 앞선 국가들에 비해 상대적으로 적은 5퍼센트 이하의 성인 인구가 에이즈에 감염된 것으로 추산되고 있다. 사하라 이남 지역의 에이즈 감염 실태와 관련해 특히 주목할 만한 사실은 발병 환자 및 바이러스 보균자의 절반 이상이 여성이라는 점이다. 대부분의 연구자들은 여성이 성행위를 안전한 환경 속에서 치를 수 있는 가능성이 매우 희박한 아프리카 현실로부터 이런 현상이 기인하고 있다는 데 의견을 같이한다.

에이즈의 확산은 사하라 이남 지역에 거주하고 있는 아프리카인의 가족 규모와 구성에 커다란 변화를 안겨주고 있다. 특히 에이즈에 걸린 가족 구성원을 치료하는 데 드는 엄청난 비용으로 사하라 이남 지역의 아프리카인이 겪고 있는 빈곤은 더욱 심화되고 있으며, 심지어 대부분은 치

**표1** 사하라 이남 지역에서 에이즈로 부모를 잃은 0~17세 어린이 수(1990~2010년)

(단위: 백만 명)

출처: UNICEF, 2010: 4.

료비를 구하지 못해 죽음에 이르고 있는 실정이다. 이러한 현실은 핵가족의 와해 내지 한부모 가족의 증가, 또는 부모가 아예 없는 고아의 증가로 이어지고 있다. 나아가 에이즈에 걸린 가족 구성원이 생산 활동에 참여하는 것이 불가능해지면서 에이즈의 확산은 가족 내의 역할 분담에서도 상당한 변화를 야기하고 있다. 많은 어린이가 병에 걸린 또는 병으로 사망한 부모를 대신해 어린 나이에 생계 전선에 뛰어들고 있는 현실이 대표적인 경우라 할 수 있다. 특히 에이즈 감염자가 주로 어린이와 생식 및 생산 활동에 참여할 수 있는 젊은 연령대의 성인이라는 점을 고려할 때 이 질병으로 사하라 이남 지역에 거주하고 있는 가족의 존속 자체가 심각하게 위협받고 있는 상황이라고 해도 과언이 아니다.

에이즈의 확산에 따른 가족의 붕괴는 특히 어린이의 삶에 심각한 문제를 낳고 있다. 에이즈에 걸린 부모와 함께 살고 있는 어린이는 이 질병에 감염될 위험에 직접적으로 노출되어 있는 것은 물론이고 그들을 양육하고 교육시킬 책임이 있는 부모가 그 역할을 다하지 못하게 되면서 어린이가 일찍이 학업을 중단하고 부모를 대신해 가장 역할을 수행하는 경우가 빈번하게 발생하고 있기 때문이다. 또한 이런 경우 대부분의 어린이가 부모의 죽음으로 고아가 되기에 이르고 있다는 점 역시 심각한 문제가 아닐 수 없다. 유니세프의 통계에 따르면 아시아나 라틴 아메리카에서와 달리 사하라 이남 지역에서 에이즈로 부모를 여의고 고아가 된 어린이의 수는 1990부터 2010년까지 꾸준히 증가하고 하고 있는 추세이다(표 1 참조).

에이즈 이외에도 사하라 이남의 아프리카 지역에서 빈번하게 발생하는 내전 역시 이 지역에 거주하는 아프리카인이 가족을 안정적으로 운영하는 데 심각한 위협 요인으로 작용한다. 빈번한 내전의 발생으로 이 지역의 가족들은 가족 구성원이 부상을 당하거나 죽음에 이르는 것을 자주 경험하게 되며, 나아가 삶의 터전은 물론이고 생계를 이어갈 수 있는 경제적 기반을 상실하고 난민으로 전락한 채 극심한 빈곤을 겪는 등 수많은 어려움을 겪고 있다. 난민의 대부분은 여성과 어린이로 이루어져 있으며, 일반적으로 여성은 전쟁터에 징집되거나 전쟁 중 사망한 남편을 대신해서 가장의 역할을 수행하고 있다. 더욱 심각한 문제는 이동의 제약이 있는 노인이나 장애인은 난민 대열에 합류하지조차 못하고 중도에 버려지고 있다는 점이다. 또한 일상적으로 여성은 강간의 위험에 노출되어 그에 따라 미혼모가 증가하고 있으며, 부족한 성인 남성을 대신해 전쟁터에 징집되는 소년병이 증가하는 현실은 전쟁으로 아프리카 가족이 겪고 있는 심각한 위기의 단면을 잘 보여주는 예들이다.

## 4. 가부장적 전통에 대한 저항

아프리카 여성은 가부장적인 전통 속에서 숨죽인 채 살아가는 억압된 존재, 아프리카 대륙의 광활한 대지와 동일시되는 다산의 상징이자 야생의 아름다움을 간직한 채 살아가는 미지의 존재, 빈곤과 에이즈가 야기한 고통의 악순환에서 벗어나지 못한 채 절망 속에 몸부림치는 가련한 존재 등과 같이 몇몇 정형화된 이미지로 형상화되어왔다. 물론 그 누구도 이 이미지들 속에 아프리카 여성이 지금까지 경험해온 현실이 일정 정도 반영되어 있다는 사실을 부인하지 못한다. 그렇지만 이 이미지들만으로는 격동의 시기 한가운데에서 그녀들이 온몸으로 뿜어내고 있는 변화를 향한 역동적인 기운을 제대로 설명해낼 수 없다. 식민 지배로부터 독립한 이후 아프리카 사회를 강타하고 있는 근대화의 흐름 속에서 아프리카 여성이 맞이하고 있는, 나아가 스스로 만들어내고 있는 변화의 움직임을 살펴보는 작업은 아프리카 사회의 오늘을 심도 있게 이해할 수 있는 또 하나의 중요한 지표가 되리라 생각한다.

## 1) 여성 할례에 대한 문제제기

기본적으로 남성의 여성에 대한 절대적인 우위를 인정하는 아프리카 전통 사회에서 일부다처제의 관습과 더불어 여성에게 가해진 다양한 성적 규제들은 여성의 낮은 위상을 상징적으로 보여준다. 특히 아프리카 여성에게 자행된 그리고 지금도 자행되고 있는 할례 시술은 남성 중심적인 전통을 유지하고 있는 아프리카 사회가 오늘날까지도 여성에게 부여하고 있는 낮은 사회적 지위를 잘 대변한다.[9]

여성 성기 절제 시술(Mutilations génitales féminines: MGF)[10]이라고도 부르는 여성 할례는 크게 세 가지로 나뉜다. 첫 번째 유형은 '순나(Sunnah)' 할례로 음핵이나 그것을 덮고 있는 포피의 일부를 제거하는 시술이다. 두 번째 유형은 '음핵 절제 시술'로 음핵 전체와 소음순을 잘라

내는 시술이다. 마지막으로는 '음부 봉쇄 시술'은 음핵과 소음순과 대음순 모두를 잘라낸 후 소변을 보고 월경을 할 수 있도록 작은 구멍만 남겨 놓고 양쪽 외음부를 꿰매어 질의 입구를 막아버리는 시술이다.

여성 할례의 기원에 대해서 정확하게 알려진 바는 없지만, 많은 학자들은 이 관습이 고대 이집트 시대부터 시작되었다고 추정한다. 할례는 태어나서부터 첫 월경을 경험하기 전 사이의 시기 동안 이루어지는데 일반적으로 4~8살 사이에 행해지는 경우가 많다고 한다. 할례는 대부분 마취를 하지 않은 상태에서 이루어지기 때문에 시술이 이루어지는 과정에서 여성은 엄청난 육체적 고통을 겪게 되며, 적지 않은 여아들이 과다출혈이나 쇼크, 감염 등으로 죽음에 이르기도 한다. 나아가 할례 시술을 받은 여성은 평생 동안 육체적·정신적 고통을 경험한다. 간헐적인 출혈, 생식기관 및 비뇨기관의 감염, 신장 손상이나 요실금 증상 등은 물론 성행위에서도 커다란 고통을 느끼고 출산할 때 빈번한 사망의 위험에 노출되기도 한다. 또한 성욕 감퇴와 정서 불안 등 심각한 정신적 상흔을 남기기도 한다.

문제는 여성에게 심각한 고통을 안겨주는 할례 시술이 과거의 문제에 그치는 것이 아니라 오늘날에도 여전히 자행되고 있다는 점이다. 세계보건기구(WHO)의 최근 조사에 따르면 전 세계에서 약 1억 명에서 1억 4,000만 명에 이르는 여성이 할례 시술을 받은 것으로 추산된다. 각 나라마다 구체적인 수치에서는 차이를 보이고 있지만, 서부 아프리카에 위치한 베냉, 부르키나파소, 코트디부아르, 기니를 비롯해서 동부 아프리카 지역의 이집트, 에티오피아, 수단 등을 포함한 약 28개의 아프리카 국가에서 매년 행해지고 있는 할례 시술은 200만 건으로 집계된다. 특히 최근 할례 시술 과정에서 여아가 사망에 이른 사례가 연이어 보고되고 있으며, 그 결과 여성 할례는 아프리카 사회에서뿐만 아니라 국제적으로도 중요한 논란의 대상이 되고 있다. 그에 따라 케냐를 비롯한 일부 국가에서는 여성 할례를 공식적으로 금지하기로 결정했다. 할례를 받는 여성의 수가 많은 나라 중 하나인 이집트에서는 1997년 말 최고법정이 "코란에는 여성 할례를 허락하는 어떠한 문구도 없으며 예언자 무하마드의 계도와 언행을 기록한 하디스에도 여성 할례를 해야 한다는 어떠한 언급도 없다"고 밝히면서 여성 할례 금지 판결을 내렸다. 그럼에도 불구하고 대부분의 국가에서 할례 시술을 받은 여성의 수는 여전히 높은 수치를 기록하고 있다.

여기서 주목할 만한 사실은 할례 시술이 지속적으로 자행되는 데 결정적인 기여를 하고 있는 존재가 남성이 아닌 여성이라는 점이다. 다시 말하면 어린 소녀에게 시술을 받게 하는 자가 바로 또 다른 피해자인 어머니라는 점이다. 그렇다면 왜 어머니는 할례 시술이 야기하는 극심한 고통을 앞서 겪었음에도 불구하고 그 고통을 어린 딸에게 대물림하고자 하는 것일까? 그에 대한 대답을 다음과 같은 현실에서 찾을 수 있다.

아프리카 사회에서 성인식은 아프리카인이 반드시 거쳐야 하는 가장 중요한 의례 중 하나이다. 성인식의 본질적인 목적은 소년과 소녀로 하여금 공동체 구성원으로서의 의무와 특권을 공유하도록 함으로써 공동체의 진정한 일원으로 거듭나도록 하는 데 있다. 여성 할례는 바로 소녀가 성인이 되기 위해 반드시 거쳐야 하는 통과의례이며, 오늘날까지 아프리카의 대부분 지역에서 여성 할례를 이러한 의미로 받아들이고 있다. 따라서 여성 할례를 받지 않은 여성은 공동체의 진정한 구성원으로 인정받지 못하기 때문에 그 사회에서 살아가는 것 자체가 불가능하다.

바로 이러한 맥락에서 부모, 특히 어머니는 경험을 통해 이 시술이 안겨주게 될 고통을 너무나 잘 알고 있음에도 어린 딸에게 그 고통을 감내하게 함으로써 공동체가 요구하는 진정한 어른으로 거듭나기를 요구하고 있는 것이다. 즉, 어머니에게 딸의 할례 시술은 부모로서 자녀가 공동체의 진정한 일원으로 자라날 수 있도록 교육시켜야 하는 의무의 한 부분으로 받아들여지고 있다. 동시에 시술을 받는 딸은 공동체로부터의 배척이 두려워 할례 시술을 거부하지 못한다. 이처럼 여성 할례는 어머니와 딸 모두에게 공동체에서 살아가기 위해 반드시 거쳐야만 하는 필수적인 관문으로 인식되고 있다. 바로 그렇기 때문에 시술받은 대부분의 여성은 극심한 고통에도 불구하고 비로소 진정한 여성이자 공동체의 일원이 되었다는 자랑스러움을 느끼며 동시에 공동체의 다른 구성원은 집단적 보상 차원에서 그녀에게 경의를 표하거나 축하연을 열어주고 선물을 증정하기도 한다. 따라서 많은 아프리카인은 여성 할례가 수백 년 동안 이어져 내려온 아프리카 고유의 전통이며 이를 거쳐야만 소녀가 완전한 성인 여성으로 거듭날 수 있다고 강조하면서 시술의 필요성을 주장하고 있다.

하지만 이러한 주장은 여성 할례가 순수한 전통적인 관습이기 이전에 아프리카 사회의 사회적·경제적·역사적 구조에 깊이 뿌리박고 있는 남녀의 불평등한 권력 관계를 함축적으로 보여주는 전통이라는 점을 간과하고 있다. 남성 우월주의가 지배하고 있는 아프리카 전통 사회에서 여성은 항상 순결과 정절을 요구받아왔고 여성 할례는 그러한 요구의 일환이었다. 여성 할례의 본질적인 목적이 미래의 시어머니가 며느리의 처녀성을 확인하는 것을 가능케 하는 데 놓여 있었던 나이지리아의 사례는 이 관습이 기본적으로 여성을 통제하기 위한 사회적 방식의 하나로 시작되었음을 잘 보여준다. 나아가 이 시술은 여성을 성적 주체가 아닌 성적 대상으로만 한정하는 관점을 전제로 한다. 이 시술은 특히 성적으로 민감한 부분을 제거함으로써 여성이 평생 동안 성적 쾌감을 느끼지 못하게 만드는 결과를 야기하곤 한다.

이와 관련해 어떤 이들은 이 시술이 여성의 성욕을 억제시키는 효과를 통해 남편이 모든 아내를 성적으로 만족시키는 것이 불가능한 일부다처제 사회에서 여성들 간의 갈등을 최소화하는 데 긍정적인 기여를 해왔다고 분석하기도 한다. 그러나 이는 표면적인 분석에 불과하다. 왜냐하면 이 시술의 보다 근본적인 목적은 여성을 성적 쾌락에 둔감하게 만듦으로써 여성이 성적으로 만족하기 쉽지 않은 일부다처제하에서 여성이 성욕을 품는 것 자체를 불가능하게 만들어 여성의 외도를 막는 등 남편이 아내를 쉽게 통제할 수 있도록 하는 데 있기 때문이다.[11]

최근 여성 할례의 문제점을 지적하고 이에 반대하는 국제 사회의 목소리가 높아지면서 아프리카 내에서도 국가적 차원에서 이를 근절하고자 하는 자체적인 움직임이 확산되는 추세이다. 일례로 가나, 코트디부아르, 케냐, 세네갈을 포함한 사하라 이남의 8개국은 대통령령으로 여성 할례를 공식적으로 금지하거나 이와 관련된 법안을 통과시켰으며, 사법부 차원에서 여성 할례를 금지하는 판결을 통해 이를 근절하고자 노력하는 모습을 보이고 있다. 그러나 여성 할례를 보다 근본적으로 근절하려면 딸에게 할례 시술을 강요한 부모나 시술에 직접적으로 참여한 개인을 처벌하는 것 이상으로 아프리카인의 집단적 각성과 의지가 무엇보다도 요구된다. 특히 여성 할례를 받거나 거부할 수 있는 선택권이 개인이 아니라 부족이라는 집단에게 속해 있다는 점을 고려할 때 더욱 그러하다.

여성 할례는 수백 년 동안 지속되어온 아프리카 고유의 문화적 관습이자 전통이다. 따라서 이를 바꾸려면 개개인의 의식을 전환시키는 것만큼이나 가족과 부족의 집단적 의식을 바꾸는 것이 절실하게 요구된다. 유니세프가 여성 할례를 중단시키기 위한 방편으로 제시하고 6가지 핵심 사항은 집단적 차원에서의 의식 개선이 이 문제를 해결하기 위해 무엇보다도 시급하다는 인식을 전제로 한다.[12] 6가지 핵심 사항은 다음과 같다.

첫째, 여성 할례에 대한 문제제기는 강제나 비난의 차원이 아니라 여성과 여아의 인권을 존중해야 할 필요성을 강조하는 방향에서 이루어져야 하며 그 과정에서 이 시술이 내포하고 있는 부정적 측면에 대한 집단적 인식을 고양시킴으로써 구성원 스스로가 이에 대해 문제의식을 지닐 수 있도록 한다. 둘째, 이 시술이 야기하는 부정적 결과에 대한 한 집단의 인식이 다른 집단에게 자유롭게 확산될 수 있도록 다양한 경로를 마련한다. 셋째, 공동체 구성원이 집단적인 차원에서 시술을 중단길 선택하도록 유도한다. 넷째, 시술의 중단을 결정한 이후 이 결정을 공동체 내에서 공식적으로 선언하도록 권유한다. 다섯째, 다양한 소통 경로를 마련해 다른 공동체들이 이러한 선택과 선언에 자발적으로 동참할 수 있는 여건을 마련한다. 여섯째, 정부 차원에서는 캠페인 등과 같은 다양한 정책적 지원을 통해 이러한 분위기가 국가적 차원에서 확산될 수 있도록 돕는다.

여성 할례는 아프리카 사회뿐만 아니라 국제 사회적 차원에서 아프리카 여성과 어린이의 인권 및 사회적 지위의 개선과 관련해 가장 중요한 쟁점이라고 할 수 있다. 이 관습이 아프리카 사회에 뿌리 깊게 박힌 전통인 만큼 그것을 단시일 내에 근절하고자 하는 것은 분명히 무리가 있다. 그러나 어떤 사회적 관습도 영원불변한 것은 없으며 아무리 오랜 기간 동안 전해 내려온 전통이라 할지라도 그 관습의 고집이 공동체에게 더 이상 도움이 되지 않는다는 것을 구성원 스스로가 인식하게 된다면 그 관습은 충분히 근절될 수 있다. 마치 1,000여 년이라는 긴 세월 동안 중국에서 일상적으로 자행되었던 전족의 전통이 국가적 차원에서 노력한 결과 불과 한 세대 만에 근절되었듯이 말이다. 따라서 아프리카인 스스로가 여성 할례의 해악에 대해 인식하고 이 관습을 자체적으로 중단할 수 있는 사회적 여건을 지속적으로 마련하는 한편, 이 관습을 대체할 수 있는 새로운 성인식 문화가 정립될 수 있도록 노력해야 할 것이다.

지난 30여 년 동안 다양한 작품을 통해 할례 시술을 비롯해 아프리카 여성의 인권을 유린한 불합리한 현실에 비판의 목소리를 지속적으로 높여온 미국의 작가 앨리스 워커(Alice Walker)의 말을 인용하면서 이 문제에 대한 논의를 마무리 짓고자 한다.

우리는 여성 성기 절단에 반대하는 영화를 만들려고 했습니다. 물론 영화 이전에 제 소설 『은밀한 기쁨을 간직하며』가 먼저 나왔습니다. 그 소설은 여성 성기 절단에 저항하려고 쓴 것입니다. 그런데 여성 성기 절단이 폭력이라는 것을 설득하는 것은 아주 괴롭고 어려운 일이었습니다. 국제 엠네스티조차 이것은 폭력이 아니고 문화적 관습이라고 이야기할 정도였습니다. 여성의 성기를 다 잘라 없애버리는 것을 폭력이 아니라 관습이라고 말입니다. 이것을 잔인함, 폭력, 신체 절단이라고 설득시키는 데 많은 시간이 걸렸습니다. 이것은 문화가 아니라 지배이고 통제이며, 여성과 어린이에게 가해지는 극단적인 폭력입니다.……그것은 문화가 아니고 관습입니다. 문화와 관습은 다른 것입니다. 문화는 그 자체가 건강합니다. 사람들이 꽃을 심는 것과 같습니다. 문화는 꽃들을 더 피어나게 하는 것, 그래서 꽃들이 건강해지고 풍성해지게 하는 것입니다. 꽃을 피어나지 못하게 하는 것, 죽게 만드는 것, 해로운 것은 문화가 아닙니다.
_인터뷰 「세계지성과의 대화: 차이는 축복이며 자유의 시작이다 – 진리를 향해 걷는 이와의 만남」 중에서

## 2) 사회적 평등을 위한 여성의 정치 참여

오늘날에도 대다수의 아프리카 여성은 남성에 비해 낮은 사회적 지위를 차지하고 있으며 열악한 환경에서 어렵게 살아가고 있다. 그러나 아프리카 여성이 비참한 현실에 수동적으로만 대처하는 것은 아니다. 자신이 처해 있는 상황에 문제제기함으로써 여성의 사회적 지위를 향상시키고 궁극적으로는 남녀의 불평등한 권력 관계를 근본적으로 개선하고자 하는 움직임이 여성 스스로에 의해 활발히 전개되고 있다.

여성이 자유와 평등을 요구하는 목소리를 높일 수 있었던 데에는 무엇보다도 학교 교육의 보급이 결정적인 기여를 했다. 사하라 이남 지역에서 대중 교육은 1980년대를 기점으로 빠르게 보편화되었다. 1960년대에는 초등 교육을 받는 어린이가 전체의 38퍼센트에 불과했지만, 1980년대에 들어서면서 그 비율은 거의 두 배인 78퍼센트까지 증가했다.[13] 유네스코(UNESCO)의 보고서에 따르면 사하라 이남 지역에 거주하는 성인 여성 중에서 글을 읽을 줄 아는 비율이 1970년에는 17퍼센트에 불과했지만, 2000년에 들어서는 54퍼센트로 증가했다.[14] 이는 남성의 증가율보다도 높다.[15] 특히 1980년대에 들어서 아프리카 사회 전반에 불어 닥친 경제 위기로 인해 많은 어린이가 교육을 포기했다는 점을 고려하면 괄목할 만한 성장이라 할 수 있다. 단순한 양적인 팽창을 넘어서 학교 교육의 보급은 여성의 세계관에 커다란 변화를 안겨주었다. 학교 교육을 통해 소녀들은 가족을 넘어선 보다 넓은 사회적 네트워크를 형성할 수 있는 기회를 얻었고 그들은 근대화된 세계를 직접 경험할 수 있는 창구로 이 네트워크를 적극 활용했다.

메리 크리츠(Mary M. Kritz)와 더글라스 거라크(Douglas T. Gurak)는 1989년에 공동으로 발표한 논문에서 사하라 이남에 거주하는 아프리카 여성이 가족 내에서 차지하는 위상을 개선하는 데 교육이 끼친 긍정적인 영향들에 대한 조사 내용을 발표했다. 이 보고서는 학교 교육의 보급이 특히 여아에게 근대화된 삶의 방식을 배울 수 있는 중요한 계기로 작용했으며, 그 결과 결혼 및 출산에 대한 여성의 인식에 중요한 변화를 안겨주었다고 전한다. 이 보고서에 따르면 특히 학교 교육은 여성에게 스스로를 더 이상 집단 또는 남편의 소유물이 아니라 한 명의 독립적인 개인으로 인식할 수 있는 기회를 제공했다. 1960년대에 학교 교육을 받고 1980년대에 결혼 적령기에 접어든 여성들을 대상으로 한 조사에 따르면, 교육의 혜택을 받은 여성이 교육을 받지 못한 여성에 비해 일부다처제로 대표되는 전통적인 결혼상에 대해 문제의식을 지니게 되는 경우가 더 많았으며, 교육을 받은 여성의 결혼 연령이 점차 늦어지는 현상이 나타났다. 또한 현대 여성은 교육을 통해 피임에 대한 지식을 접하면서 출산 여부를 스스로 통제할 수 있게 되는 등 자신의 건강에 관심을 기울일 수 있는 계기를 마련했는데, 그 결과 출산율이 예전에 비해 저하되었다.[16]

이러한 현상은 학교 교육의 보급이 여성에게 자신의 사회적 지위를 개선해야 할 필요성을 인식하게 함으로써 전통적인 가족 구조의 변화에 일정 정도 영향을 끼치고 있는 현실을 잘 반영하고 있다. 다시 말해서, 학교 교육이 남녀 평등의 세계로 통하는 만능열쇠는 아니었다 할지라도, 적어도 여성에게는 새로운 사회 구조 그리고 그러한 사회가 자신에게 요구하는 새로운 역할 등을 접할 수 있는 특권적인 장을 의미했던 것이다. 이렇게 여성이 사회와 개인이 맺을 수 있는 새로운 관계를 경험할 수 있는 기회를 제공받았다는 점에서 학교 교육은 여성의 사회적 지위를 개선시키는 데 상당히 중요한 기여를 했다.

학교 교육의 보급과 더불어 노동 시장에 참여하는 여성의 수적 증가는 여성의 사회적 지위 개선에 한몫하고 있다. 경제 위기와 더불어 오늘날의 아프리카 사회에는 생계를 책임지기 위해 노동 시장에 뛰어드는 여성의 수가 점차 늘어나고 있다. 물론 대다수의 여성이 남성과 동일한 노동에 종사하면서도 상대적으로 낮은 임금을 지급받는 등 노동 시장에서 여성에게 가해지는 다양한 성적 차별이 새로운 문제로 부각되고 있다. 그러나 가사 노동을 넘어선 경제 활동에 종사하는 여성 인력의 증가가 여성 노동력이 사회적으로 재평가되는 데 중요한 기반이 되고 있다는 점에서 여성의 노동 시장으로의 진입은 아프리카 여성의 사회적 지위 개선에서 상당히 중요한 의미를 지닌다고 할 수 있다.

이러한 변화들에 힘입어 아프리카와 관련된 거의 모든 담론에서 여성은 자신의 문제를 상당히 중요한 정치적 쟁점으로 부각시키고자 노력해왔다. 남성 중심적인 전통이 강한 사하라 이남의 아프리카 지역에서 공적 영역, 그중에서도 특히 정치적 영역은 남성의 전유물이며 여성은 항상 배제되는 상황은 최근까지도 계속되었다. 식민 상태로부터 벗어난 아프리카의 신생 독립국 대부분이 남성과 여성이 행사할 수 있는 정치적 권리가 동등하다는 점을 법적으로 명시했지만 그 법적 체계가 여성이 행사할 수 있는 정치적 권리를 실질적으로 보장하지는 못했다. 오히려 남녀의 불평등한 관계를 제도적으로 합리화시키는 결과를 초래하기도 했다.

카메룬이 대표적인 사례이다.[17] 카메룬은 이 지역에서 살아가고 있는 210여 개에 달하는 종족 수만큼이나 다양하고 상이한 문화가 공존하는 나라였다. 1884년 독일 식민 지배를 기점으로 약 40여 년 동안 영국과 프랑스의 지배를 받은 카메룬은 1960년 1월 1일에 동과 서로 분단된 상태에서 독립을 맞이했고 1972년에 가서야 완전한 통합을 이루었다. 따라서 독립 직후 카메룬 정부에게는 이러한 상이성을 극복하고 국민 통합을 이루는 것이 무엇보다도 절실한 과제였다. 카메룬 정부는 단일 정당 체제와 대통령 중심제를 기반으로 대통령이 모든 권력을 장악할 수 있는 정부 체제를 수립하는 한편 모든 기간 사업을 정부가 주도해나가는 방식을 채택했다.[18] 이러한 체제는 모든 사회세력을 통합하여 사회구성원 간에 발생할 수 있는 갈등을 효율적으로 통제하고자 하는 카메룬 정부의 의도를 반영하는 것이었다.

남녀 사이의 불평등한 관계를 해결하는 방식도 이러한 틀 안에서 사고되었다. 문제는 정부의 주도로 이루어진 중앙집권적인 국민 통합이 사회 구성원 간의 균형과 화합·협의를 기반으로 하는 것이 아니라 정부로 대변되는 가장의 권위하에 사회 구성원을 통제하고 지배하는 한편 이에 방해되는 문제들을 배제하는 방식에 근거하고 있다는 점이었다. 이러한 국민통합 방식은 "남성 우월주의적 국가 건설"의 일환이었으며 "남녀 구분 없이 모두가 평등하게 국가와 사회에 이바지할 것을 강조"함으로써 "한편으로는 사회 전반에서 여성을 소외시키고 다른 한편으로는 남성과 평등한 조건에서 경쟁할 수 있는 여건마저 제도적으로 통제함으로써 '가장정부(家長政府)를 유지하는 데 매우 유리하게 작용했다."[19] 이러한 방식의 국민 통합은 국민을 지배하는 국가와 국가에 종속된 국민이라는 위계질서를 형성시켰고, 바로 이러한 맥락에서 카메룬 사회에서 전통적으로 이어져 내려오던 여성에 대한 남성의 지배와 사회적 우위가 다시 한 번 공고화되는 결과를 야기했다.

이러한 현실은 여성이 정치계에 입문하는 데 커다란 장애물로 작용했으며, 나아가 정치에 대한 여성의 두려움 또는 무관심을 증가시킴으로써 여성의 정치 참여를 더욱 어렵게 만드는 악순환을 형성했다. 카메룬 정부의 국민 통합 방식이 내포하고 있는 가부장적 원리는 여성단체의 활동

양상에서 단적으로 드러난다. 카메룬 초기 정부는 남녀 간의 평등을 실현할 수 있는 정치적 방법의 하나로 모든 카메룬 여성을 단일 정당인 '카메룬 국민정당(Union Nationale Camerounaise: UNC)'에 가입시켰다. 그런데 이는 카메룬 여성의 정치적·사회적 평등이 여성의 자발적 정치 참여를 통해 실현되는 대신에 정부의 통제하에 이루어지도록 함으로써 정치에서의 남성 우월주의를 더욱 강화하는 결과를 야기했다. 특히 정부는 사회세력을 단일화한다는 명목하에 여성단체들을 '카메룬 여성단체(Organisation des femmes de l'Union camerounaise: OFUC)'[20]라는 하나의 단체로 통폐합하고 국가가 추진하는 여성 관련 정책들을 보조하는 역할을 수행하도록 했다. 카메룬의 모든 여성은 이 단체에 가입하고 이 단체의 구성원으로서 조직화된 사회 활동에 참여해야 할 의무를 지녔다. 이러한 제도의 정착으로 카메룬 여성은 국가의 통제를 벗어나 자치적으로 정치 활동을 할 수 없게 되었음은 물론이고 여성 문제에 대한 정책이 결정되는 과정이 남성 중심주의적인 입장을 대변하는 정부의 직접적인 간섭을 받게 됨에 따라 여성 문제의 해결 방향이 남성의 관점에서 결정될 수밖에 없는 상황이 발생했다.

1980년대 들어서면서 아프리카 여성의 정치 참여 현실은 조금씩 변했다. 특히 1990년대 초 사하라 이남에 위치한 상당수 국가들에 불어 닥친 민주화의 열풍 속에는 아프리카 여성의 상황을 변화시켜야 할 필요성을 주장하는 여성의 강력한 결의가 포함되어 있었다.[21] 민주화 물결은 여러 나라에서 독립 언론이 발전할 수 있는 발판을 마련해주었고 이는 여성에게 자신의 상황에 대해 스스로 문제제기할 수 있는, 전에 없이 자유로운 비판적인 발언의 기회를 주었다. 이러한 특권적인 시기에 여성은 자유와 평등을 향한 강한 열망을 쏟아냈고 그 과정에서 자신에게 부과되었던 전통적인 역할로부터 벗어날 수 있는 긍정적인 에너지를 구축했다. 당시 이루어낸 성과들 중에서 특히 주목할 만한 것은 여성이 오랫동안 스스로를 한정했던 '좋은 아내' 또는 '좋은 어머니'로 대변되는 전통적 역할을 넘어서 보다 넓은 틀 안에서 수행할 수 있는 새로운 사회적 역할을 적극적으로 사고하기 시작했다는 점이다. 동시에 교육권이나 사적 소유권 같은 시민으로서 여성이 남성과 동등하게 누려야 할 권리들을 존중받기 위한 투쟁을 적극적으로 전개시켜나갔다.

특히 사적 소유권의 문제를 여성이 독립적인 사회 구성원으로 거듭나기 위해서 반드시 해결해야 할 가장 중요한 문제로 인식했다. 따라서 여성에게 남성에 비해 상대적으로 과중한 노동 부담을 부과해왔음에도 불구하고 토지와 그로부터 생산되는 수확물에 대한 여성의 소유권을 인정하길 거부해온 가부장적인 사회 구조에 문제제기하고 여성의 사적 소유권을 법적으로 보장받기 위한 투쟁을 벌였다. 일례로 1982년경 자이르—오늘날의 콩고민주공화국—에 위치한 키부(Kivu) 지역의 여성 농민들이 그들에게 부과된 지나치게 과중한 세금에 항의하며 정부를 상대로 격렬한 시위를 벌였다. 오늘날 이 사건은 그동안 억눌려왔던 여성의 분노가 정치적 힘으로 이어지는 데 성공한 긍정적인 사례로 평가되고 있다. 특히 이 사건은 아프리카 여성이 스스로에게 잠재되어 있던 정치적 폭발력을 새롭게 인식할 수 있는 계기였을 뿐만 아니라 자신의 경제적 이익을 대변할 준비가 되어 있는 후보에게 표를 던져야 할 필요성을 생생하게 깨닫는 중요한 기회가 되었다.[22]

최근 들어 정치계에서 뛰어들어 여성의 목소리를 직접 대변하고자 노력하고 있는 여성 정치인이 급부상하고 있다는 사실 역시 주목할 만하다.[23] 여성에게 배타적인 태도를 취해온 아프리카 정치계의 전통적인 분

표 2 사하라 이남 동아프리카 국가들의 정치계에서 여성이 차지하는 비율

| | 정부 기관에서 여성이 차지하는 여성 비율 | | 국회의원 중에서 여성이 차지하는 비율 | |
|---|---|---|---|---|
| | 1994년 5월 31일 이전 | 1994년 5월 31일 이후 | 1994년 6월 30일 이전 | 1994년 6월 30일 이후 |
| 세네갈 | 7 | 10.3 | 12 | 11.7 |
| 부르키나파소 | 17 | 12.0 | 6 | 3.7 |
| 베냉 | 5 | 4.3 | 6.3 | 1.2 |
| 토고 | 6 | 5.3 | 6 | 4.6 |
| 코트디부아르 | 8 | 9.6 | 5 | 8.3 |
| 카메룬 | 3 | 4.5 | 12.2 | 12.2 |
| 기니 | 9 | 14.8 | – | 8.8 |

출처: Adjamagbo-Johnson, 1997: 70.

위기에도 불구하고 정치계에서 활동하고 있는 여성 정치인의 수는 점차로 증가하고 있는 추세이다. 2005년에 실시된 리베리아의 대통령 선거에서 아프리카 대륙 최초의 여성 대통령으로 당선된 엘렌 존슨 설리프(Ellen Johnson-Sirleaf)의 존재는 아프리카 정치계에서 여성이 차지하는 위상을 변화시킨 중요한 전환점이 된 사례로 평가받고 있다. 또한 모잠비크나 우간다 그리고 르완다 같은 몇몇 국가에서 여성 국회의원이 전체 국회의원의 30퍼센트 이상을 차지하고 있으며, 상당수 흑아프리카 국가들에서도 전통적으로 남성의 전유물로 간주되던 부통령, 부국회의장, 총리를 비롯한 다양한 장관직 등의 국가 요직에 진출한 여성이 점차 늘어나고 있다〔표 2 참조〕 이들 모두는 아프리카 사회에서 여성의 정치 활동이 활성화되고 있는 현상을 대변하는 좋은 사례이다.

## 5. 아직 끝나지 않은 싸움

서구 유럽의 식민 지배로부터 독립한 이후 오늘날에 이르기까지 아프리카 사회는 거의 모든 영역에서 극심한 변화를 경험하고 있는 중이다. 그에 따라 아프리카 사회는 전에 없는 극심한 긴장과 갈등을 경험하고 있다. 오늘날 아프리카의 가족과 여성이 직면하고 있는 변화의 소용돌이는 이 사회가 경험하고 있는 급변하는 정세를 단적으로 보여준다. 사회를 구성하는 최소 집단으로서 변화하는 사회의 모습을 지속적으로 반영해온 아프리카의 가족은 이러한 변화의 바람 앞에서 전통적인 것과 현대적인 것을 절충시키면서 새로운 사회에 적응하기 위해 끊임없이 노력하고 있다. 그러나 에이즈의 확산이나 내전의 빈번한 발발 등에 따른 경제적 빈곤과 생존의 위협 등으로 대표되는 사회적 문제는 오늘날 아프리카의 가족을 심각한 위기 상황으로 몰아넣고 있다.

아프리카의 여성 역시 마찬가지이다. 가부장적인 아프리카 전통 사회에서 언제나 열등한 존재로 복종과 순종의 대상에만 머물러왔던 여성은 변화의 시기를 맞이하여 그 어느 때보다도 능동적인 자세로 평등한 사회 구성원으로서 자신을 인정해줄 것을 요구하는 목소리를 높여가고 있다. 그러나 동시에 아프리카 여성의 이러한 주장을 묵살하고 가부장적 전통에 근거한 기존의 남녀 관계를 공고히 하고자 하는 진영의 저항도 강화되고 있는 추세이다.

오늘날 가족과 여성 문제를 둘러싸고 아프리카 사회에서 전개되고 있는 이중적인 양상은 전통과 현대의 경계선상에서 아프리카 사회 전체가 겪고 있는 갈등과 충돌의 국면을 구체적으로 보여준다. 그러나 이러한 갈등의 양상을 부정적으로만 바라보는 것은 적절치 않다. 왜냐하면 이것은 근대화의 흐름에 수동적으로 휩쓸리기를 거부한 채 사회 구조의 총체적 변화가 야기한 새로운 문제들, 그리고 그러한 문제들로부터 비롯한 새로운 사회적 긴장을 외면하지 않으려는 아프리카인의 능동적 자세가 빚어낸 결과물이라고 할 수 있기 때문이다.

새로운 사회를 향한 아프리카 사회의 도약은 이제 막 시작되었을 뿐이다. 지금 시점에서 아프리카 사회의 미래를 단정적으로 결론짓기에는 아직 이르다. 현재 아프리카 사회는 오늘날의 위기 상황이 만들어내고 있는 악순환의 고리를 끊어내고 보다 나은 미래를 향해 나아갈 수 있는 사회적 근간을 마련하려고 노력하는 중이다. 국제 사회는 이러한 과제를 완수할 수 있는 방식에 대해 함께 진지하게 고민해야 할 것이다.

# 주

1   사하라 이남 지역의 아프리카 가족의 전통적 구성 원리와 관련해서는 Pilon et Vignikin, 2007 참조.
2   Locoh, 1991: 81.
3   튀니지는 1956년에, 코트디부아르는 1964년에 일부다처제를 금지한다는 입장을 공식적으로 밝혔다.
4   Gendreau, 1996: 57.
5   Pilon et Vignikinm, 2007: 84.
6   Vimard, 1997.
7   인체 면역 결핍 바이러스. 영어로는 HIV(Human Immunodeficiency Virus)로 표기한다.
8   마이너스·메틀리츠키, 2004: 39-51.
9   아프리카에서 행해지는 여성 할례와 그것이 야기하는 인권 문제는 서상현, 2004; 조부연, 2005:
     223-245; 홍진주, 2002: 163-186; UNICEF, 2005 참조.
10  영어로는 FGM(Female Genital Mutilation)으로 표기한다.
11  조부연, 2005: 230.
12  UNICEF, 2005: 21-22 참조.
13  Kritz et Gurak, 1989: 101.
14  UNESCO, 2000: 37.
15  남성은 39퍼센트에서 69퍼센트로 증가했다.
16  Kritz et Gurak, 1989: 101-103.
17  카메룬의 정당 정치사와 카메룬 여성의 정치참여 문제와 관련해서는 이한규, 1999: 369-394; 이한
     규, 2006: 249-278 참조.
18  1990년대 탈냉전의 시작과 함께 아프리카 사회에서도 민주화 운동이 활발하게 전개되었고, 그 결
     과 단일 정당 체제를 기반으로 했던 대부분의 아프리카 국가들이 1990년대에 들어서면서 불가피
     하게 다당제를 수용할 수밖에 없었다. 카메룬 역시 이 시기에 정부 체제를 다당제로 전환했다(이한
     규, 1999: 369).
19  이한규, 2006: 261.
20  1983년 이후 '카메룬 민중 민주주의 연합 여성단체(Organisation des femmes du Rassemble-
     ment démocratique du peuple camerounaise: OFRDPC)'로 명칭을 바꾸었다.
21  사하라 이남 지역의 여성 운동의 흐름은 Hesseling et Locoh, 1997: 3-20 참조.
22  Adjamagbo-Johnson, 1997: 67.
23  사하라 이남 아프리카의 여성 정치 참여 현황은 Adjamagbo-Johnson, 1997: 62-73 참조.

# 참고 문헌

마이너스, 우어줄라 & 메틀리츠키, 하인츠, 2004, 『에이즈, 아프리카의 성생활과 문화가 남긴 것: 죽음의 춤』, 유영미 역, 대원사.

서상현, 2004, 『아프리카 이해』, 다해.

워커, 앨리스, 2004, 「세계지성과의 대화: 차이는 축복이며 자유의 시작이다 - 진리를 향해 걷는 이와의 만남」, 『당대비평』, 제27호.

유종현, 2000, 『문명의 저편, 검은 대륙 사람들: 아프리카의 부족과 문화』, 금광.

이한규, 1999, 「카메룬의 정당발전에 관한 고찰: 1945-1958」, 『국제정치논총』, 제39집, 1호.

_____, 2006, 「아프리카 국민통합과정에서 여성의 정치참여문제: 카메룬의 사례를 중심으로」, 『한국아프리카학회지』, 제24집.

조부연, 2005, 「아프리카 여성 할례와 인권문제」, 『한국아프리카학회지』, 제22집.

홍진주, 2002, 「아프리카의 여성할례와 문제점」, 『여성연구논집』, 제13집.

Adjamagbo-Johnson, Kafui, 1997, "Le politique est aussi l'affaire des femmes," *Politique Africaine: L'Afrique des femmes*, no.65.

Ezeh, Alex Chika, 1997, "Polygyny and reproductive behavior in Sub-Saharan Africa: A contextual analysis," *Demorgraphy*, vol.34, no.3, August.

Gendreau, Francis, 1996, *Démographies africaines*, coll. 〈Savoir plus universités〉, Aupelf-Uref et ESTEM.

Hesseling, Gerti et Locoh, Thérèse, 1997, "Femme, pouvoir, sociétés," *Politique Africaine: L'Afrique des femmes*, no.65.

Kritz, Mary M. et GURAK, Doulgas T., 1989, "Women's Status, Education and Family Formation in Sub-Saharan Africa," *International Family Planning Perspective*, vol.15, no.3, september.

Locoh, Thérèse, 1991, "Familles dans la crise et politiques de population en Afrique subsaharienne," *Politique Africaine: Politiques de population*, no.44, décembre.

Madhavan, Sangeetha, 2001, "Female Relationships and Demographic Outcomes in Sub-Saharan Africa," *Sociological Forum*, vol.16, no.3, september.

Pilon, Marc et Vignikin, Kokou, 2007, *Ménages et Familles en Afrique subsaharienne*, AUF.

UNESCO, 2000, *Rapport mondial sur l'éducation 2000: Le droit de l'éducation vers l'éducation pour tous, tout au long de la vie.*

UNICEF, 2003, *Les générations orphelines et vulnérable d'Afrique.*

_____, 2005, *Changer une convetion sociale néfaste: La pratique de l'excision / mutilation génitale féminine.*

_____, 2010, *Les générations orphelines et vulnérable d'Afrique: Les enfants affectés par le SIDA.*

Vimard, Patrice, 1997, "Modernisation, crise et transformation familliale en Afrique subsaharienne," *Autrepart: Familles du sud*, no.2.

# 신화적 세계와 미래를 잇는 흑아프리카 영화

김태희

## 1. 개관: 아프리카 영화의 모호성과 다양성

아프리카 영화라는 표현은 그 자체로 상당히 모호한 성격을 띠고 있다. 아프리카 현지에서 촬영된 영화를 의미하는지, 아프리카 출신의 감독이 만든 영화인지, 아니면 배우들만 아프리카인들이면 되는지 등의 궁금증을 유발하기 때문이다. 실제로 수많은 국가들이 모여 있는 아프리카 대륙 각 나라의 개별적 특성을 전혀 고려치 않고 아프리카 영화라고 한데 묶어 칭한다면 그 의미는 더 불명료해진다. 만일 누군가 아시아 영화라는 이름으로 영화적 스타일이 엄연히 다른 한국과 일본, 중국 등 아시아 여러 나라의 영화 전체를 일괄적으로 논한다면 지나치게 일반론적인 성격으로 말미암아 논의 자체가 무의미하게 받아들여지기 쉬울 것이다.

이런 까닭에 부르키나파소 출신의 감독 이드리사 우에드라오고(Idrissa Ouedraogo) 같은 몇몇 아프리카 영화인은 각기 다른 아프리카 국가들의 작품을 동질적인 것으로 간주하게 할 우려가 있는 '아프리카 영화'라는 표현에 강한 거부감을 나타내고 있다. 물론 간혹 이 지역의 영화를 개괄적으로 이해하기 위해 아프리카 영화라는 명칭하에 사실주의나 누벨바그와 같이 시대나 지역 또는 스타일에 따라 분류하는 방안이 고려될 수 있다. 그러나 제작비는 물론 전문 인력과 관객층이 빈약하고 작품의 질이나 그 수가 한정된 데다가 1960년대 이후에야 자신의 영화를 만들어온 아프리카의 경우 아프리카만의 특정한 흐름을 형성하기에는 때 이른 상황이다.

19세기 말 시네마토그라프를 만든 뤼미에르 형제는 그의 촬영기사들을 아프리카 대륙으로 보내 그곳의 생생한 모습들을 촬영해오도록 했지만 진정한 아프리카 영화가 등장하기까지 이후 60여 년이 넘는 시간이 지나야 했다. 하지만 이 시기 아프리카 대륙의 대부분을 지배하던 영국과 프랑스는 앞선 영화 기술력을 동원해 자신의 지배적 세계관을 아프리카에 투영했으며 아프리카는 오랫동안 수용자의 입장에 처해 있었다. 특히 영화는 일찍부터 서구인의 편에서 인종차별을 정당화하는 유용한 도구로 활용되었다. 흑아프리카 영화 전문가인 멜리사 택웨이(Melissa Thackway)는 식민지 통치에서 영화가 지닌 두 가지 주된 기능을 다음과 같이 설명한다. 즉, 영화는 식민지 통치자의 기술적 우위성을 증명해줌과 동시에 서구의 '과학적'이고 인종차별적인 담론에 퍼져 있는 아프리카에 대한 일련의 이미지들을 재생산하고 승인하는 이중의 이점을 지니고 있다는 것이다. 이와 더불어 식민지에서 생산된 영화들은 식민지 지배자와 그 대상 모두에 대한 서구의 인식을 강화했으며, 아프리카인을 거의 또는 전혀 접한 적이 없는 서구인이 아프리카를 상상하는 방식과 동시에 이들 영화

를 본 아프리카인이 자신의 모습을 보는 방식까지 규정했다.[1]

하지만 식민 시대를 벗어나 점차 자신의 정체성을 자각하게 된 아프리카 영화인들이 영화 이미지에서의 '네그리튀드'를 찾아 나서면서 이제까지 왜곡되었던 다양한 아프리카 문화를 영화라는 매체를 통해 어떻게 바로잡을 것인가 하는 문제가 주된 관심사로 떠올랐다. 실제로 이 지역과 관련해 제작된 대부분의 영상을 보면 아프리카 문화에 대한 구체적인 이해나 다양한 관점을 제시하기보다는 기존의 편견을 공고히 하는 경우가 비일비재했다. 가장 대표적인 예를 들면, 1950년대만 하더라도 유럽의 관객은 아프리카나 인도를 배경으로 한 모든 영화에 사자나 코끼리가 나와야만 그곳을 아프리카나 인도로 '인정'했다. 달리 말해, 영화에서 정작 중요한 것은 있는 그대로의 모습을 관객에게 전해주는 것이 아니라 보고 싶어 하는 장면을 관객에게 재확인시켜주는 것이었다. 그리고 이러한 동어반복적인 이미지들의 남용은 사실과는 무관한 편견을 강화시킬 따름이었다.

이런 상황에서 아프리카의 영화인들은 자신의 독자적인 표현을 세상에 선보이기도 전에 이미 타인에 의해 강제로 규정된 이미지에서 무거운 역사의 멍에를 벗겨내야만 했다. 말리 출신의 대표적 영화감독인 술레이만 시세(Souleymane Cissé)는 1991년에 리티 판(Rithy Pahn)과의 인터뷰에서 "아프리카 영화인들의 첫 번째 임무는 이곳 사람들이 인간이라는 사실을 확신시키는 것이며, 다른 이들에게 도움을 줄 수 있는 우리의 가치를 알리는 데 있다"고 말했다. 이런 맥락에서 프랑스어권 흑아프리카인이 독립을 전후하여 자신의 이미지를 회복하고자 어떤 노력을 기울여왔는지 살펴보는 것은 그 문화를 보다 깊이 이해하는 데 도움이 되리라 생각된다.

## 2. 흑아프리카 영화의 탄생과 발전

대다수의 식민지 국가들에서와 마찬가지로 흑아프리카 지역에서도 지배국의 영화인에 의해 처음으로 영상 이미지가 만들어졌다. 유럽인이 초창기에 만든 영상물은 각 지역의 독특한 전통과 생활방식을 다큐멘터리적 사실성에 바탕을 두고 전하려는 민족지학적 관점에서 제작되었으나 점차 허구적 내용이 가미되면서 유럽 관객의 이국적인 것에 대한 호기심을 자극하는 쪽으로 변질되었다. 가장 대표적인 영화인 〈타잔(Tarzan)〉은 셀 수 없을 만큼 많은 비슷한 유형의 영화가 만들어질 정도로 세계적인 인기를 끌면서 백인 주인공과 아프리카인, 문명과 야만이라는 아프리카에 대한 그릇된 서구적 사상을 일반화하는 데 중요한 역할을 담당했다. 이 같은 영화의 범람으로 말미암아 일반화된 아프리카에 대한 그릇된 이미지들이 바로잡히는 데는 상당한 시간과 노력이 소요되었다.

이런 점에서 볼 때 해방 이후 영화가 발명된 지 60여 년이 넘어서야 자신의 영화를 만들 권리를 갖게 된 아프리카인에게 영화는 단순한 기술 매체 이상의 의미를 지닐 수밖에 없었다. 독립 이후 내내 그릇된 이미지를 바로잡으려는 그들의 지난한 노력은 1980년대 말에 이르러서야 점차 세계적인 결실을 거두었다. 1987년 칸 영화제에서 심사위원 특별상을 수상한 술레이만 시세 감독의 〈예렌(Yeelen)〉, 1990년 칸 영화제에서 심사위원 특별상을 수상한 부르키나파소의 이드리사 우에드라오고 감독의 〈틸라이(Tilai)〉 같은 작품을 통해 흑아프리카 영화의 새로운 가능성을 보여 준 것이다. 그러나 이러한 결실을 맺기까지 흑아프리카 영화는 많은 난관을 극복해야 했는데, 그것은 필연적으로 그들과 프랑스의 관계에 대한 파악에서 시작될 수밖에 없을 듯하다.

## 1) 1950년대 이전

영화 분야에서 처음으로 아프리카 원주민에게 관심을 보였던 사람은 에티엔느 쥘 머레이(Etienne Jules Marey)의 생리학 연구소 소속의 프랑스인 펠릭스 루이 르니오(Félix Louis Regnault)였다. 그는 머레이식의 카메라 기법인 동체사진술(chronophotographie)을 이용해 1895년 프랑스 파리의 샹 드 마르스(Champ-de-Mars)에서 열린 서아프리카 민족지학 전시회에서 도기를 만들던 올로프(Wolof) 여인을 촬영한 후 그해 12월 자신의 경험을 책으로 출간했다. 물론 당시 그의 주된 관심사는 전통적인 생활양식을 실천하는 이들의 행동과 태도를 관찰하고 기록하는 일이었다. 그러나 1895년 12월 28일 뤼미에르 형제가 세계 최초로 유료 영화를 상영했던 당시만 해도 주변에서 흔히 볼 수 있었던 일상적인 장면에 쉽게 감탄을 자아냈던 관객들은 보다 흥미로운 새로운 장면들을 기대하게 되었고, 이러한 필요성에 따라 여러 명의 카메라맨들을 고용했던 뤼미에르 형제는 세계 각지로 이들을 파견해 이국적인 것에 대한 관객의 호기심을 충족시키고자 노력했다. 이를 위해 세계 곳곳을 여행했던 뤼미에르의 초기 카메라기사였던 펠릭스 메귀시(Felix Mesguich)와 알렉상드르 프로미오(Alexandre Promio)는 1896년 알제리에서 〈항구의 하적(Déchargement au port)〉, 〈아랍 시장(Marché arabe)〉, 〈메젱의 기도(Prière du Muezzin)〉 등과 같은 1분 미만의 짧은 영상들을 촬영했으며, 또 다른 촬영기사였던 가브리엘 베이르(Gabriel Veyre)는 중부 아메리카 대륙과 중국과 일본을 누비며 여러 민족의 풍습과 전통 행사를 직접 촬영했다. 이 장면들은 객관적인 시각으로 각 지역의 풍속을 소개하는 방식을 취하면서도 일상적인 장면보다는 이국적인 장면들을 선택적으로 보여줌으로써 많은 프랑스 관객의 호기심을 자극하는 데 주된 노력을 기울였다.

뤼미에르의 촬영기사들은 세계 각지를 돌아다니며 촬영하는 동시에 현지에서 영화 상영회를 열기도 했으며, 1900년 아프리카 대륙에서는 다카르에서 〈정원사(L'arroseur arrosé)〉라는 작품이 처음으로 상영되었다.

프랑스 식민지였던 인도차이나와 알제리는 다른 어느 나라보다 깊은 관심의 대상이었는데 특히 1903년 프랑스 대통령이 알제리를 방문하던 4월 한 달 동안 25편이나 되는 영상물이 제작되었다. 식민지 국가를 비롯한 다른 문화와 풍속에 대한 이국적인 호기심은 시간이 지나면서 개인적인 여행기 형식의 영화로 변화되었고 레오 르페브르(Léo Lefèvre, 1906)와 샤를 마르텔(Charles Martel, 1909~1910), 프랑수아 르 노앙(François Le Noan, 1910) 같은 이들은 자신의 여행담을 영화로 촬영했다.

식민지 건설의 정당성을 선전하는 영화의 제작과 배급을 지원하기 위해 프랑스 정부는 1919년 식민지 총영사를 설치하여 각 지역에서 선전 영화와 출판, 광고 업무를 총괄할 정도로 이 분야에 세심한 주의를 기울였다. 그중 가장 대표적인 기관이었던 사하라 이남 아프리카 식민지 연락사무소(Service inter-colonial pour l'Afrique noire)와 북아프리카 사무소(Offices pour l'Afrique du Nord)는 교육적 목적을 위해 식민지 선전 영화를 무상으로 대여해주거나 일반 대중에게 상영할 뉴스 영상물을 제공하는 역할을 담당했다. 1934년 3월 11일 피에르 라발(Pierre Laval) 법안이 통과되면서 아프리카에서 촬영되는 모든 영화는 식민지 행정 기관의 사전 검열을 거쳐야 했는데, 이것은 사실상 아프리카인에 의한 영화 촬영의 전면 금지를 의미했다. 이로써 아프리카 영화는 태생적으로 독자적인 발전 기반을 완전히 상실했다.

이와 때를 같이해 1930년대 유럽의 민족지학 분야는 점차 영화의 가치를 재발견하기 시작했다. 현장에서의 관찰을 중요시했던 초기 인류학자 마르셀 모스(Marcel Mauss)의 뛰어난 제자이자 프랑스 최초의 민족지 학자 중 하나였던 마르셀 그리올(Marcel Griaule)은 1931~1933년 세네 갈에서 에티오피아까지 횡단하는 '다카르-디부티 임무(Mission Dakar-Djibouti)'를 성공적으로 마친 후 〈도곤족의 나라(Au pays des Dogons)〉 (1935)라는 첫 번째 민족지학 영화를 세상에 내놓았다. 하지만 아프리카 에 대한 객관화된 시선에도 불구하고 학문적 성격의 민족지학 영상물들 은 유럽인의 식민지에 대한 근본적인 인식 변화를 끌어내지 못했다.

제2차 세계대전 중 비시 정권의 통제를 받았던 식민지에서는 알베 르 마위지에(Albert Mahuzier) 감독의 〈튀니지의 하모니(Harmonies tu-nisiennes)〉, 폴-에드몽 데샤름(P-E. Decharme) 감독의 〈제국의 길(Une Voie impériale)〉 등 이전과 동일한 맥락에서 식민지 지배를 정당화하는 영화들이 꾸준히 제작되었고, 세계대전이 끝난 이후에도 아프리카인에 대한 촬영 금지 조치는 지속되었다. 그러나 1950년대 들어와 식민지 지배 에 대해 저항을 강화하던 아프리카인은 점차 정치적 독립을 주장하고 나 섰으며, 이러한 시대적 상황 속에서 몇몇 프랑스 출신 감독은 반식민지 영 화에 관심을 기울이게 되었다. 그중에서도 프랑스 최초의 반식민지 영화 로 알려져 있는 르네 보티에(René Vautier) 감독의 〈아프리카 50(Afrique 50)〉과 알랭 레네(Alain Resnais)의 〈조각상들 역시 죽는다(Les statues meurent aussi)〉(1950)는 가장 대표적인 작품들이었다.

## 2) 독립 직전과 그 이후

콩고공화국을 비롯해 카메룬, 가봉, 세네갈 등의 아프리카 국가들이 1960 년대 들어와 하나둘씩 독립을 쟁취하고 나서야 아프리카 영화는 겨우 일 말의 희망을 갖게 되었다. 독립과 더불어 외부의 관찰자적 시선에서 자유로워진 아프리카 대륙은 자신의 관점에서 스스로를 이야기할 수 있는 권한을 되찾았다. 카메룬 출신의 영화감독 장 마리 테노(Jean Marie Téno)는 자신의 영화를 만드는 것에 대해 다음과 같이 중요성을 강조했다.

> 한 민족이 자신에 대해 말한다는 것은 중요한 일입니다. 그래야 그들은 사물이나 배경으로 머물지 않게 됩니다.……개개인에게 자신과 같은 사람들과 감정 이입을 할 수 있다는 것, 그래서 화면 속에서 자신의 실재 모습들을 볼 수 있다는 것은 중요한 일입니다. 이를 통해 식민지화되었던 사람들은 특히 자신이 존재한다는 것을 느끼게 됩니다. 왜냐하면 식민지화는 마치 다른 민족을 존재하지 않는 것처럼 만들어버리기 때문입니다.[2]

비록 초기 아프리카의 이미지를 전했던 민족지학적인 관점은 점차 사라져가는 이 지역의 문화를 영상으로 확인하고 보존할 수 있다는 점에서 나름대로 중요한 의미가 있었지만 그 시선 속에 보이지 않게 깃든 다른 인종에 대한 차별 의식은 문제의 소지를 띠고 있었다. 학문적 객관성이라는 과학적 접근을 근거로 비인간적인 객관적 시선을 부여했던 민족지학적 관점의 영화에 대해 아프리카 영화인은 할리우드식의 왜곡된 허구 영화보다 더한 위험성을 경고하기도 했다.

아프리카인을 향한 유럽인의 시선을 강도 높게 비난했던 우스만 셈벤(Ousmane Sembène)[3]은 1965년 장 루슈(Jean Rouch)와의 인터뷰에서 "너희는 우리를 벌레 보듯 한다"고 주장했다. 이런 맥락에서 볼 때 독립 이후 초기 아프리카 영화의 급선무는 유럽인의 시각에서 탈피해 자신의 시선으로 아프리카 이미지를 재구성해내는 일이었다. 그리고 그 노력은 1955년 몇몇 아프리카 영화인에 의해 첫발을 내딛게 되었다. 그러나 수 세대에 걸쳐 지배에 길들여진 이 지역 사람들에게 자신의 모습을 스스로의 시선으로 바라보는 단순한 시도는 결코 쉽지 않은 모험이었다.

### (1) 아프리카 감독이 만든 최초의 영화 〈센 강변의 아프리카〉

1890년대 이래로 흑아프리카의 여러 극장에서는 프랑스에서 수입된 영화들이 꾸준히 상영되었지만 아프리카에서 자체적으로 만든 영화는 전무했다. 그러다 1955년 아프리카 영화인들은 21분 길이의 중편 영화를 함께 만들었는데 그것이 바로 〈센 강변의 아프리카(Afrique-sur-Seine)〉였다. 식민지 상태였던 자국 내에서 영화 촬영을 금지 당했던 아프리카 영화인들은 아프리카 현지에서 촬영하려던 본래의 계획이 거부당하자 파리의 몇몇 명소를 방문하는 아프리카 학생들의 모습을 영화로 담는 것으로 만족해야 했다. 하지만 흑아프리카인이 촬영과 주연을 맡은 이 최초의 영화는 흑아프리카 영화의 새로운 장을 열었다는 점에서 영화사에서 중요한 의미를 갖는다. 이 영화의 스탭 역시 사하라 이남의 아프리카인으로 구성되었는데, 세네갈 출신의 감독 폴렝 비에이라(Paulin S. Vieyra)와 마마두 사르(Mamadou Sarr), 촬영감독 로베르 카리스탕(Robert Caristan), 자크 믈로 칸(Jacques Melo Kane) 등은 모두 프랑스 영화고등연구소(Institut des hautes études cinématographiques: IDHEC)에서 교육받은 엘리트들이었다.

　　그러나 아프리카 영화인이 힘을 합쳐 만든 이 영화의 오프닝 크레디트 부분에서 "인류 박물관의 민족지학 영화 위원회가 후원함"이라는 문구가 보이는 것은 유럽 국가의 재정적 도움 없이는 영화를 제작하기 어려운 아프리카 영화의 현실을 적나라하게 드러내는 것이었다. 형식적인 측면에서도 이 영화는 이전의 서구적 시선을 그대로 답습하는 듯한 인상을 주었다. 이 영화는 대부분의 프랑스 민족지학 영화 스타일을 연상시키는 롱 쇼트나 미디엄 쇼트로 흑아프리카 출신의 등장인물들을 아무런 개성 없이 담고 있을 뿐만 아니라 인물 간의 직접적인 대사보다 내레이터의 설명에 의존해 극을 전개하고 있어 아프리카 감독에 의해 촬영되었음에도 그 방식에서 기존의 민족지학 영화의 틀에서 크게 벗어나지 못한 인상을 주고 있다. 이 영화가 아직 정치적으로나 정신적으로 제한적인 표현의 자유만을 누릴 수밖에 없었던 독립 이전에 촬영되었다는 점을 고려하면, 폴렝 비에이라의 말대로 "아프리카 국가들이 자주권이 있어야만 진정한 아프리카의 현실을 영화로 표현할 수 있다는 점은 의심할 여지가 없다."[4] 따라서 아프리카가 단순한 영화적 배경으로서의 역할을 벗어나 정당한 자신의 존재 가치를 되찾기 위해서는 1950년대 말부터 진행된 아프리카 국가들의 독립을 기다려야만했다.

### (2) 아프리카 영화의 아버지, 우스만 셈벤

마침내 1963년에 이르러 세네갈 출신의 우스만 셈벤 감독이 아프리카 영화인으로서는 처음으로 아프리카 대륙에서 영화 〈서민과 수레(Borom Sarret)〉(1963)를 완성했다. 아프리카 영화의 탄생을 알렸던 이 영화를 감독했던 우스만 셈벤은 『흑인 짐꾼(Le Docker noir)』, 『오 나의 나라, 나의 사랑스런 국민(Ô pays mon beau peuple)』 같은 글을 발표했던 작가이기도 하다. 1949년부터 프랑스 마르세유 항구에서 짐꾼과 선원으로 일하며 이듬해에 프랑스 공산당에 입당하고 제2차 세계대전에 세네갈 보병으로 참전했던 그는 독학으로 문학의 길에 입문해 활동하다가 문학을 통한 사회 비판의 한계를 직시하고 영화에서 새로운 삶의 전환을 꾀하고자 결심했다. 이를 위해 모스크바에서 게라시모프(Guerassimov)와 돈스코이 (Donskoi) 밑에서 영화를 공부했던 그는 파란만장한 자신의 경험을 바탕으로 고르키 필름 스튜디오(Gorky Film Studio)의 지원을 받아 19분짜리의 〈서민과 수레〉를 완성했다. 형식이나 내용에서 1940·50년대 이탈리아에서 유행했던 네오리얼리즘 분위기를 다분히 풍기는 이 영화는 별도의 인공조명이나 세트장 없이 비전문 배우들과 함께 촬영되었으며, 이전까지 금기시되던 사회 문제에 직접 비판적 시선을 보냈다. 또한 영화의 형식뿐만 아니라 내용에서도 전반적으로 데시카(De Sica)의 〈자전거 도둑(Ladri di biciclette)〉(1948)을 연상시키는 부분이 적지 않은데, 영화의 내용을 간략히 살펴보면 다음과 같다.

한 마리 말이 끄는 수레로 물건을 실어 나르거나 사람들을 태워주고 받은 삯으로 가족을 부양하며 하루하루를 근근이 살아가던 한 남자가 어느 날 길에서 정장 차림의 신사를 만난다. 수레꾼은 그에게 건너편 마을까지 태워달라는 부탁을 받지만 빈민가가 모여 있는 이쪽 마을과는 달리 부유한 계층이 모여 사는 건넛마을은 수레가 들어 갈 수 없는 지역이기에 그 제안을 거절한다. 하지만 돈을 내미는 그의 부탁에 마지못해 건넛마을로 향하게 되고 결국 그곳에서 경찰에게 붙잡혀 자신의 유일한 생계수단인 수레까지 뺏기고 만다. 말 한 마리만 달랑 데리고 집으로 돌아오는 내내 그는 그 사실을 알게 될 아내가 과연 어떻게 반응할지 걱정한다. 이후의 영화에서도 계속될 셈벤 자신의 사회 비판적 영화 스타일을 일찌감치 예고하는 이 작품은 식민지 상태를 벗어난 이후 도래한 빈부 갈등의 문제를 강하게 비판하면서 뒤이어 등장할 1960~1970년대 아프리카 영화들의 주제에도 상당한 영향력을 끼쳤다.

마르크스주의자이기도 했던 셈벤은 아프리카 식민지에 대해 강도 높게 비판했던 영화인으로 1966년 첫 장편 영화 〈흑인 여인(La Noire de ...)〉을 만들었다. 세네갈의 어느 가난한 집안의 딸 디우나가 다카르에서 시중들던 백인 부부의 아이를 돌보기 위해 배를 타고 남불로 향하는 장면에서 시작되는 이 영화는 마지막까지 여주인공의 내적 독백으로 이야기가 진행된다. 항구에 자신을 마중 나온 주인의 차를 타고 시내로 들어가는 동안 주인은 몇 마디 질문을 그녀에게 던지고, 그녀는 그때마다 "예, 주인님"이라고 일관되게 대답한다. 영화의 시작부터 셈벤은 식민지 시대의 주인과 하인 관계를 요약하는 이러한 대답을 통해 영화의 흐름을 주도하고 있다. 이후 그녀는 집안일을 돌보며 노예처럼 집에 갇혀 살아가다가 자신의 부당한 절망적 상황을 깨닫고는 "싫어요"라고 말하며 주인에게 저항하기 시작한다. 그러다 막다른 상황까지 몰린 그녀는 욕실에서 자살을 택하고 만다. 그녀가 죽은 후 주인은 다카르에 있는 그녀의 집으로 찾아가 그녀가 남긴 짐을 돌려주며 돈으로 그 모든 것을 보상하려 하지만 그녀의 어머니는 그 돈을 거부한 채 집으로 들어가 버린다. 주인은 멋쩍은 표정으로 돌아서는데 그녀가 남긴 유품 중 하나인 마스크를 쓴 꼬마아이가 그를 유령처럼 계속 뒤따라가고 주인은 연신 뒤를 살피며 도망치듯 달아난다.

1950년대와 1960년대 내내 동시대의 사회 문제를 주로 다루었던 셈벤은 계급화된 사회 속에서 고통 받고 억압당하는 육체에 관한 주제에도 관심을 기울였다. 〈우편환(Le Mandat)〉으로 1968년 베니스 영화제에서 비평가상을 수상한 그는 1970년대 들어 아프리카 영화인으로서는 처음으로 〈에미타이(Emitaï)〉(1971), 〈세도(Ceddo)〉(1976), 〈티아로에 캠프(Camp de Thiaroye)〉(1988) 같은 작품들에서 아프리카 국가들의 과거 역사 문제를 반추하기도 했다. 〈에미타이〉는 제2차 세계대전 중 카사망스라는 마을에 프랑스 식민지 군이 들어와 식량을 요구하는 장면에서 시작된다. 마을 여인들이 유일하게 남은 양식을 숨겨둔 채 저항하자 프랑스 군인들은 그들을 햇볕이 내리쬐는 마을 한복판에 가두어놓는다. 그사이 마을 남자들은 함께 모여 상의하고 그들의 신에게 어떻게 해야 할지 묻는다. 셈벤은 그의 가장 뛰어난 작품 중 하나인 〈세도〉에서 18세기 노예 문제를 주제로 이질적 문화가 침투해 들어오면서 생기는 역사적 문제들을 다루기도 했다. 주로 자신의 여러 소설을 각색해 영화화했던 그는 글과 영화에서 유사성만큼이나 미묘한 차이점을 곳곳에서 드러낸다. 예를 들어 〈저주(Xala)〉(1974)의 경우 소설에서는 주인공 엘 하지의 심리적 요소를 통해 독자를 강하게 몰입시키는 반면 영화는 일정한 거리를 유지함으로써 관객이 주의 깊은 관찰자로 머물도록 유도하고 있다. 이처럼 그는 영화에서 작품 활동의 모델로 삼았던 브레히트(Bertolt Brecht)의 성향을 강하게 드러내기도 했다.

### (3) 전통에 대한 반항의 시작, 〈틸라이〉

흑아프리카 영화는 1970년과 1980년대를 거치면서 이전까지의 반식민지적 색채에서 벗어나 자신의 고유한 예술적 스타일을 찾기 시작했다. 이런 점에서 흑아프리카의 고유한 전통의 문제를 정면으로 다룬 이드리사 우에드라오고 감독의 〈틸라이(Tilaï)〉(1990)는 이전까지의 흑아프리카 영화와는 완전히 차별화되는 작품이다.

이 영화는 2년 동안 마을을 떠났던 사가가 들뜬 기분으로 고향에 돌아오는 장면에서 시작된다. 하지만 정작 마을 사람들과 가족은 오랜만에 찾아온 그를 어색하게 맞이한다. 남동생에게서 자신의 연인과 아버지가 결혼했다는 소식을 전해들은 그는 아버지와의 화해를 거부한 채 마을에서 좀 떨어진 외딴 곳에 초가집을 짓고 혼자 살아간다. 동생은 형의 마음을 돌려 마을로 다시 데려오려 하지만 그는 아버지의 처사를 도저히 이해하지 못한다. 그러던 어느 날 그의 연인이자 새어머니인 노그마가 사가의 집 앞을 지나던 중 우연히 그와 눈이 맞아 사랑을 나눈다. 하지만 머지않아 마을사람들에게 그 사실이 알려지고 전통을 어긴 사가를 죽일 사람을 정하기 위한 제비뽑기에서 그의 동생이 선택된다. 마지못해 칼을 든 동생은 잠든 형을 죽이는 척하면서 집만 불태워버리고 형을 도망치게 내버려둔다. 한편 딸의 불륜을 알게 된 노그마의 아버지는 가족의 명예를 저버린 딸의 행동으로 인해 나무에 목을 매 자살한다. 그러나 노그마는 자신의 연인이 살아 있다는 소식을 듣고 그를 찾아 사가의 친척집으로 가서 사가와 아이를 낳고 행복한 나날을 보낸다. 그러던 어느 날 사가는 고향의 어머니가 위독하다는 소식에 만류하는 아내를 뒤로하고 고향으로 향한다. 그로 인해 그가 아직 살아 있다는 사실을 알아차린 그의 아버지는 마을의 전통을 지키지 않은 작은 아들에게 마을을 떠나라고 명령하고, 동생은 자신의 배려에도 불구하고 마을에 다시 나타나 자신들의 명예를 더럽힌 형을 총으로 쏘아 죽인 후 마을을 떠난다.

'명예'를 뜻하는 '틸라이'라는 제목의 이 영화는 가문의 명예를 둘러싼 아버지와 아들, 그리고 자식들 간의 비극적 내용을 다루고 있다는 점에서 일면 17세기 프랑스 비극을 연상시킨다. 그러나 이전까지 절대적인 권위로 인정받던 전통적 가치에 대해 점차 비판적 시선을 갖기 시작하는 젊은 세대의 관점을 반영하고 있다는 점에서 중요한 의미를 지닌다.

이러한 민감한 주제를 특정 감정에 치우치지 않은 현대적 스타일로 다루었던 우에드라오고는 자기 고향의 원색적 풍경을 뛰어난 색채로 재현해내면서 이야기를 절도 있게 이끌어나가는데, 특히 아프리카 전통에 전혀 무지했던 유럽인의 이해를 돕기 위해 내레이션을 사용한 예전의 영화들과는 달리 간결한 이미지와 몇 마디 대사만으로 자신의 전통과 일상을 설득력 있게 전개하고 있다는 점에서 주목할 만하다.

### (4) 과거에 대한 아프리카적 시각

다각적인 관점에서 스스로를 바라보고 표현할 수 있게 된 상황에서 아프리카 영화인은 식민지 시대와 독립 이후의 시대 모두를 자신의 관점에서 다시 기술하고자 노력했다. 그러나 식민 시대의 역사를 전적으로 부인하고 그 이전과 이후의 순수 시대만을 추구하던 낭만적 접근법은 탈식민적 사고에 아무런 도움을 주지 못할뿐더러 자신의 역사를 외면하는 것에 지나지 않았다. 흑아프리카 영화감독 중 비판적인 성향이 가장 강했던 장 마리 테노는 〈아프리카, 너의 껍질을 벗길거야(Afrique, je te plumerai)〉(1993)에서 이전까지의 서구적 관점에서 촬영된 식민지 시대 영상물들을 아프리카적 관점에서 재편집하여 카메룬의 역사를 재해석하고 있다. 감독은 영화의 시작 부분에서부터 자신의 내레이션을 통해 '카메룬 역사를 토착적인 방식으로 읽어가고자' 한다고 명시하고 다큐멘터리 특유의 객관성을 유지하기 위해 식민지 지배자에 대한 비난과 자신들에 대한 비난을 균형 있게 제시한다. 이를 위해 통상적으로 지배자의 잔인한 통치 방식을 일방적으로 문제 삼던 이전의 태도와 거리를 둔 그는 식민 시대에서부터 현대에 이르기까지 카메룬 사람들이 어떻게 지배자들에게 협조했으며 저항했는가를 객관적으로 기술한다. 과거 역사에 대한 그의 고찰은 오늘날까지 독재자에 의해 자행되는 후기 식민주의적 형태의 통치 방식을 비판하려는 본래의 의도에서 비롯된 것이었다. 나아가 과거를 빗대어 동시대의 지배자를 비판하는 태도가 그리오가 전통적으로 행사하던 권한이었다는 점을 돌이켜보면, 테노 감독의 역할은 아프리카 사회에서 특별한 위치를 차지하고 있다. 그는 중간중간 자신의 자전적 과거 이야기를 흑백의 플래시백 장면으로 섞어 넣어 객관적 사실들을 보완함으로써 이 영화를 다큐멘터리와 허구의 중간적 형태로 완성했다.

다른 맥락에서 대표적인 예를 제시하는 영화로는 카메룬 출신의 바섹 바 코비오(Bassek Ba Kobhio) 감독이 만든 〈람바레네의 위대한 백인(Le Grand Blanc de Lambaréné)〉(1994)이 있다. 아프리카에서의 인류애적 봉사 모델로 제시되는 알베르트 슈바이처의 마지막 30년 동안의 이야기를 재구성한 이 영화는 식민지 국가의 보호자 행세를 하던 서구적 이미지의 모델 슈바이처의 처신에 대해 기존과는 다른 관점을 보여준다. 인자하면서도 인종차별적이고 유능하면서도 과대망상적이고 겸손하면서도 이기적인 그의 모호한 정체성은 기존의 서구적 관점에서 본 휴머니스트의 이미지와 명확한 차이가 난다. 영화의 한 장면에서 그를 숭배하던 한 아프리카 어린이는 자신도 그와 같은 의사가 되고 싶다고 그에게 말하지만, 슈바이처는 "흑인은 그럴 능력이 없다"며 비웃는다. 하지만 그 아이는 유럽에서 의학 공부를 마치고 독립된 자신의 나라에 돌아와 국회의원이 된다. 코비오 감독은 1995년 범아프리카 영화제의 기자 회견에서 "슈바이처는 인류애적 종속의 전형이다. 그는 람바레네의 의사가 되고자 했을 뿐이며 아프리카인을 교육하려고 하지 않았다. 그가 독립에 반대했다는 것은 명백한 사실이다. 그는 여러 나라의 말을 했으면서도 지역 언어를 공부하지 않았다. 그는 음악가이면서도 아프리카 음악에는 전혀 관심이 없었다"고 지적하며 그의 편견 어린 태도를 문제 삼았다. 아프리카인의 몸은 백인과 다르다면서 마취를 하지 않았던 그의 비이성적 행위에서 이제까지 서양인이 만든 범인류애적 신화의 이면을 보게 된다.

## 3. 흑아프리카 영화의 주제와 장르

아프리카 문화와 영화에 대한 서구인의 접근은 아프리카에 대한 이해를 토대로 진행되기보다는 이미 규격화된 서구적 범주에 끼워 맞추는 식으로 진행되었다. 이러한 접근 방식은 아프리카 문화에 대한 왜곡된 이미지를 만들어냈다는 점에서 그 규정에 대한 새로운 정립이 탈식민화를 위한 급선무로 대두되었다. 이를 위해 아프리카 영화인은 서구적 방식과는 차별화된 다음과 같은 고유한 주제와 표현 방식을 추구하게 되었다.

### 1) 구술 문화와 영화

유럽인과는 다른 자신만의 독특한 문화적 전통에서 영화의 영감을 얻으려던 흑아프리카 영화감독의 관심은 전통적으로 이야기꾼의 역할을 담당하던 그리오에게로 옮겨갔다.[5] 이미지와 소리를 통해 이야기를 전하는 영화감독의 역할은 서아프리카 지역에서 과거와 현재 그리고 미래의 이야기를 행위와 구술을 매개로 세대에서 세대로 전해주었던 그리오의 전통적 역할과 상당한 유사성을 띠고 있었다. 이성적 문명의 상징인 문자가 아닌 구술과 행위를 통해 이야기를 전하는 그리오의 전달 방식은 오늘날의 영상 매체와 감각적인 동질성을 내포하고 있다. 그뿐만 아니라 이 지역의 영화인과 그리오가 식민 지배 동안 자신에 관해 이야기하지 못하던 흑아프리카 민족에게 과거와 현재 그리고 미래까지 이야기할 수 있는 가능성을 제시하고 있다는 점에서 그들은 내용적 측면에서도 깊은 상관관계를 맺고 있다고 할 수 있다. 또한 모든 사물과 사건의 배후에 특정한 원인이 항상 존재한다는 전통적인 사고를 근거로 현실의 잘못된 원인을 밝혀내는 영화인의 태도는 이전의 그리오의 역할을 상기시킨다.

대대로 전해오는 전설을 보더라도 쉽게 알 수 있듯이, 아프리카의 어느 지역보다 구술 전통이 두드러진 흑아프리카에서 말은 심오한 존중의 대상이었다. 말리에서 가장 많은 인구를 차지하는 밤바라족의 전설에 따르면, 인간을 구성하는 다양한 힘들은 오직 마 갈라(Maa Ngala)라는 지극히 높은 존재가 신이 부여한 유일한 힘인 쿠마(Kuma), 다시 말해 말을 인간에게 불어넣었을 때에야 작동한다. 밤바라족은 물론이고 전통적인 삶을 그대로 고수해온 도곤족은 신성한 구술 언어가 인간 내부와 그 주변에 생명력을 불어넣어줄 수 있다고 믿고 있었다. 이렇게 말은 모든 것 사이의 자연적 균형을 이루거나 전혀 새로운 것을 만들어내는 과정을 유발한다고 생각되었다. 특히 프랑스 식민 시대를 거쳤던 서아프리카 지역에서 구술이 문화의 주된 매체로 자리 잡고 있었다는 점은 이 지역 영화에서 유독 구술 형태가 종종 드러날 수밖에 없는 상황을 설명해준다. 우마루 간다의 〈추방자(L'Exilé)〉(1980, 니제르), 다니 쿠야테(Dani Kouyaté)의 〈케이타, 그리오의 유산(Keita L'Héritage du griot)〉(1995, 부르키나파소), 세익 우마르 시소코(Cheick Oumar Sissoko)의 〈김바(Guimba)〉(1995, 말리), 아다마 드라보(Adama Drabo)의 〈타페 팡가(Taafé Fanga)〉(1997, 말리) 등이 대표적인 영화들이다.

우마루 간다의 〈추방자〉는 유럽으로 추방당한 정치인 우세이니(Ousseini)가 어느 칵테일파티에서 주변 사람들에게 아프리카의 이야기를 들려주는 구술 형식의 영화이다. 물론 그의 이야기는 현재 자신이 처한 상황을 우회적으로 표현하는 내용이다. 예전의 그리오처럼 참석자들의 한가운데 자리 잡은 그가 이야기를 시작하자 장면은 이야기의 무대인 아프리카의 어느 마을의 이미지로 대체되고 아프리카 기타로 연주되는 전통적인 음악이 뒤따른다. 그의 이야기는 "옛날, 아주 오래전 사람의 손길

이 닿지 않은 아프리카에서는 말이 아주 신성한 것이었다"라는 말로 시작된다. 태초에 말이 있었다는 성서적 표현을 연상시키는 초반부의 '말의 신성함'에 대한 표현은 이 영화의 주된 주제를 직접적으로 밝혀주고 있다는 점에서 주목할 만하다. 그리고 감독은 이야기를 전하는 그리오의 역할을 지속적으로 상기시키기라도 하듯 우세이니와 청자들의 모습을 주기적으로 보여주고 있다.

그리오를 다룬 또 다른 대표적인 영화로는 13세기 말리 제국을 건국한 순디아타 케이타의 유명한 전설을 주제로 한 〈케이타!, 그리오의 유산〉을 빼놓을 수 없다. 이 영화는 그리오적 표현 방식이 어떻게 영화 속에서 활용되고 있는가를 보여줄 뿐만 아니라 구술 매체가 오늘날 아프리카 사회와 교육에서 어떤 위치를 차지하고 있는지를 확실히 보여준다는 점에서 주목할 만하다. 더 나아가 이 영화의 감독 쿠야테가 고대 말리 지역의 전통적인 그리오 집안 출신이었다는 점을 고려하면 예전에 그리오가 맡았던 이야기 전달자로서의 역할을 영화감독이 이어받게 되었다는 상징성은 영화의 이미지-구술 매체적 성격이 아프리카에서 지닌 가능성을 재확인시켜주고 있다. 그의 아버지이며 유명한 배우이자 그리오인 소티구이 쿠야테(Sotigui Kouyaté)는 이 영화에서 젤리바라는 이름의 그리오 역을 맡고 있다. 영화에서 젤리바는 우아가두구에서 우연히 만난 꼬마 마보 케이타에게 그의 선조에 관한 이야기를 들려준다. 학교 수업을 소홀히 하면서까지 젤리바의 이야기에 몰입하는 아이를 지켜보던 마보의 엄마는 참다못해 남편에게 어떤 조처를 취할 것을 요구한다. 남편이 소극적인 태도로 일관하자 아내는 "시대가 변했어요. 당신의 그리오에게 말하세요. 이제는 학교가 있다고요"라고 말하며 보다 적극적으로 사태 해결을 위해 나설 것을 강요한다. 이후 그리오인 젤리바가 마보의 학교 선생님과 대면하게 되면서 영화의 극적 상황은 최고조의 대립 상태에 이른다. 젤리바는 그 자리에서 위대한 조상들을 원숭이의 후예로 교육시키는 선생을 질책한다.

## 2) 아프리카의 정체성을 찾아서

해방 이후에 태어난 세대들에게 탈식민을 위한 이데올로기적 노력은 어떤 의미가 있을까? 식민 지배와 피지배의 문제는 그들에게 더 이상 주요 관심사가 아니다. 어찌 보면 다른 것과의 대립 관계를 통해서만 자신의 존재 가치를 깨닫는 것은 종속에 다름 아닐 것이다. 이제 홀로 자기 정체성을 확립해야 했던 아프리카의 요구를 인식한 영화인에게 식민 시대 이전의 문화나 식민 시대 이후의 사회 문제를 다루는 것은 자연스런 과정으로 받아들여졌다. 아프리카인이 고유한 문화적 전통으로의 회귀를 갈망하는 것은 몇 세대에 걸쳐 이루어졌던 기나긴 식민 시대를 갓 벗어난 아프리카 국가들의 탈식민화에 대한 욕구 때문이라고 볼 수 있다. 식민 시대의 잔재를 없애고 그 이전의 '순수'로 돌아가고자 하는 욕구를 해소할 수 있는 길의 제시는 독립 이후 이십여 년 동안 아프리카의 문화 전반의 주된 목표였다. 또한 궁극적으로 이러한 흐름 속에는 잃어버린 황금기에 대한 노스탤지어를 내세워 문화적 자긍심을 회복하고자 하는 주된 목적이 자리 잡고 있었다.

우스만 셈벤 같은 영화인은 식민지 언어를 버리고 전통 언어를 사용함으로써 그것이 가능하다고 생각했다. 이를 위해 그는 자신의 소설을 재간행하면서 지나치게 유럽적이라고 생각되는 표현들을 모두 수정했다. 예를 들어 영화 〈저주〉에서 "눈처럼 태양에" 녹아버렸다는 표현은 "버터나무처럼 태양에" 녹아버렸다라고 대체되었다. 프랑스어에 의해 강제적으로 무력화되었던 아프리카 언어를 회복하려는 노력은 아프리카의 기원을 찾는 노력으로 해석할 수 있다. 이러한 문화의 다양성은 일부 영화에서 부각된 언어들에서도 잘 나타난다. 프랑스어로 제작하면 보다 많은 관객을 확보할 수 있지만 아프리카의 정체성을 저해할 수 있다는 점을 고려해 1960년대 대다수의 프랑스어권 아프리카 영화들은 다양한 지역 언어를 영화에 반영했다. 특히 아프리카 영화에서 자신의 언어 사용을 주장한 우스만 셈벤은 〈서민과 수레〉와 〈흑인 여인〉에서는 프랑스어를 사용했지만 〈우편환〉에서는 올로프어를 사용했고 〈에미타이〉에서는 졸라어를 사용했다. 이러한 경향은 세네갈 출신의 셈벤에게만 국한된 것은 아니었다. 세익 우마르 시사코가 만든 〈김바〉, 말리 출신의 술레이만 시세가 만든 〈예렌〉과 〈와티(Watti)〉 등은 서아프리카의 다양한 언어를 선보이고 있다.

잊어버린 자신의 근원을 찾아 나서는 로드무비 형식은 아프리카의 정체성을 향한 또 다른 양상을 영화 속에서 구현해주었다. 특히 말리 출신의 작가들에게 도곤(Dogon)은 자아를 발견하기 위해 꼭 방문해야 할 성지로 묘사되고 있다. 술레이만 시세의 〈예렌〉은 아버지에 의해 쫓겨 난 니안안코로가 이곳저곳을 떠돌다가 도곤에 도착해 여행의 의미를 정확히 깨닫는 것으로 마무리되고 있다. 말리 출신 아다마 드라보 감독의 첫 번째 영화인 〈타 도나(Ta Dona)〉에서도 성지로서 도곤이 지닌 상징적 의미를 다시 한 번 확인할 수 있다. 밤바라 세계의 심오함을 간직하고 있는 일곱 번째 흙단지를 찾아 나선 주인공 시디는 그 과정에서 여러 노인의 안내를 받는다. 그는 그들 중 한 원로에게서 "아들아, 밤바라 세계만이 그에 걸맞은 사람에게 진정한 지식을 줄 수 있단다"라는 말을 듣게 되고, 이 말에 따라 도곤 지역에 다다른 그는 한 노인의 마술에 힘입어 정신적인 변화를 겪게 된다.

이렇듯 주인공이 깨달음을 얻는 과정을 다루고 있는 상당수의 아프리카 영화들은 주인공을 여정이 처음 시작된 지점으로 다시 돌아오게 만듦으로써 순환적 구조의 이야기를 선보이고 있다. 〈케이타, 그리오의 유산〉만 하더라도 영화의 도입부에 등장했던 신비로운 사냥꾼을 말미에 다시 등장시키는 방식으로 이야기의 처음과 끝을 연결시키는 수미상관 기법을 구사하고 있다. 주인공이 자신이 떠났던 곳으로 되돌아오는 장면으로 영화를 끝맺는 이야기 전개 방식은 아프리카 영화에서 그리 낯선 모습이 아닌 것이다. 그렇다고 해서 동일한 장소가 동일한 의미를 내포하지는 않는다. 처음에 떠났던 곳으로 돌아오게 되었을 때 그들은 더 이상 예전의 그들이 아니기 때문이다.

### 3) 전통에 대한 재해석

식민 지배 이전의 순수했던 시절로 돌아가려는 '네그리튀드'적 사고는, 모든 것이 운명적으로 정해져 있다는 서아프리카의 전통적 사고에 비추어 볼 때 모순적 내용을 내포하고 있다. 이 관점에 따르면 식민 지배도 이미 운명적으로 정해진 것이기 때문이다. 이러한 모순적 사고를 벗어나 식민 시대 이전의 전통까지도 동시대적 관점에서 비판하려는 움직임이 젊은 영화인들 중심으로 대두되었다. 이 영화들은 식민지 이전의 아프리카를 다루면서도 전통에 대한 비판적 시선을 견지하고 있다는 점에서 이전 주제들과 구분된다.

　〈니아에(Niaye)〉는 전통이라고 모두 올바른 것은 아니라는 새로운 관점을 제시한다. 이 영화에서 주된 역할을 맡고 있던 그리오는 점차 여러 형태의 부정에 눈을 감아주는 마을 장로들을 향해 "나는 품위라고는 존중할 줄 모르는 고장에 살 수 없다. 진실을 전하기 위해 굳이 그리오일 필요는 없다. 비록 나는 다른 곳으로 은둔할 것이지만 그들은 그들 속에 은둔

할 것이다! 나의 아버지가 찬양해 마지않았던 지난 세월의 사람들은 무엇이 되었던가? 우리가 진실을 식별할 줄 모르는 까닭은 생각이 모자라서가 아니라 출신과 재산에 과도한 가치를 부여하기 때문이다"라고 말하고 마을을 떠나기로 결심한다. 여기서 감독은 품위를 지킬 줄 알았던 지난 세월을 떠올리면서도 그에 대한 비판적 수용의 필요성을 내세우고 있다. 그리고 등장인물의 말을 통해 이러한 태도야말로 전통과 미래가 함께 조화롭게 나아갈 수 있는 바탕을 이루는 것이란 점을 명백히 하면서 새로운 것은 이전 것의 대체가 아니라 그것에 토대를 두고 나서야 생겨날 수 있다고 강조한다.

이렇듯 전통과 현대의 대립적 관계는 식민지 시대에 대한 비판적 사고에 뒤이어 1980년대부터 시작된 아프리카의 근원에 대한 비판적 논의로 관심이 변화했다는 사실을 반영한다. 이러한 관심의 변화는 전통이 순수의 시대를 의미하는 것만이 아니듯이 현대가 서구화를 의미하는 것만은 아니라는 사실을 아프리카인이 인식했으며, 나아가 이러한 인식을 바탕으로 전통과 미래의 화해를 모색할 수밖에 없는 상황에 직면했음을 보여준다고 할 수 있다. 외부의 이질적 문화와 전통 문화를 대변했던 현재와 과거의 대립이란 주제는 식민 지배의 영향이 점차 약화됨에 따라 아프리카 내의 세대 간 문제로 변화되어 나타난다. 〈파잘(Fad'jal)〉의 한 장면에 나오는 다음과 같은 대화는 이런 점에서 주목할 만하다.

"세상은 변하고, 젊은이들이 나서는구나."
"젊은이들은 모든 걸 다 가지려 들지만 노인들이 아직 죽은 건 아니지."
"이건 젊은이와 늙은이의 대립이 아니야. 시대가 그런 것이지. 나는 마을의 우두머리가 되고 싶어."

이 대화 속에는 이전 세대와 생각을 달리하는 신세대의 모습이 직접적으로 잘 드러나 있다. 식민 시대 이후에 태어난 이들에게 과거와의 단절은 새로운 시대로 나가기 위해 당연한 것으로 받아들여진다. 이러한 경향은 영화 속에서 때론 갈등으로 때론 웃음으로 표현된다.

## 4) 아프리카의 눈물에서 웃음으로

일반적으로 많은 관객은 아프리카 영화 내에서 여러 장르의 가능성을 배제해왔다. 아프리카를 가난하고 미개한 세계로만 바라보는 선입견으로 인해 아프리카 영화에 대한 수식어들 역시 자유로울 수 없었고, 그 결과 저예산으로 만든 아프리카 영화에 대한 잘못된 평가가 확산되었다. 실제로 흑아프리카는 식민지 시대를 비판하는 일관된 흐름으로 말미암아 주제나 형식이 단일화되기도 했지만 이러한 초창기의 흐름은 상당히 다양한 장르로 진화를 거듭해왔다. 초기 아프리카 영화인의 대부분이 누벨바그가 한창 힘을 발휘하던 프랑스에서 영화를 공부하거나 사라 말도로르(Sahrah Maldoror)나 우스만 셈벤처럼 소련 영화학교 출신이라는 점을 고려하면 사실주의적 관점에서 사회를 고발하는 흑아프리카 특유의 영화적 정체성은 당연한 결과라고 할 수 있다.

그러나 비교적 최근에 등장한 〈다라트(Daratt)〉(2006) 같은 영화에서 볼 수 있듯이 할리우드나 기존의 영화적 코드로는 정의 내리기 힘든 아프리카 특유의 장르가 형성되었으며, 그런 점에서 흑아프리카 영화의 독창성은 당연히 재평가되어야 마땅하리라 생각된다. 이러한 여러 장르 중에서도 주목을 끄는 것으로 코미디 영화를 들 수 있다. 아프리카의 눈물에만 익숙한 우리에게 그곳의 웃음은 고정 관념과 가장 대립적 항목에 속해 있기 때문이다.

최근 특히 주목을 받는 흑아프리카의 코미디 장르 영화에서 코트디부아르 출신의 영화감독 아다마 드라보(Adama Drabo)와 앙리 뒤파크(Henri Duparc)가 대중적 인기를 주도하고 있다. 예나 지금이나 여러 층의 의미를 내포하고 있는 아프리카의 웃음은 권력을 남용하는 사람들을 우회적으로 비판하는 데 가장 효과적인 힘을 발휘해왔다. 더구나 정치적으로 표현의 자유가 온전하지 못한 흑아프리카에서의 해학은 권력을 응징하는 데 가장 효과적인 도구 중 하나임에 틀림없다. 이러한 맥락에서 응구기 와 시옹오는 『마음의 탈식민지화』에서 "해학은 분명 구술 전통의 가장 효과적인 무기 중 하나"라고 주장했다. 이러한 해학적인 요소는 상대방에 대한 직접적인 비난을 피하면서도 비판하고자 하는 메시지를 관객과 공유할 수 있다는 장점을 지닌다. 이와 더불어 웃음은 관객과 감독의 감정적 공유를 직접적으로 확인할 수 있는 표현 방식이란 점에서 더욱 중요한 의미를 지닌다.

그러나 웃음은 각기 다른 사회적 코드를 바탕으로 작용하기 때문에 이곳에서의 웃음이 다른 곳에서의 웃음으로 언제나 그대로 전달되지는 않는다. 이런 까닭에 아프리카의 웃음이 서구인에게 웃음을 유발하지 못할 수 있다. 〈댄스파티(Bal Poussière)〉(1988) 같은 작품을 통해 아프리카 유머의 새로운 장을 열었던 앙리 뒤파크는 "아프리카인은 대부분의 사실을 조롱하며 지내는데 유럽인은 그것을 유치하게 여긴다. 하지만 나는 그것이야말로 위대한 철학이라고 생각한다"[6]고 말한다. 뒤파크는 이 영화에서 일부다처체라는 아프리카 전통에 대한 문제를 유머러스하게 다루고 있는데, 이러한 주제는 대다수 아프리카 코미디 영화와 만화에서 중요한 주제로 종종 다루어진다.

# 4. 아프리카 영화의 현실

열악한 제작 현실과 상영 조건에도 불구하고 해방된 조국에 새로운 상상력을 불어넣고자 노력했던 초기 아프리카 영화인은 자신의 정신적 독립을 위해 끊임없이 노력했다. 아프리카 영화인들 간의 소통 필요성을 절감했던 이들은 부르키나파소의 우아가두구에서 범아프리카영화제(Festival Panafricain du Cinéma de Ouagadougou: FESPACO)를 처음으로 개최하면서 영화 발전을 위한 구심점을 스스로 마련하고자 했다. 1975년 알제에서 열린 범아프리카 영화인 대회(Fédération panafricaine des cinéastes: FEPACI)에서는 '동향인들의 의식을 일깨우는 영화를'이라는 행동 지침을 내세우며 독자적인 영화 산업의 중요성을 강조했다. 하지만 서구 문화를 비판하며 영화의 독립적인 입지를 구축하려던 초창기 노력들은 1970년대와 1980년대 들어와 아프리카 문화와 사회 문제에 대한 비판으로 방향을 전환되었다. 그 결과 배타적 저항으로서의 아프리카 이미지에서 탈피하려 했던 그들에게 아프리카의 사회적·문화적 문제는 새로운 성찰의 대상으로 부상했다.

## 1) 흑아프리카의 영화 관객

영화 산업의 특성상 관객의 취향을 무시하지 못하는 아프리카 영화감독들은 영화의 내용을 어느 관객층의 취향에 맞추느냐는 문제와 직면하게 된다. 흑아프리카의 영화들이 서구 영화제에서 제한적으로나마 관심을 끌 수 있었던 것은 아프리카의 사실적인 바탕에 허구적 내용이 가미되거나 낭만적이고 관능적인 부분이 사회적 리얼리즘을 보완할 때에야 가능한 일이었다.

1960년대 프랑스로부터 독립을 쟁취한 흑아프리카 국가들은 1970년에 이르기까지 프랑스 식민지 시대에 대한 비판과 반성을 위해 사실적인 구성에 바탕을 둔 작품을 주로 생산했고, 그로 인해 우스만 셈벤을 비롯한 초창기 영화인들의 주제는 상당 부분 사실적인 고발의 형태를 띠었다. 그러다 1980년대 후반 이전까지의 식민지 비판 프로파간다적 흐름이 완화되고 정치적 이념성의 부담감이 줄어들면서 흑아프리카 영화들은 서구 비평가들의 관심을 자극하기 시작했다. 1986년 이드리사 우에드라오고가 자신의 첫 장편으로 만든 〈선택(Yam Daabo)〉은 정치·경제적 주제를 감동적이고 관능적으로 잘 다루었다는 호평을 받았다.

그러나 서구적 시선을 배제하고 자신의 시선으로 자신의 문화를 바라보고자 했던 그들에게 이러한 타협적 상황은 풀 수 없는 난제를 안겨주었다. 자국 내의 제한된 관객만으로는 영화 제작비를 제대로 거둬들일 수 없는 상황에서 아프리카의 고유한 주제에는 관심이 없는 서구의 관객층에게만 구애할 수도 없는 상황은 흑아프리카 영화감독이라면 언제나 직면할 수밖에 없는 난제로 남아 있다. 더구나 서구 자본의 투자를 받을 경우 이 문제는 더더욱 중요한 요소로 떠오를 수밖에 없다.

이런 상황에서 아프리카 영화는 서구적 시선보다는 자국민의 관심을 우선적으로 염두에 두어야 한다는 주장이 강하게 대두되었다. 식민 지배 때에도 자신의 이야기를 할 수 없었던 그들이 독립 이후에도 스스로에 대해 자유롭게 말하지 못한다면 이전보다 더 비극적인 상황으로 느껴질 수 있었다. 흑아프리카 관객에게 보다 친밀한 관계를 제시하고자 했던 아프리카 영화인 중 하나였던 술레이만 시세는 1986년 『카이에 뒤 시네마』 381호에 실린 인터뷰에서 "우선 나는 우리 민족과 전 아프리카 대륙에서 내 영화들이 받아들여지도록 해야 했으며, 그리고 나서야 유럽에 대해 생각할 수 있었고 아프리카 지역 이외의 관객이 아프리카인을 위해 만든 아프리카 영화들을 접할 가능성에 대해 생각할 수 있었다"고 말했다. 그들의 노력은 비단 미학적인 이유 때문만은 아니었다. 아프리카 사회를 반영함으로써 아프리카 관객이 스스로 깨닫도록 유도하는 사회 참여적 이유가 중요한 몫을 하고 있었다. 이를 위해서 관객은 화면 안에서 이야기되고 있는 대상이 바로 자신이라는 사실을 깨달아야만 했다. 물론 식민지 상황에서도 위생 상태나 정보 전달을 위해 그들의 모습이 드물게나마 화면으로 옮겨졌으나 이번에는 인간으로서의 지위를 확보한 떳떳한 모습으로 등장하는 것이 중요했다.

1980년대 말부터 아프리카 영화는 전 세계를 상대로 자신의 고유한 이야기를 전하면서도, 2006년 프랑스에서만 20만여 명에 육박하는 관객을 동원할 정도로 자국은 물론 다른 유럽 국가에서도 작품성과 흥행성을 인정받게 되었다. 물론 이러한 흥행이 아프리카 작품에 대한 서구적 이해의 정도가 발전했다는 의미는 아니다. 우에드라오고의 〈선택〉은 사헬의 한 마을에 사는 가족이 국제기구의 보조를 기다리며 사느냐 아니면 더 나은 삶을 찾아 짐을 싸서 남쪽으로 내려가느냐는 선택의 문제를 다루고 있다. 그 과정에서 그들은 많은 어려움에 부딪히고 그때마다 희생을 감내해야 했지만 삶의 기쁨과 사랑을 재발견한다. 로드무비 형식으로 주변의 사실들을 가감 없이 보여주었던 기존의 다른 아프리카 영화들과 달리 암시와 절제된 이미지를 적절히 구사했던 이 영화에서 아프리카만의 고유한 연출 장면을 몇 가지 찾아볼 수 있다. 예를 들어 꼬마 알리가 대도시의 길에서 차에 치어 죽는 장면에서 사건은 화면 밖에서 처리되는데, 이러한 화면 처리 방식은 단순히 잔인한 것을 관객에게 보여주지 않으려는 배려의 차원만이 아니라 죽은 자를 존중하는 아프리카적 전통의 표시로 이해될 수 있다. 이렇듯 한 문화의 결과물인 영화는 항상 다른 문화적 맥락에 속한 관객에게 다른 식의 이해를 발생시킬 가능성을 내재하고 있다.

다른 대륙에 비해 유난히 편견과 오해의 대상이었던 아프리카 문화에 대한 거리감은 아프리카 영화 관객층을 제한하는 가장 큰 이유 중 하나이다. 1960년대 초 영화계에 입문한 뒤로 영화 제작 과정에서 피할 수 없는 재정적 어려움을 깊이 실감했던 우스만 셈벤은 이미 오래전에 "아프리카 영화의 가까운 미래는 단편 영화에, 기껏해야 긴 단편 영화에 있다고 생각한다"며 나름대로의 해법을 제시했다. 아프리카 영화인들과 그들이 만들어내는 문화적 코드의 보편성에 대해 많은 외국 제작자들이 불신 섞인 시선을 던지는 열악한 상황 속에서 우스만 셈벤이 제시한 이 해법은 오늘날 아프리카 영화에게 남겨진 유일한 대안이라고도 생각할 수 있다.

그러나 단편 영화는 대내외적으로 작품성과 상품성을 인정받는 데 한계가 있다는 점을 고려하면 이런 대안을 아프리카 영화 산업이 지향해야 할 최종 목표로 내세우는 것은 적절치 않다. 또한 다른 분야와 마찬가지로 서유럽 국가들의 지원에 여전히 많은 부분을 기댈 수밖에 없는 아프리카 영화 산업은 현대적 의미에서 문화적 식민지로 되돌아갈 위험을 내재하고 있는 것이 사실이다.

## 2) 범아프리카 영화제

1969년 아프리카의 세네갈, 말리, 부르키나파소, 카메룬, 니제르 등 5개국과 유럽의 프랑스와 네덜란드의 참여로 범아프리카 영화제가 부르키나파소의 수도 우아가두구에서 시작되었다. 개최 당시에는 우스만 셈벤과 장 루슈, 우마루 간다 등의 감독이 만든 영화의 상영회가 열렸으며 모두 25편의 영화가 비경쟁작으로 상영되면서 대략 천여 명의 관객이 참여했다. 처음에는 부르키나파소 정부와 프랑스 대외협력부가 조직한 아프리카 영화 주간(La Semaine du Cinéma Africain)으로 시작되었던 이 축제는 1972년 오늘날의 명칭인 FESPACO로 거듭나면서 경쟁 부문을 도입했으며 이후 1985년에 33개국이 참여하고 50만 명의 관중을 동원하는 아프리카 최대의 문화 행사로 자리 잡았다.

범아프리카 영화제의 주된 목적은 아프리카 영화인들이 함께 만나 아프리카 영화가 널리 퍼질 수 있는 기회를 마련하고 영화적 표현 방식을 발전시키는 데 있었다. 경쟁 부문에는 오로지 아프리카 영화만 출품 가능했으며 아프리카 각국은 각기 다른 두 감독이 만든 두 편의 영화만 출품할 수 있었다. 그러나 1973년 이후 영화제에 하나의 문제가 대두되었다. 출품되는 상당수의 작품이 튀니지 카르타고에서 열리던 카르타고 영화의 날(Journées Cinématographiques de Carthage: JCC) 행사에 출품된 작품들이었기 때문이다. 그로 인해 FESPACO는 홀수 해에 개최하고 JCC는 짝수 해에 열리도록 조정이 이루어졌다.

1985년의 FESPACO 영화제는 몇몇 지점에서 중요한 도약의 계기를 마련했다. 우선은 하나의 주제를 중심으로 영화제를 진행하기로 했다는 점이다. 1985년에는 '영화와 시민의 자유'라는 주제로 투쟁하는 시민에게 경의를 표하는 것을 목표로 진행되면서 이 주제와 관련된 영화들이 비경쟁 부문에서 상영되었는데 알제리 전쟁과 제3세계 영화들이 상영되기도 했다. 같은 해에 도입된 또 다른 새로운 시도는 아프리카 문학과 영화에 관한 콜로키움이었는데, 몽고 베티, 키티아 투레, 우스만 셈벤 등이 참여하여 아프리카 문학작품의 각색 가능성에 대해 논의를 벌였다.

1989년은 특히 FESPACO 영화제에 출품된 영화들의 다채로운 주제로 말미암아 아프리카 영화의 새로운 가능성이 돋보인 해였다. 술레이만 시세 감독이 만든 〈예렌〉, 이드리사 우에드라오고가 만든 〈야바(Yaaba)〉 등과 같이 식민 시대를 배제하고 아프리카의 원천 문제를 다룬 작품이 출품되었으며, 우스만 셈벤과 티에르노 소우가 프랑스 자본의 도움 없이 아프리카 여러 국가들의 공동 출자로 만든 〈티아로에 캠프〉(1988), 식민지 문제를 다룬 플로라 고메스(Flora Gomes) 감독의 〈모르투 네가(Mortu Nega)〉(1988), 전통과 현대의 갈등 문제를 다룬 세익 우마르 시소코의 〈핀잔(Finzan)〉, 앙리 뒤파크의 〈댄스파티〉(1988), 로제 노앙 음발라(Roger Gnoan M'Bala)의 〈부카(Bouka)〉(1988) 등 다양한 장르의 영화가 함께 출품되었다.

## 3) 유럽 국가와의 공동제작 및 제작 지원

자국의 빈약한 관객층만으로 영화를 배급해 살아남을 길이 없는 흑아프리카 영화에게 프랑스의 지원은 독립 이후에도 절대적인 비중을 차지해 왔다. 독립 이후 프랑스는 경제나 문화 분야와 동등한 수준에서 프랑스어권 아프리카 지역의 영화에 대한 지원을 아끼지 않았다. 1960년대 들어 아프리카 국가들은 외형적으로는 독립 국가를 이루었지만 실질적인 측면에서는 여전히 프랑스와 유럽의 국가들의 지원에 상당 부분 의지할 수밖에 없었다. 1961년 파리에 만들어진 국제 시청각 연합(Consortium audiovisuel international)이 지원의 중추적 역할을 담당하면서 아프리카 영화관에서 상영되는 뉴스릴(본편 상영 전에 주요 소식을 전하는 기록영화)과 다큐멘터리를 제공했다.

　　유럽 국가들은 합작 형태로 아프리카 국가들을 지원한다는 명목하에 아프리카 국가들과 유대 관계를 지속적으로 유지하고자 노력했고 영화 분야도 예외가 아니었다. 이런 배경에서 제작된 첫 합작 영화 〈자유

I(Liberté I)〉는 프랑스의 소라필름(Sorafilm)과 파트필름(Patfilm), 세네갈의 아프리카 영화 연합이 함께 만들어 1962년 칸 영화제에 출품한 작품이다. 이 작품은 재정적으로 두 나라가 공동 투자했을 뿐만 아니라 영화 내적인 부분에서도 두 나라의 협조가 이루어져 세네갈의 배우인 나넷 상고르(Nanatte Senghor)와 이바 귀예(Iba Gueye), 프랑스의 배우인 콜레트 마르샹(Colette Marchand)과 미셸 로네(Michel Ronet)가 영화에 함께 참여했다. 그러나 이 영화는 계급 갈등을 비롯해 식민지 시대에 대한 향수에 이르기까지 두 나라가 안고 있는 많은 사회적 문제들을 거론하면서 그 해결책을 제시하고자 욕심을 낸 결과 일반 대중의 흥미를 이끌어내지는 못했다.

이후 이브 알레그레(Yve Allégret) 감독의 연출로 프랑스와 콩고가 합작으로 만든 영화 〈콩고요(CongoYo)〉에서도 두 나라의 배우들이 함께 출연했다. 〈자유 I〉과 〈콩고요〉에서 프랑스 배우와 아프리카 배우가 함께 연기했다는 점은 식민지 시대 이후에 두 나라의 위상이 동등해졌다는 사실을 이미지화하고자 했던 노력의 일환이었다.

1961년 프랑스의 감독 프랑수아 라이헨바흐(François Reichen-bach)가 연출을 맡은 〈이 같은 슬픔(Un cœur gros comme ça)〉에서는 세네갈의 배우 압둘라이 페이(Abdoulaye Faye)가 혼자 주연을 맡았다. 복서이자 배우였던 아프리카인이 명예와 부를 얻고자 파리에 와서 어떻게 살아가는가를 보여준 이 작품은 미셸 모르강과 장 폴 벨몽도가 출연해 화제가 되기도 했다. 카메라와 마이크를 숨기고 촬영하여 주변의 사실적 영상을 시적으로 담아낸 이 영화는 "아프리카에서 아프리카인을 찍었던 다른 작품들과는 달리 아무런 편견 없이 아프리카인들이 프랑스인들의 살아가는 방식을 처음으로 볼 수 있게 해준다"[7]는 점에서 영화사적인 중요한 의미를 지닌다.

아프리카 영화에 대한 프랑스 정부의 재정적 지원을 좀 더 구체적으로 살펴보면 몇 가지 조건이 따르고 있음을 발견할 수 있다. 제작 후반기 작업은 프랑스에서 수행되어야 하며, 프랑스인 공동 프로듀서가 영화에 참여해야 하고, 정해진 수의 프랑스 기술자들이 촬영에 참여해야 한다는 것이다. 촬영 후 전문적인 작업에 필요한 기자재가 낙후되어 있고 전문 촬영에 걸맞은 기술을 지닌 아프리카 영화인이 부족하다고는 하지만, 제작비의 3분의 1에 해당하는 금액이 투입되는 후반기 작업을 프랑스에서 하도록 제한하는 것은 투자액을 다시 회수하겠다는 것으로 이해될 여지가 있었다. 아프리카 영화산업을 근본적으로 발전시키는 것과는 거리가 먼 이러한 불합리한 상황에서 벗어나기 위해 몇몇 아프리카 영화인은 직접 제작사를 차리기도 했지만, 자신의 영화를 자국 내는 물론 해외로 배급해 상영하는 데는 한계가 있었다.


## 5. 마치며: 아프리카 영화의 미래

물리적으로는 독립을 맞이한 지 반세기가 훌쩍 지났지만 아프리카는 아직 정신적으로 온전한 독립을 이루지 못하고 있다. 오랜 식민 지배 동안 왜곡된 이미지로 고착된 아프리카에 대한 고정 관념으로 인해 '아프리카의 눈물'만 상기할 뿐 그들의 행복과 웃음에 대해서는 거의 관심을 두지 않기 때문이다. 가난과 굶주림과 내란이 계속되는 아프리카는 항상 도움을 필요로 하는 대륙으로 각인되어 있지만 오늘날의 아프리카 영화는 그러한 고정관념에 맞서서 꾸준히 변화를 추구한 다양한 면모를 알리고자 노력해왔다.

그렇다면 아프리카 영화의 미래는 어떻다고 말할 수 있을까? 대규모 제작비와 최첨단 장비가 동원되는 할리우드식 영화가 난무하는 오늘날, 아프리카, 그중에서도 흑아프리카 영화들은 과연 세계화의 가능성, 아니 생존 가능성이 있을까?

비단 이것은 흑아프리카에만 국한된 문제는 아니지만 그곳의 특유한 문화적·경제적 상황을 고려하면 일말의 긍정적인 가능성을 엿보게 된다. 무엇보다도 장비가 디지털화되면서 필름 구입이나 편집 등의 제작 과정에 들어가는 비용이 상당히 절감될 수 있다는 점은 가장 큰 장점으로 부각되고 있다. 또한 인터넷을 통한 개별적 영화 판매 방식은 적절한 배급사를 찾지 못하는 아프리카 영화인들에게 새로운 가능성을 열어 보이고 있다.

이러한 영화 외적인 부분 외에도 흑아프리카 영화에 거는 기대는 보다 근본적인 다른 곳에 있다. 아직은 다른 대륙에 비해 경제적으로 낙후되어 있지만 구술에 바탕을 둔 고유한 문화를 잘 보존해온 그들의 표현 양식은 이미 영화의 도래 이전부터 다양한 영화적 형식을 내포하고 있다고 볼 수 있기 때문이다. 문자 매체의 단계를 건너뛴 이들 문명에서 만들어지는 영상 이미지의 구조와 특성은 문자문화권의 한계라고 할 수 있을 문자 중심적 사고의 멍에 없이 자유로운 시청각적 이미지 체계를 선보일 수 있지 않을까? 수십 개가 넘는 구술 언어들로 나뉜 문화적 자산이 영화라는 매체를 통해 온전히 표현되기를 기대해볼 수 있는 까닭이 바로 여기에 있다.

# 주

1  Thackway, 2003: 31.

2  Melissa Thackway와의 인터뷰. Thackway, 2003: 204-209.

3  우스만 셈벤은 자신의 성(性)인 '셈벤'과 이름인 '우스만'을 도치시켜 스스로를 셈벤 우스만이라 칭하면서 프랑스식 성을 딴 다카르의 길 이름이 바뀌지 않는 한 자신의 이름을 되돌리지 않겠다고 맹세했다.

4  Tapsoba, 2005: 147에서 재인용.

5  서아프리카의 구술 전통은 그리오(Griot)라는 특별한 계층에 의해 수세기 동안 계승되었다. 그들은 지역의 역사적 사건들을 대대로 구전함으로써 지역민의 역사와 사건을 기억에 담아두는 '말 주머니(sacs à paroles)' 노릇을 담당해왔다. '그리오'와 관련해서는 이 책의 「구비문학의 새로운 지평」의 상자글(118쪽) 참조.

6  Barlet, 1996: 118.

7  Vieyra, 2005: 62.

# 참고 문헌

김태희, 2009, 「프랑스어권 아프리카 영화의 과거와 현재」, 『프랑스학연구』, 제49권.
_____, 2011, 「서아프리카 구술매체의 의미와 현대성」, 『프랑스학연구』, 제57권.

Barlet, Olivier, 2996, *Les cinéma d'Afrique noire: le regard en question*, L'Harmattan.
Braunschweig, Stéphane et Antoine de Baecque, 1986, "Pionnier en son pays," *Cahiers du cinéma*, no.381, mars.
Diawara, Manthia, 1992, *African Cinema: Politics &Culture*, Indiana University Press.
Dijk, Lutz van, 2004, *Die Geschichte Afrikas*, Campus Verlag GmbH(루츠 판 다이크, 『처음 읽는 아프리카의 역사』, 안인희 옮김, 웅진지식하우스, 2010).
Gardie, André, 1989, *Cinéma d'Afrique noire francophone: L'espace miroir*, L'Harmattan.
Tapsoba, Clément, 2005, "Cinéaste d'Afrique noire: parcours d'un combat révolu," *Afriques 50: singularités d'un cinéma pluriel*, L'Harmattan.
Thackway, Melissa, 2003, *Africa Shoots back*, Indiana University Press.
Thion'o, Ngũgĩ wa, 1985, *Decolonising the Mind*, Jemes Currey Publishers(응구기 와 씨옹오, 『마음의 탈식민화』, 박혜경 옮김, 수밀원, 2006).
Vieyra, Paulin Soumanou, 2005, "Du cinéma et l'Afrique au cinéma africain," *Afriques 50: singularités d'un cinéma pluriel*, L'Harmattan.

# 사하라 이남 흑아프리카의 미술

심지영

## 1. 흑아프리카 미술 연구의 문제

아프리카 미술은 이슬람 문화의 성격을 띠고 있는 북아프리카를 제외한 사하라 이남 지역의 예술로 상이한 민족적·문화적·언어적 특성을 갖는 수많은 집단의 고유하고 독특한 시각문화를 가리킨다. 시각적으로 유사한 주제가 등장한다는 이유로 경우에 따라 넓은 의미로 아프리카계 아메리카인의 미술 같은 디아스포라 미술을 아프리카 미술의 범주에 포함시키기도 한다. 이렇듯 아프리카 미술이라는 재제 자체가 매우 광범위하기 때문에 어떤 접근 방식을 이용한다 해도 역사의 흐름에 따라 수많은 민족의 다양한 문화 지형을 파악하는 것은 쉽지 않다. 현재까지 흑아프리카의 문화와 예술사 연구는 사료가 남아 있는 시대와 지역에 한해서 부분적으로 논의되고 있을 뿐이며 많은 부분은 아직 밝히지 못하고 있다.

논의에 앞서 흑아프리카 미술 연구의 특수한 현실에 대해 이해하는 것이 필요하다. 첫째로, 이 지역의 중요한 문화유산과 그에 대한 연구를 옛 식민 종주국인 유럽 국가들이 거의 독점하고 있다는 점을 언급해야 한다. 흑아프리카의 많은 국가에 전통적인 기록문화가 부재했던 이유로, 아울러 서양에 의해 오랫동안 식민 통치를 받았던 까닭에 오늘날 알려진 대부분의 연구와 자료는 영국, 프랑스, 벨기에 등 서유럽 국가 및 일부 북미 국가에 많이 축적되어 있다. 그뿐만 아니라 중요한 유물들의 대부분을 이들 국가가 소장하고 있다. 프랑스의 캐브랑리(Quai Branly) 박물관, 영국의 대영박물관, 벨기에의 왕립 중앙아프리카 박물관, 스위스의 바르뷔에르 밀러(Barbier-Mueller) 박물관, 뉴욕의 메트로폴리탄 미술관 등이 대표적인 예이다. 이처럼 아프리카 미술을 이해하기 위해 아프리카인에 의해 연구되고 축적된 정보를 참고할 수 없다는 데 문제점이 있다. 실제로 아프리카에서 소장하고 있는 주요 예술품의 대부분에 대해서도 유물에 관련된 정보가 기록으로 남아 있지 않고 구전문화에 의존해 전승되고 있기 때문에 현지에서 직접 유물에 대한 이야기를 듣는 것만이 1차 자료를 확보할 수 있는 방법이 된다. 이런 문제들로 인해 아프리카 연구자들조차 자신의 문화와 예술을 연구하기 위해 유럽이나 미국으로 떠나거나 서양인에 의해 연구된 2차 자료를 이용할 수밖에 없는 아이러니한 상황에 처하곤 한다.

　　이와 같이 아프리카 미술이 유럽을 통해 세상에 알려졌기 때문에 두 번째의 문제점이 발생한다. 즉, 아프리카 미술은 오늘날까지도 원시 미술 또는 초기 미술로 인식되고 있다는 점이다. 이 문제의 근원은 19세기 유럽으로 거슬러 올라간다. 다윈의 진화론에 열광했던 19세기 후반 백과사전을 기술한 라루스(Pierre Larousse)를 비롯한 유럽의 많은 인류학자들은 신체적 특성에 근거한 인종학에 깊은 관심을 갖고 있었다. 그들은 아프리카인의 머리 크기가 유럽인에 비해 작기 때문에 뇌 용량도 적을 것이라고 주장하며 흑인을 지적으로 발전이 더딘 인종으로 간주했다. 이런 배경에서 파리에 민족학 박물관을 건립해야 한다는 필요성이 제기되었다. 아프리카의 '원시성'을 전시하여 인류가 문명에 이르기 전의 야만적 상태에서 어떻게 진보하는지를 보여주기 위함이었다. 특히 아프리카에 식민지를 갖고 있는 국가들은 더더욱 이를 증명하기 위해 박물관 건립의 필요성을 내세웠다.

이와 함께 아프리카의 전통 미술은 유럽의 진보와 완벽한 사회적 발전 상태를 증명하기 위한 도구이자 미개한 흑인을 계몽하기 위한 유럽의 식민을 정당화하는 도구로 이용되었다. 이 당시의 학문적인 담론은 실증주의에 기반을 둔 발전의 개념, 문화의 수준, 예술의 단계 등에 초점이 맞추어졌고 아프리카 미술은 이런 관점에서 진화의 초기 단계에 있는 '초기 미술' 또는 '원시 미술'로 해석되었다. 즉, 아프리카 미술은 순수한 예술적인 창작과는 거리가 먼 원시적 삶의 필요에 의해 만들어진 예술, 예술적 본능에 의해 만들어진 예술로 간주되었다.

초기 민족학 박물관은 아프리카 미술을 인간의 기초적 생존을 위한 필수조건에 해당하는 의식주 범주에 중점을 두고 전시를 구성했으며, 아프리카 미술에서 가장 많은 비중을 차지하는 조각들도 예술적 산물로서의 의미를 간과한 채 기독교와 구별되는 우상 숭배, 미신, 페티시의 사례로 전시했다. 이처럼 아프리카 미술은 외부 세계에 처음 소개될 때부터 예술로서의 가치는 인정받지 못하고 원시 인류의 증거품으로 등장했기 때문에 오늘날까지 아프리카 미술은 곧 원시 미술이라는 왜곡된 인식이 지속되고 있다.

20세기 후반에 이르러 아프리카 미술에 대한 연구가 본격적으로 이루어지면서 두 가지 상반된 경향으로 아프리카 미술에 접근하게 된다. 걸작은 작품 외적인 설명이 필요하지 않으며 작품의 미적 가치에 중점을 두고 아프리카 미술을 논해야 한다는 쟈크 케르샤쉬(Jacques Kerchache)의 의견, 인류학적 가치에 중점을 두고 민족지학적 입장에서 접근해야 한다는 베르나르 뒤펜뉴(Bernard Dupaigne)의 의견이 각각 아프리카 미술에 대한 상반된 입장을 대표한다.

조형적 아름다움에 더 많은 비중을 두는 전자의 경우 예술을 유럽 중심적인 심미성의 기준으로만 판단할 수 없다는 아프리카 연구자들의 반대에도 불구하고 파리의 캐브랑리 박물관 전시 기획의 주요 개념으로 적용됨으로써 현재까지도 이 박물관은 많은 논란의 대상이 되고 있다. 미술사 연구 또는 예술 작품의 연구에서 사회적·역사적 접근과 미학적 접근은 모두 동등한 중요성을 갖고 있으며 어느 한 쪽에만 비중을 두게 되면 작품을 불완전하게 해석할 수밖에 없기 때문이다. 특히 아프리카 전통 미술은 제작의 동기부터 제작 후 작품의 '사용'에 이르기까지 일상의 삶과 문화에 긴밀히 연결되어 있기 때문에 작품의 이해에서 심미성에만 중점을 둔다면 작품의 진정한 의미를 해석하는 것이 불가능하다.

아프리카 미술 연구와 관련한 이 같은 상황을 고려해 이 글은 아직 국내에는 생소한 흑아프리카 미술의 어제와 오늘을 대략적으로나마 이해하기 위해 현재 잘 알려진 대표적인 전통 미술과 현대 미술을 소개하고자 한다. 특히 중서부 아프리카의 주요한 왕국과 문화를 살펴보고 아프리카의 전통 미학에 대해 고찰하며, 오늘날 아프리카 미술은 어떤 양상으로 나아가고 있는지를 살펴볼 것이다. 넓은 지역의 장구한 역사, 풍요로운 예술을 짧은 지면으로 논하는 데는 많은 한계가 있지만, 이런 한계는 흑아프리카 예술의 다양성을 증명하는 증거가 될 것이다.


## 2. 흑아프리카 전통 예술의 미학

흑아프리카의 전통 미술을 이해하려면 일반적인 서양 미술사의 규범과 뚜렷하게 구별되는 아프리카 미학의 몇 가지 특징을 이해할 필요가 있다. 우선, 작품을 일반적인 의미의 수공예품인지 작가의 예술 작품인지를 구별하기 어렵다는 것이 아프리카 미술의 가장 큰 특징이다. 서구적 전통의 기준에서 본다면 아프리카 미술품의 대부분은 특별한 용도를 위해 장인이 제작한 수공예품, 즉 민속학적 유물에 가깝다.

코트디부아르 단(Dan)족의 숟가락은 이런 특징을 잘 보여준다. 이 숟가락은 단족의 마을 축제에서 사람들에게 음식을 나누어줄 때 사용되었는데, 마을에서 가장 인품이 좋다고 알려진 여인이 마을 대표의 임명을 받아 이 숟가락으로 사람들에게 음식을 나누어줄 수 있는 권한을 가졌다.

대부분의 아프리카 전통 미술품이 그렇듯이 이 숟가락을 만든 작가가 누구인지 알 수 없으며 제작 연대를 알아내는 것도 거의 불가능하다. 탄소의 동위원소 $C^{14}$를 이용하는 방사성탄

**그림1** 단족의 숟가락, 나무, 높이 약 70센티미터, 연대 미상, 개인 소장.

소연대측정법을 통해 나무의 나이를 알아낼 수는 있으나, 작가가 이 나무를 언제 잘라 조각 작업을 했는지 알 수 없기 때문이다. 이 작품에서 시간의 흔적을 나타내는 것은 장기간 사용으로 닳아버린 표면의 칠이며, 이를 토대로 대략적인 시기만 짐작할 수 있을 뿐이다.

이 숟가락처럼 아프리카 전통 미술품은 제작된 작품이 해당 민족에 의해 직접 사용되어야 높은 가치를 지니기 때문에 많은 작품에서 사용의 흔적이나 훼손의 흔적을 발견할 수 있다. 그러나 누가 만든 작품인지, 작가는 대부분 공개되지 않는다. 서양의 중세 예술과 같이 작품은 작가에게 주문되어 제작되었으며, 작가는 일반적으로 신성한 사람으로 여겨져 마을에서 고립되어 작업했다. 대개 마을의 주민은 누가 작품을 만드는지 알고 있지만 그의 정체를 외부에 공개하려 하지 않거나 기록으로 남기지 않

**그림 2** 뺄족의 마스크, 나무에 조개껍데기와 구슬 장식, 연대 미상.

기 때문에 아프리카 전통 예술과 관련해 세상에 이름이 알려진 작가는 거의 없다(예외적으로 이름이 알려진 작가는 콩고민주공화국 루바(Luba)족의 아카티 엑플레켄도(Akati Ekplékendo)인데, 그가 1858년경 제작한 '불과 전쟁의 신 구(Gou)에게 바치는 조각'이 루브르 박물관에 소장되어 있다).

또한 민족별로 고유한 작품 양식을 갖고 있기 때문에 작품의 국적보다는 민족을 구별하는 것

이 더 큰 의미를 갖는다. 국가의 구분이 민족의 구분과 일치하지 않는 경우가 대부분이며, 한 국가에도 적게는 수십 개, 많게는 수백 개의 민족이 존재하기 때문이다. 예를 들어, 콩고민주공화국에는 400여 민족이 존재하며, 토고와 같은 작은 나라에도 50개가 넘는 민족이 있다. 반대로 하나의 민족이 여러 국가에 걸쳐 거주하기도 하는데, 유목민족인 뿔(Peul)족은 12개국에 퍼져 살고 있어 뿔족의 예술은 어느 나라에 속한 예술인지 국적으로 구별하는 것은 부적절하다.

단족의 숟가락이 보여주는 것처럼 아프리카의 전통 미술을 논할 때 "예술은 어디에나 있고 어디에도 없다"라는 명제가 성립된다. 즉, 일상생활에 필요한 도구에 효용성과 예술성이 더해져 제작되지만 예술을 위한 예술을 찾아보기는 좀처럼 어렵다는 점에서 예술의 기준에 따라 아프리카의 모든 것은 예술이기도 하고 예술이 아예 존재하지 않는다고도 볼 수

**표1** 뿔족의 국가별 인구 분포 현황

(단위: 명)

| | |
|---|---|
| 나이지리아 | 16,800,000 |
| 기니 | 4200,000 |
| 말리 | 2700,000 |
| 카메룬 | 2900,000 |
| 세네갈 | 3600,000 |
| 니제르 | 1620,500 |
| 부르키나파소 | 1200,200 |
| 모리타니 | 400,000 |
| 기니비소 | 320,000 |
| 감비아 | 324,000 |
| 시에라리온 | 310,000 |
| 차드 | 580,000 |
| 총인구 | 35,000,000~40,000,000 |

있다. 레오폴드 상고르는 1956년 파리에서 열린 제1회 흑아프리카 작가 회의에서 「흑아프리카의 미학(L'Esthétique négro-africaine)」이라는 주제로 이미 이러한 특성을 언급했다. 그는 흑아프리카 미술은 노동 행위와 분리하여 생각할 수 없으며, 일상생활에 참여하는 예술이라는 점에서 기능성을 배제할 수 없다고 주장했다. 요컨대 흑아프리카의 전통 예술은 예술을 위한 예술로서 이해하는 것은 부적절하며, 효용성과 함께 결합해야 심미성을 발휘하는 독특한 예술이라는 점을 인정해야 한다는 것이다.

효용성의 예술이라는 점과 함께 흑아프리카 전통 예술의 중요한 특징은 공동체를 위한 예술이라는 점이다. 상고르에 따르면 "흑아프리카 예술은 몇몇 예술가의 작업일 뿐만 아니라 모두에 의해, 모두를 위해 만들어지는 작업"이다. 예술가는 자신이 속한 공동체와 뗄 수 없는 밀접한 관계를 갖고 있으며, 전통적인 사회에서 예술가의 자발적인 창작이 발휘되기란 사실상 어렵다. 작가와 공동체가 의존적인 관계를 맺듯, 흑아프리카 예술은 여러 가지 요소가 서로 연결되어 완성된다. 가면과 춤, 노래를 뗄 수 없는 요소로 이해해야 하는 점이나 삶과 예술이 분리될 수 없는 점도 이런 맥락에서 이해할 수 있다. 상고르는 아프리카의 미학을 이야기하면서 노래와 춤이 인간의 노동에 리듬을 더해주어야만 노동의 성취도가 높다고 믿었던 흑아프리카인의 생활방식을 언급했다. 이는 삶 속에 예술이 있고 예술 속에 삶이 존재하는 이 지역의 예술을 잘 설명하고 있다.

결국 단족의 숟가락에서 알 수 있듯, 숟가락이라는 도구는 음식을 나누는 도구이자 공동체 문화의 상징으로서 축제와 음식, 음식을 나누어줄 사람을 임명하는 의례 행위 등을 모두 연결시키면서 흑아프리카의 공동체적 삶과 삶 속에 공존하는 독특한 예술의 형태를 포괄적으로 이해하도록 한다. 아울러 심미적인 면에서도 인체의 형상이 기하학적으로 추상화가 된 듯한 표현주의적인 형상은 현대 조각품이라고 해도 손색이 없을 정도의 미적 완성도를 보여준다. 이렇듯 아름다움과 공동체적 삶의 방식이 함께 녹아 있는 효용성의 오브제로서 숟가락은 예술이 된다. 바로 여기에 흑아프리카의 미술에서 오브제의 아름다움과 함께 그 속에 담긴 삶의 방식을 이해해야 하는 이유가 있다.

## 3. 역사의 흔적들: 서아프리카 노크 미술과 젠네 양식

아프리카의 고대 문화들은 구전에 의존해 전승되었기 때문에 이 지역의 역사에 대한 자료는 많이 남아 있지 않다. 세대를 거듭하여 구전으로 내려오는 정보와 발굴을 통한 유물 연구에 주력하는 고고학에 의존하여 흑아프리카의 역사는 계속 연구되고 있으나 연구 상황은 매우 열악한 실정이다. 또한 유물이 우연히 발견된다 해도 지역 주민의 인식 부족이나 지역 개발을 이유로 유물과 발굴 현장이 훼손되는 일이 발생하기도 하고, 해외 판매나 밀수출을 목적으로 국보급의 유물이 도난당하는 사례가 자주 발생하는 등 여러 요인이 흑아프리카 문화사의 복원을 어렵게 하고 있다.

현재 남아 있는 자료 중에서 아프리카 역사와 관련된 문헌은 7세기 서아프리카에 이슬람교를 전파한 아랍인의 기록, 15세기에 세네갈과 기니 해안을 통해 처음으로 아프리카에 들어왔던 포르투갈인의 기록이 가장 오래된 것에 속한다. 그러나 이 문서들은 이 지역의 풍습과 사회상, 지리적 정보를 언급하고 있지만 예술에 대한 기술은 찾아보기 어렵다. 예술에 관한 기록이 문헌에 등장하는 것은 19세기부터였기 때문에 그 이전의 아프리카 예술은 당시 유럽인이 본국으로 가져갔던 유물들을 통해 짐작할 수 있을 뿐이다. 그때 유럽으로 들어온 아프리카 유물로는 시에라레오네 지역 사피(Sapi)족의 상아 조각, 베냉 왕국(현재의 나이지리아 지역)의 청동 조각상 등이 있는데, 당시 유럽인은 해안 지역에서만 교역 활동을 했기 때문에 내륙 지역에 대해서는 거의 알려진 것이 없었다. 내륙 지방은 19세기 식민 지배가 본격적으로 시작되면서 외부 세계에 알려지기 시작했다. 19세기 후반부터 1930년대 사이에 유럽의 박물관들을 채우기 위한 목적으로 아프리카 미술품들이 본격적으로 유럽으로 옮겨졌다. 현재 유럽과 미국의 주요 아프리카 박물관의 소장품들은 대부분 이 시기의 것들이다.

중서부 아프리카를 중심으로 보았을 때 서아프리카 지역은 중부 아프리카와의 활발한 접촉에도 불구하고 여러 가지 면에서 중부 아프리카와 구별된다. 가장 특징적인 점은 이슬람 문화의 수용이다. 서아프리카는 지중해 및 대서양 지역과 계속적으로 교류했으며 7세기부터 사하라와 밀림 지역 사이에 거주하는 수단 지역의 민족들이 이슬람화되기 시작했다. 이 시기의 서아프리카의 상황을 설명하는 아랍어 문헌들은 사하라를 가로질러 세네갈 강 및 니제르 강에서부터 마그레브 지역과 이집트에 이르는 교역로를 횡단하던 상인들에 의해 기록되었다. 그들은 7세기의 가나와 말리 지역의 가오(Gao) 왕국이 얼마나 찬란하고 위대했는지 언급했다. 그들은 옷감과 구리를 팔고 노예와 금을 구하기 위해 이 지역을 드나들었는데, 이슬람을 받아들이기 시작한 서아프리카 왕국들의 문화와 풍습 및 사회·경제적 상황과 예술적 발전에 대해서도 기술했다.

현재까지 알려진 흑아프리카의 고대 예술 가운데 1943년 나이지리아 조스(Jos) 분지에서 우연히 발견된 노크(Nok) 문화는 가장 주목할 만한 예술이다. 이 지역에서 발견된 가장 오래된 테라코타는 당시 도자 공예가 매우 높은 수준으로 발전했으며, 철과 구리의 주조 기술을 연마하고 있었음을 증명한다. 노크와 함께 말리의 젠네(Djenne) 지역에서 발견된 기마상은 4000킬로가 넘는 니제르 강을 통해 사하라 북쪽의 민족들과 교류했으며 주조 기술을 받아들여 이슬람의 영향을 받은 찬란한 문화를 발전시켰음을 알 수 있게 해준다.

## 1) 노크 미술

가장 오래된 서아프리카의 예술 작품은 기원전 1000년에서 서기 300년 사이의 것으로 추정되는 노크의 테라코타 상들이다. 1943년 나이지리아 중부의 노크 마을 주석 광산에서 우연히 테라코타의 두상을 발견한 한 광부는 그것을 허수아비로 삼아 참마 밭에 1년간 세워두었다. 이 허수아비의 형상이 범상치 않다고 여긴 광산 관리자가 두상을 광부에게 구입한 후 고고학자이자 당시 식민지 행정관이었던 파그(Bernard Fagg)에게 보여주었다. 파그는 테라코타가 고대 유물임을 직감하고 모든 광부에게 발견 즉시 알려달라고 요청해 150개의 테라코타를 수집했다. 이후 파그 부부는 광산을 중심으로 체계적인 발굴 작업을 진행하여 더 넓은 지역에 퍼져 있는 많은 유물을 발굴하고 마을 이름을 따서 노크 문화라고 명명했다. 노크 유물은 현재도 계속 발굴·수집되고 있다.

높은 경지의 도예 기술을 보여주는 노크의 테라코타는 높이 1.2미터로 사하라 이남의 흑아프리카에서 가장 큰 테라코타이다. 의복, 목걸이, 팔지, 머리모양 등의 섬세한 묘사를 보면 사회 권력자를 위해 만들어진 제의적인 성격의 예술로 평가되며 커다란 규모의 점토상을 다루면서도 일정한 두께를 유지하면서 구워낼 수 있었다는 점에서 불 사용에 매우 능숙한 장인의 작품으로 추측된다. 또한 점토 반죽을 그대로 불에 구우면 폭발 가능성이 있으므로 조각상의 속을 비워야 했는데, 그 정도로 복잡하고 정교한 도예 제작 기술이 발전해 있었음을 알 수 있다. 따라서 노크 미술이 만들어지던 시대에 이미 오랜 예술적 전통이 존재했을 것이라는 추측이 가능하다.

미적인 측면에서 얼굴의 표현은 실제 이 지역 사람들의 생김새와 유사할 정도로 사실적으로 재현되어 있지만 몸통 등의 부분은 기하학적으로 변형되어 구성되어 있음을 볼 수 있다. 당시에 이미 실제 동물의 생김새와 거의 같은 형상을 만들 수 있는 기술이 있었다는 것을 고려하면 표현 능력의 부족으로 형상이 왜곡되었다고 보기 어렵다. 오히려 실제와 생김새가 완벽하게 유사한 조각상을 제작하면 작가들이 마귀로 취급당하는 경우가 있었기 때문에 민간 신앙의 문제로 인해 형상을 변형하여 재현하는 것이 불가피했으리라고 추정할 수 있다.

한쪽 무릎으로 얼굴을 받치고 있는 형상(그림 3)은 성소에 놓인 장식품이거나 무덤을 가리키는 용도로 사용되었을 것이라 추정된다. 이외에도 농업, 추수 작업, 물동이를 나르는 형상, 음식을 준비하는 여자의 형상

**그림 3** 단노크의 테라코타, 프랑스 파리 캐브랑리 박물관.

**그림 4** 노크의 테라코타 두상, 나이지리아 라핀 쿠라에서 출토, 기원전 500~서기 200년경, 높이 36센티미터, 나이지리아 라고스 국립박물관.

등 일상생활을 세밀하게 묘사한 테라코타 상들도 출토되었다. 특히 팔을 위로 벌리고 있는 여섯 명의 인물은 머리 위에 거대한 뱀 한 마리를 받치고 있는데, 뱀을 숭배하는 신앙을 갖고 있었다고 추정된다.

이것은 모두 서아프리카 예술에서 자주 등장하는 주제로서 농업을 중요시하고 모성과 어머니 상을 강조하는 경향은 풍요로움, 추수, 재생산을 숭배했던 흑아프리카 전통 문화의 구체적인 사례로 볼 수 있다.

2) 말리 니제르 내륙 삼각주의 유적: 젠네와 도곤

거듭된 정복 전쟁으로 이슬람화되었던 북아프리카와는 달리 서아프리카에서는 투아레그(Touareg)족 상인들이 이슬람교를 전파하는 중계자 역할을 했다. 베르베르(Berbere)족 일파인 투아레그족은 유목생활을 하면서 상업을 주업으로 삼았다. 오늘날의 말리에 살고 있던 여러 민족은 1000년 무렵 이슬람교를 받아들였고 그 후 이슬람교는 남쪽으로 확산되었다.

말리의 도시 젠네(Djenne)에서 남쪽으로 3킬로미터 떨어진 곳에서 젠네 제노(Djenne Djeno)라는 역사 유적지가 발견된 것은 1943년의 일이다. 젠네 제노는 12세기 전성기를 누렸으며 14세기경에 멸망한 것으로 추정되며, 이 문화가 쇠락하면서 젠네가 이슬람 도시로서 새롭게 성장할 수 있었다.

1977년부터 1981년까지 맥킨토시(Susan and Roderick McIntosh) 부부가 젠네 제노 유적지에서 약 800점의 테라코타를 발굴하고 열광에 의한 연대측정으로 12세기에서 14세기 사이에 만들어진 것으로 추정했다. 오늘날의 통북투(Tombouctou)에서 세구(Segou) 사이 니제르 강이 범람한 삼각주 지역에서 발견된 이 테라코타들은 그 지역의 대표적 도시 이름을 따서 젠네 양식이라 부른다. 이것은 평균 40센티미터 정도의 높이로 몸통은 동물이나 인물의 형상을 하고 있다.

특히 기마상과 뱀의 모티브가 많이 나타나는데, 이 동물들은 당시 특별한 상징성을 갖고 있었으리라 짐작된다. 아프리카 대륙에 말이 유입된 것은 기원전 2세기경으로 알려져 있으나, 14세기에도 말은 매우 귀하고 흔치 않은 동물이었다는 점에서 기마상은 왕이나 전사 또는 이 지역을 건국한 조상을 재현한 것이라 추측되고 있다. 뱀은 현재까지 구전되고 있는 말리의 건국 신화와 깊은 관련이 있으며, 예로부터 숭배의 대상이었다.

그러나 아직까지도 이 점토상들이 어떤 기능을 했는지는 수수께끼로 남아 있다. 탐사를 주도한 맥킨토시 부부는 14세기에 테라코타의 제작이 급격히 많아진 것으로 보아 민간 신앙에서 비롯된 염원을 담은 것으로 이슬람화에 대한 저항의 흔적이라 가정하고 있다.

그림 5 젠네 모스크 전경, 13세기 건축 시작, 1906~1907년 재건.

그림 6 젠네 모스크 외벽에
진흙을 새로 바르는 작업 광경

　젠네는 보조(Bozo)족의 언어로 물의 신을 일컫는데, 아름다운 이슬람 대사원으로 유명한 도시이다. 1280년 코이 콤보로(Koi Komboro) 왕은 이슬람으로 개종하고 젠네에 이슬람 사원 건립을 지시했다. 13세기에 이 도시는 말리 제국에 통합되었고, 15세기에는 투아레그족의 지배를 받으며 점차 종교적 중심 도시로 발전했다고 추정된다. 13세기 말에 세워진 젠네의 이슬람 대사원은 점토 벽돌로 지은 건축물 중 세계에서 가장 큰 건축물로, 수단 건축 양식의 대표적 사례이며 1988년 유네스코 세계문화유산에 등록되었다. 이 사원은 한 면이 75미터인 정사각형 건물로 3미터 높이의 90개의 기둥으로 이루어진 공간에는 약 1,000명이 들어갈 수 있다. 해마다 우기 후 사원의 외벽과 내벽에 진흙을 새로 입히는 거대한 공동 작업이 진행되는데, 이 행사는 매년 중요한 이슬람 축제의 장이 된다.

　현 말리의 모든 지역이 점차 이슬람화되었지만, 니제르 내륙 삼각주 지역의 반디아가라(Bandiagara) 절벽에는 이슬람의 영향을 피해 고유의 전통 문화를 지켜가려 했던 도곤족(Dogon)이 살고 있다. 도곤족은 침입을 피할 수 있도록 외부로부터 고립된 은신처를 지었기 때문에 300~600미터에 이르는 높은 절벽 비탈과 고원에 마을을 형성했다. 거의 30만 명에 달하는 도곤족은 수백 개의 작은 마을에 흩어져 살며 농업을 주로 하고 있다. 모여서 이야기를 나누는 아프리카식의 정자 토구나(Toguna)는 노인들이 마을의 문제들을 상의하는 야외 만남의 장소이자 교류의 장으로 사용되는 도곤의 독특한 건축물이다.

　도곤 미술은 기하학적으로 양식화되어 있다는 특징을 갖고 있다. 신체는 원통형을 중심으로 직선과 대각선으로 구성되며 추상적 기하학성이

**그림7** 말리, 반디아가라 절벽에 위치한 도곤족의 마을

**그림8** 도곤족 마을의
정자라고 할 수 있는 토구나

강조되어 있다. 추상적인 기호들은 모두 도곤의 세계관과 밀접한 관련이 있어 심층적 의미를 이해하기 위한 해석을 요구한다. 남녀를 하나의 상으로 만드는 것이 도곤 미술의 주제적 특성이며, 전통적인 남녀의 역할을 추측할 수 있게 해준다.

그림 9 도곤, 앉아 있는 남녀상, 1800~1850년경, 나무, 높이 71.12센티미터, 미국 뉴욕 메트로폴리탄 미술관.

도곤 미술은 1931년 프랑스의 마르셀 그리올(Marcel Griaule)에 의해 수행된 다카르 지부티(Dakar-Djibouti) 탐사 파견이 이루어지면서 많은 학문적 연구의 대상이 되었다. 오늘날 유네스코 세계문화유산으로 지정되고 많은 관광객이 방문하면서 전통문화를 유지하는 데 어려움을 겪고 있으며, 오랫동안 저항했던 이슬람도 점차 도곤 사회에 영향을 미치면서 문화적 변화가 진행되고 있다. 그러나 여전히 마스크 댄스 같은 고유한 제의 의식의 아름다운 미술 작품들과 음악과 춤에서 도곤족의 애니미즘과 독특한 세계관을 엿볼 수 있다.

장례식과 추모식에 진행된 마스크 댄스는 가장 화려한 도곤족의 제의 행사이다. 마스크는 남자만 쓸 수 있으며, 이미나(imina)는 마스크뿐만 아니라 의상과 상징물, 댄스를 위한 음악 모두를 가리킨다. 나무로 만든 마스크에는 매우 기하학적인 문양들이 추상에 가까운 방식으로 표현되어 있다. 즉, 구멍은 눈, 길쭉한 코의 표현, 따로 입모양이 있다. 윗부분에 조각상이나 투구 등을 달기도 한다. 동물 마스크에는 뿔이나 귀 등이

**그림 10** 도곤족의 사팀베 마스크 댄스, 20세기 중·후반.　　**그림 11** 도곤족의 마스크 댄스, 2011년, 말리.

달리기도 한다. 마스크는 우주를 구성하는 네 가지 요소의 색으로 채색되어 있다. 즉, 검정색(물), 빨간색(불), 흰색(공기), 황색(땅)으로 마스크를 채색한다. 춤으로 마스크의 동물을 직접적으로 표현해내며 모든 동작과 행위는 풍요한 의미를 담고 있다. 춤을 추는 사람의 정체를 알아내는 것은 금지되어 있다. 도곤족은 현란한 색상과 강렬한 춤을 통해 죽은 자에게 생명을 불러일으킬 수 있다는 믿음을 갖고 있다.

　　도곤의 예술은 가장 고유하고 독특한 아프리카 문화 중 하나이며, 문화와 예술이 외부 세계에 알려지면서 도곤 지역은 서아프리카의 가장 중요한 관광지 중 하나가 되었다. 이로 인해 일부 도곤족은 이슬람이나 기독교로 개종하기도 했지만, 여전히 대부분의 도곤족은 애니미즘을 숭배하고 조상을 숭배하는 전통적 삶의 양식을 유지하고 있다.


## 4. 흑아프리카 왕국의 미술

아프리카 전통미술을 이해하기 위해서는 독특한 역사와 예술세계를 갖고 있었던 아프리카 왕국들에 대해서도 주목할 필요가 있다. 서아프리카의 아산테, 요루바, 다호메이, 베냉 왕국의 미술이 가장 대표적이며, 동아프리카에서는 부간다와 망베투 왕국, 중앙아프리카의 경우 바뭄, 콩고, 쿠바 왕국이 괄목할 만한 예술을 남겼다.

　　아프리카 왕권과 미술에 관한 저서를 편찬한 대표적인 두 학자는 프레이저(James Frazer)와 호카트(Arthur Maurice Hocart)였다. 프레이저에 따르면, 일반적으로 아프리카의 왕은 지극히 존경받는 인물로 신과 백성을 연결해주는 단순한 중재자가 아니라 백성의 생사화복을 지키는 신 그 자체였다. 신성을 가진 왕은 전지전능한 존재가 내리는 축복을 백성들에게 직접 내릴 수 있었다. 강력한 왕권의 확립과 영속적인 유지를 위해 미술이 차지하는 부분은 매우 컸는데, 특히 대관식과 왕실 장례의식 등 주요 행사와 관련하여 왕의 권력을 뒷받침해주는 미술품은 놀라울 정도로 정교하고 아름답게 제작되었다. 왕실의 의복과 의식은 백성들의 생활에 화려함과 위엄을 더해 만들어졌으며, 타 지역에서 들여온 구슬, 은, 놋쇠 등의 귀한 재료들이 왕실 장신구를 위해 사용되었다.

### 1) 베냉 왕국
베냉 왕국은 규모가 큰 왕국을 건설한 드문 서아프리카의 위대한 왕국

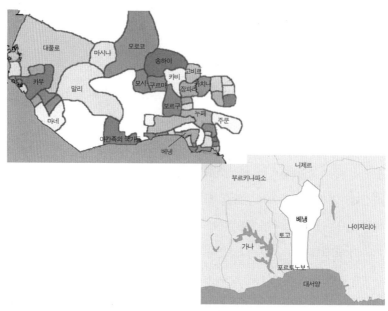

**지도 1** 17세기 베냉 왕국(왼쪽)과 현재의 베냉(오른쪽)

중 하나로, 지금의 나이지리아 지역에 13세기에 세워졌다고 추정되는데, 15-16세기에 예술의 절정기를 맞이했다. 1705년 네덜란드에서 제작된 지도에 따르면, 베냉 왕국은 니제르 강 남서부에 위치하는 나이지리아 일부와 현재 베냉과 토고의 일부 지역을 아우르며 영토를 차지하고 있었다. 베냉 왕국은 상아조각과 청동 주물에 탁월함을 보여주었고 왕실을 찬양하는 많은 예술품을 남겼다. 베냉 왕국의 황동 두상들은 전쟁에서 패한 적들을 형상화했거나 두께가 큰 것의 경우 왕실의 인물을 상징했다고 알려져 있다. 황동은 영속성과 보존성을 상징하며, 붉은빛의 표면은 악한 기운을 물리칠 수 있다고 믿었다.

　베냉 왕국의 예술품이 처음 세상에 알려졌을 때 서아프리카에서 가장 놀라운 예술로 인식되었으며, 나이지리아 요루바(Yoruba)의 이페

**그림 12** 베냉의 왕을 재현한 황동상, 베냉 왕국, 1750-1850, 미국 디트로이트 아트 인스티튜트.

**그림 13** 손과 팔의 제단(이케고보), 나이지리아, 베냉에서 출토, 17~18세기, 황동, 높이 44 센티미터, 영국 런던 대영박물관.

(Ife) 예술이 베냉 왕국의 전통을 물려받았다고 알려져 있다. 베냉 왕국의 예술은 신적인 존재로 인식되었던 왕의 위상을 짐작하게 해 주며, 다른 지역과는 달리 금속을 사용하여 자유롭게 형상을 표현하는 기술이 매우 발달되어 있음을 보여준다. 나무 조각이나 옷감 등 다양한 재질로 찬란한 예술이 발전했다고 알려져 있으나, 1897년 베냉 왕국의 수도가 정복당하면서 화재로 모두 소실되었다고 한다.

### 2) 콩고 왕국

왕권 과시의 미술이라 할 수 있는 대표적인 왕국 미술로 콩고(Kongo) 왕국과 쿠바(Kuba) 왕국을 들 수 있다. 현재까지 연구된 바에 따르면, 기원전 3000년 전에 나이지리아 부근에 정착한 반투(Bantu)족은 사헬 지역의 사막화로 인해 남쪽으로 이주하여 일부는 사나가(Sanaga) 강과 우방기(Oubangui) 강을 따라 적도 아프리카로 퍼져 현재 콩고민주공화국의 서부 지역 및 앙골라와 콩고의 북부에 정착했다고 전해진다. 나머지 반투족은 육로를 따라 동쪽으로 이주하여, 콩고 강의 상류 지역에 정착했다. 즉, 밀림 지역 반투족들과, 사바나 지역의 반투족이 콩고 왕국과 쿠바 왕국의 시조가 되었다.

1400년경 니미 아 루케니(Nimi a Lukeni)에 의해 앙골라 지역에 건설된 콩고 왕국은 16세기 유럽의 문헌에도 아프리카 서해안 지역의 "가장 위대한 왕국"으로 기록되어 있으며, 강력한 군주제를 유지했던 통일국가였다. 한편 콩고 왕국의 동쪽, 현재의 콩고민주공화국 열대 밀림 지역에는 쿠바 왕국이 자로잡고 있었다. 쿠바는 작은 왕국이었지만 19세기 이 지역에 들어왔던 서양인들의 기록에는 이 왕국의 찬란한 문화 예술이 언급되어 있다. 두 왕국의 공통점은 위대한 왕권이 미술 작품에 표현되어 있다는 점이다.

콩고 왕국은 포르투갈인 파드루아도(Padroad)의 기록을 통해 외부 세계에 알려졌다. 빌리(Vili), 오요(Woyo), 욤베(Yombe), 마니앙가(Manianga) 등의 민족이 살고 있던 이 왕국은 금속 무기의 발달을 기반으로 확장되고 통일될 수 있었다. 숲에서 가장 강한 동물인 표범을 통해 강력한 왕권과 군사력을 상징했으며, 왕의 지팡이, 파리채, 장신구, 의자 등에서도 왕실의 권위를 살리기 위한 표범의 모티브가 사용되었다. 콩고 왕국의 왕권은 물론 예술의 발전에 있어서도 금속 제련기술과 밀접한 관련이 있었다. 철을 녹여 괭이와 도끼, 무기를 만들었으며 대장장이는 신성한 능력을 받은 사람으로 존중받았다.

치유의 능력 역시 왕권과 밀접한 관계에 있었다. 왕의 즉위식에서도 치료와 회복을 나타내는 신비의 약을 왕의 몸에 바르는 예식도 있었다고 전해진다. 욤베(Yombe)족의 은키시(nkisi) 형상은 치유의 능력을 통해 외부의 사악한 기운을 물리친다는 콩고 왕국의 믿음을 보여준다. 이 은키시는 왕과 자손들을 외부의 적이나 나쁜 기운으로부터 보호해 주며, 모든 근심과 걱정을 해결할 수 있는 정신적 치유의 역할을 했다. 그러나 몸통에 못이 박혀 있다는 점이나 형상의 공격적인 표정 때문에 서양에서는 오랫동안 미신의 상징인 페티시라 불리며 저주를 내리는 조각상으로 곡해하기도 했다.

그림14 콩고민주공화국, 욤베족, 은키시 형상, 1875~1900년경, 나무와 못, 높이 약 118센티미터.

오요족의 그릇 덮개의 경우, 상형문자와 같은 상징적 문양들이 전통적인 격언이나 속담을 상징하며 문자와 같은 역할을 한다. 왕실에서 사용되었던 접대용 그릇 덮개는 왕의 권위를 상징하는 문양들로 가득하다. 중앙에는 두 개의 종 모양

그림15 콩고민주공화국, 오요족, 고민주공화국 킨샤사 국립박물관. 속담이 그려진 뚜껑, 나무, 콩

으로 왕권을 상징하는 대표적인 문양을 표현했으며, 대장간의 굉음과 무기, 조개껍질, 씨앗, 해와 달, 칼, 지팡이 등 모두 왕의 권력과 권위 있는 목

소리를 상징한다. 오요족의 그릇 덮개는 왕실 밖에서 결혼 예물로 사용되었는데, 주로 여성들이 결혼할 때 선물로 받는 물건이었다. 여기 새겨진 문자들은 다양한 속담의 의미를 갖고 있어서, 부부에게 문제가 생길 때 아내는 남편에게 자신의 불만을 표현하기 위해 상황에 맞는 덮개를 골라 밥상 위에 올려놓았다. 젊은 부부는 많은 사람들 앞에서 싸움을 하지 않고, 남편에게 솥뚜껑을 통해 넌지시 불만스러운 속마음을 표현하여 조용히 부부의 문제를 해결하곤 했다. 오요족에게 좋은 일은 3의 배수로 이루어진다. 예를 들어, 남편을 아내에게 옷을 사주어야 하고, 아내는 남편에게 요리를 해 주어야 하며, 둘은 함께 아이를 가져야 한다. 위의 덮개는 네 모서리에 작은 문양들이 새겨 있는데, 세 쌍으로 되어 있지 않다. 남편은 없는 부족한 요소가 무엇인지 알아내고, 아내가 원하는 것이 무엇인지 이해할 수 있었다고 한다.

### 3) 쿠바 왕국

쿠바 왕국은 콩고민주공화국 카사이(Kasai) 지역 내 밀림과 초원이 만나는 곳에 만들어졌다. 은기데(Ngide), 은공고(Ngongo), 케테(Kete) 등 여러 민족이 살던 이 왕국에서 부슝족(Bushoong)만 왕을 선출할 권한이 있었기 때문에 쿠바-부슝으로 부르기도 한다. 19세기 후반에 쿠바 왕국은 전성기를 맞이하는데, 상아와 라피아 등을 수출해 얻은 부를 바탕으로 값비싼 옷감과 구슬, 고둥의 일종인 무늬개오지 껍질로 장식된 화려한 예술품을 만들어냈다. 쿠바 왕국은 코끼리로 왕을 상징했는데, 거대한 크기와 힘, 상아를 제공하는 부의 원천인 코끼리는 위대한 왕권을 상징했다.

엔돕(Ndop) 조각상은 쿠바 왕국의 콧 아-엠불(Kot a-Mbul) 왕을 나타내는데, 후대 왕의 집권 기간에 제작된 것으로 추정된다. 엔돕 조각

**그림 16** 콩고민주공화국,
쿠바 왕국, 부숑, 엔돕 동상,
킨샤사 국립박물관.

**그림 17** 1970년 사진가 엘리엇 엘리소폰(Eliot Elisofon)을
위해 포즈를 취한 쿠바의 왕 아-옴브위키 3세, 콩고민주공화국,
무쉥게(Mushenge) 지역.

상은 일반적으로 왕의 사후에 그를 기리
기 위해 또 미망인을 위로하기 위해 만
들어졌다는 설이 있고, 살아 있을 때 초
상화와 같은 목적으로 만들어졌다는 설
도 있다. 종종 왕의 분신으로 여겨져, 왕
의 아내들이 많은 아이를 순탄하게 낳을
수 있도록 하는 역할을 했다고도 한다.

　전통적으로 17세기 중반부터, 각 왕
별로 단 하나의 조각만을 만들었던 것으

**그림 18** 콩고민주공화국, 은가디
암와쉬 마스크, 쿠바 왕국, 19세기
후반 또는 20세기 초반, 미국 하버드
대학 피바디 박물관.

**그림 19** 콩고민주공화국, 쿠바 왕국, 부숑 지혜의 바구니, 킨샤사 국립박물관.

로 알려져 있다. 그러나 현존하는 가장 오래된 쿠바 왕의 조각상은 18세기 초반에 집권했던 미샤 미-시양(Misha mi-Shyaang) 왕의 것이며, 가장 최근의 것은 1939년부터 1969년까지 집권한 엠보페 마빈치 키잉(Mbopey Mabiintsh Kyeen) 왕의 조각상이다.

지혜의 바구니는 쿠바 왕국의 왕이 귀중품을 보관하던 바구니로, 진주와 조개 장식은 쿠바의 특징이라 할 수 있다. 바구니의 내부는 표범의 가죽으로 되어 있으며, 표면은 라피아 천으로 되어 있다. 현재에도 이런 형식의 바구니는 벨트와 함께 추장이 소장하는 물건으로 74년에 보페 나비취(Bope Nabitsh)가 수집한 물건으로 사료된다. 이 바구니는 콧 마비취 마키잉(Kot Mabiintsh makyeen) 왕의 것으로 흰 바구니에 속한다. 쿠바 왕국의 왕은 항상 두 개의 바구니를 갖고 있었는데, 하나는 세대를 거쳐 물려주는 붉은색 바구니이며, 다른 하나는 왕의 관 안에 넣는 흰색 바구니이다. 바구니에 담긴 물건 혹은 바구니 자체가 상징하는 것이 중요한 것이 아니라, 누가 이 바구니를 소유하고 있느냐가 중요하다고 생각되었는데, 달리 말해, 바구니를 소유하고 있는 사람이 지혜롭다는 것을 나타내는 것으로 왕권 과시를 위한 대표적인 예술품이라 할 수 있다.

## 5. 중서부 아프리카 주요 민족들의 일상 예술

지역과 민족별로 서로 상이한 문화적
고유성을 갖고 있지만 아프리카인은
전통적으로 조상 숭배, 자연신 숭배, 통
치자의 신성화, 미래를 예언하는 자에
대한 믿음 등 관습적인 공통점을 갖고
있다. 이런 신앙을 기반으로 바위그림,
신체 장식, 가면 축제, 조각상, 건축물
등 표현력 넘치는 다양한 예술적 전통
이 발전했으며 오늘날에도 계속 유지
되고 있다.

**그림 20** 콩고민주공화국, 19세기
말~20세기 초, 뻰데족의 천 짜는 모습,
킨샤사 국립박물관.

　　자연적 특성, 사회의 성격, 사회집
단이 공유했던 신앙의 성격에 따라 조
금씩 다른 종류의 작품을 볼 수 있다. 특히 작품의 재질에서 가장 큰 차이
점을 보여준다. 숲이 많은 지역에서는 야자나무의 잎인 라피아를 이용하
여 옷감이나 물품을 제작했고, 그렇지 않은 지역에서는 바나나 나뭇잎을
사용했다. 이러한 지리 환경적 차이에 의한 재질의 차이나 작품 종류의 차
이에도 불구하고 대부분의 민족이 공유하는 중요한 요소가 있다. 즉, 성인
식과 장례식 같은 여러 제의, 농경문화, 섬유 제작, 마스크 댄스 같은 민간
신앙 등이 그것이다.

　　섬유 제작에서는 민족마다 다양한 종류의 천짜기가 존재하는데, 라
피아 천은 야자나무가 풍성하게 분포하는 중앙 아프리카 카사이 옥시당
탈(Kasai occidental) 지역과, 뻰데(Pende), 웅고(Wongo), 렐레(Leele),

그림 21 콩고민주공화국, 라피아 실타래, 연대 미상, 킨샤사 국립박물관.

그림 22 중앙 아프리카 지역에서 사용된 라피아로 만든 바구니, 벨기에 테르뷰렌 왕립 중앙아프리카 박물관.

쿠바에서 사용되었다. 특히 렐레에서는, 이 천이 혼수 예물이 될 정도로 고액 화폐와 같은 가치를 지녔으며, 부의 상징이기도 했다. 라피아 천의 제조와 함께 바구니를 짜는 일도 중요한 직업으로 간주되었다.

사회적으로는 마을이 가장 중요한 단위로서 기능했고, 가족 중심의 친족 사회가 발전했다. 세습 제도가 존재하며, 사유재산을 인정하고 금속 품의 가치가 높았다. 오요족의 은둥가(Ndunga) 마스크[그림 23]는 전통 사회에서 어떻게 사회 질서를 유지했는지를 알 수 있게 한다.

은둥가 마스크는 정령을 다스리는 권한을 갖고 있던 바카마(baka-ma)라고 불리던 사람들이 썼던 마스크로이다. 바카마는 오늘날 경찰의 업무와 유사한 일을 담당했다. 즉, 사회 질서를 유지하는 임무를 갖고 있으며 새로운 지도자가 취임할 때나 장례 행사에서 주도적인 역할을 했다. 또한 분쟁에 대해 어려운 판결을 내릴 때 바카마가 반드시 참여해야 했으며, 이

**그림 23** 콩고민주공화국, 은둥가 마스크, 오요족,
바나나 잎과 나무, 킨샤사 국립박물관.

런 행사가 있을 때 두 차례 춤을 추었다. 나무 마스크의 얼굴 형상만으로는
어떤 역할을 했던 은둥가 마스크인지 구별하기 어렵지만, 나뭇가지 묶음
으로 장식된 것으로 보아 쿰부쿠투(Kumbukutu)라는 이름을 가진 마스크
라는 것을 알 수 있다. 마스크의 얼굴은 분노, 공포, 엄격함 등 다양한 감정
을 표현하고 있는데, 종종 희극적이거나 그로테스크하게 표현되는 경향이
있다. 이 은둥가 마스크의 점들은 천연두에 걸린 흉한 상태를 나타낸다. 그
러나 이 얼굴을 보고 웃음을 터뜨리게 되면 바카마에게 매우 호되게 꾸중
을 들었다고 전해진다.

　은둥가 마스크가 사회 질서 유지에 관련된 의미를 갖고 있다면, 야카
(Yaka)족의 마스크는 전통 사회가 공유하는 통과의례로서의 성인식 문
화를 엿볼 수 있게 한다. 콩고민주공화국의 북부에 위치하고 있는 응바카
(Ngbaka)와 응방디(Ngbandi) 지역에는 가자(Gaza)라고 부르는 소년
과 소녀를 위한 성인식이 존재한다. 특히 성인 남성이 되는 소년들의 성
인식은 매우 중요한 행사이다. 키부(Kivu) 지역의 할례 의식은 부코타
(Bukota)라고 부르는 성인식을 담당하는 어른들에 의해 거행되었고, 레
가(Lega)족의 할례는 사회 고위층에 의해 거행되었다. 남서부 반둔두 지

**그림 24** 콩고민주공화국, 야카족 성인식 마스크, 나무와 라피아, 벨기에 테르뷰렌 왕립 중앙아프리카 박물관.

**그림 25** 콩고민주공화국, 성인식의 정령 무쉬키 마스크, 야카족, 나무와 라피아, 킨샤사 국립박물관.

역에서도 소년들의 성년식은 중요한 의식으로 여겨졌는데, 성인식은 소년에서 성인 남자, 즉 무칸다(Mukanda) 또는 은칸다(Nkanda)가 되는 것을 의미한다.

성인식의 내용을 살펴보면, 소년들은 10~15세 사이의 일정한 나이가 되면 마을에서 떨어진 숲속으로 들어가 상징적으로 어린아이로서의 삶을 끝내는 과정을 밟는다. 지역별로 차이가 있지만, 통과의례의 절차는 거의 비슷한 순서로 이루어진다. 즉, 소년들은 마을에서 떨어진 장소로 들어가 할례를 받고 짧게는 몇 개월에서 길게는 몇 년간 그곳에서 생활한다. 그 기간 동안 소년들은 성인 남성이 알아야 할 내용을 교육받는데, 이는 결혼을 준비시키기 위함이다. 마을을 떠나 외지에서 열악한 생활방식을 영위하면서 성인식을 담당하는 어른들에게 절대적으로 복종하는 법을 배우고, 아이를 많이 낳아 가정을 이룰 수 있도록 성교육을 받으며, 사냥하는 방법 등 성인 남성의 삶에서 필수적인 여러 가지 법을 배운다. 성인식의 기간이 끝나고 마을로 돌아오는 순간 마을 사람들의 환대를 받으며 마스

**그림 26, 그림 27** 콩고민주공화국, 야카족 성인식 마스크, 나무와 라피아, 새의 깃털, 킨샤사 국립박물관.

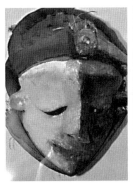

**그림 28, 그림 29** 콩고민주공화국, 음방구 마스크, 뻰데족, 미카노 마을, 킨샤사 국립박물관

크 춤을 추며 통과의례 동안 지낸 장소와 사용했던 마스크를 모두 불태워 없애는 의식을 거행하여 상징적으로 성인식 교육이 끝났음을 기념한다. 야카족의 성인식 마스크는 마스크를 착용했던 소년들의 성격이나 그들과 관련 있는 정령의 모습에 따라 다른 형상으로 장식되어 있다. 성인식 마스크는 사용 후 불에 태우거나 없애는 경우가 대부분이어서, 현재 남아 있는 마스크들이 많지 않다.

음방구 마스크는 젊은이들이 성인식을 마치고 마을로 돌아오면서 축

**그림 30, 그림 31** 콩고민주공화국, 응쿨라(붉은 가루)를 보관하기 위한 나무통, 쿠바 왕국, 나무, 킨샤사 국립박물관. 〈상처내기 장식의 사례〉

**그림 32** 콩고민주공화국, 파리 쫓는 도구 모쇼, 테케족, 킨샤사 국립박물관.

**그림 33** 머리 모양이나 의복, 장신구가 사회적 지위를 나타내는 수단이었던 반면, 피부에 내는 상처 문양은 어느 민족의 사람인지를 나타낼 수 있었던 수단이었다.

제를 벌일 때 사용되는 마스크 중 하나이다. 연극의 공연처럼 이 축제에 사용되는 마스크들은 마을의 추장, 할머니, 점쟁이, 매혹적인 여성, 광대 등 다양한 인물을 나타내는데, 음방구 마스크는 나쁜 주술에 걸린 사람을 나타낸다. 뒤틀린 얼굴은 주술에 걸려 안면신경이 마비되었음을 나타내고, 얼굴의 반은 불로 검게 그을린 모습을 나타낸다. 이 마스크를 쓰고 부르는 노래는 관객들로 하여금 이 사람을 놀리지 말고 연대감을 갖게 하도록 유도하는데, 언제 우리 자신도 불행한 순간을 맞이할지 모르게 때문이라고 노래한다.

성인식이 여러 민족에게서 나타나는 공통적인 제의라면 몸의 예술 역시 흑아프리카 전 지역에서 공통적으로 나타나는 특징이다. 상처내기의 형식으로 몸을 장식하는 이 방식은 피부에 의도적으로 상처를 내어 문양을 새기는 방법을 통해 이루어진다. 상처로 만들어진 이런 문양은 민족과 지역마다 다른 형태를 갖고 있기 때문에 문양의 모양으로 어느 민족 또는 어느 공동체에 소속된 사람인지 알 수 있어 정체성을 표현하는 수단이 되며 동시에 아름다움과 성적 매력을 나타내는 수단이기도 하다. 또한 의복을 대신하는 장식으로 나타나기도 한다.

# 6. 오늘날의 흑아프리카 미술

현대 아프리카의 미술은 매우 다양한 양상으로 나타나고 있기 때문에, 몇 장의 지면으로 그 특징을 기술하는 것은 불가능하다. 현대 미술에서 아프리카 미술을 군이 구별하는 것이 의미가 있는지 의문이 들 정도로 보편적인 현대 미술의 경향에서 벗어나지 않는 특징을 보이는가 하면, 아프리카의 정체성을 부각시키는 작업을 고수하는 작가들도 적잖이 발견할 수 있다. 그럼에도 불구하고 흑아프리카의 현대 미술에서 몇 가지 특징을 찾아볼 수 있을 것이다.

첫째, 전통과 현대의 단절을 언급하지 않을 수 없다. 식민 근대화로 인해 흑아프리카의 많은 국가들에서 전통과 현대의 단절은 뚜렷한 특징으로 나타나며 이는 미술에서도 마찬가지이다. 관광객을 상대로 하는 기념품에 가까운 미술이라 하여 '공항 미술'이라 부르는 모조품 제작이 계속되는 가운데 전통적 생활방식을 유지해 살아가고 있는 지방의 소수 민족 공동체에는 여전히 전통적 방식을 이용한 예술품이 생산되고 있다. 현대 미술은 이와는 완전히 대조적으로 사진과 회화와 같이 식민 시대 유럽을 통해 들어온 새로운 표현 방식에 영향을 받아 여느 서양의 현대 미술과 다르지 않은 모습으로 발전하고 있다. 둘째, 식민 이후의 복잡한 아프리카의 오늘을 상기시키며 아프리카의 정체성을 강조하는 작업이 현대 작가들의 주요 주제로 자주 등장한다. 마지막으로, 공산품이 귀한 아프리카의 현실로 인해 폐품을 재활용해 작품을 만드는 현대 작가들을 많이 볼 수 있다. 오늘날의 아프리카 미술은 몇 가지 사례를 중심으로 다양성과 역동성, 남아 있는 문제에 대해 고찰하고자 한다.

## 1) 사진 예술의 발전

사진은 흑아프리카에서 매우 특별한 매체이다. 19세기 유럽에서 사진이 발명되자마자 효율적인 식민 지배를 위한 연구의 대상이었던 아프리카는 초기 사진의 피사체로 등장하기 시작했다. 1847년 아프리카를 여행한 샤를 길랭(Charles Guillain)이 최초의 사진기인 다게레오타입으로 찍은 아프리카인의 초상 사진에서부터 20세기 중반 식민지 탐사 정책으로 파견된 여러 지식인이 아프리카에서 찍은 사진에 이르기까지 이 사진들은 식민 통치하의 아프리카에서 사진이란 매체가 어떤 역할을 했는지 알 수 있게 해준다. 자연히 이런 배경에서 사진 기술은 아프리카인에게도 매우 빨리 전해졌다. 식민 지배 시기에도 부르주아 아프리카인은 초상 사진이나 가족 사진 등을 즐겨 찍었고 점차 스튜디오에서 촬영하는 사진이 일상에 자리 잡게 되었다. 약 1870년대부터 오늘날까지 가족 사진, 파티 사진 등 일상의 대소사를 사진으로 남기는 것이 아프리카에서는 흔한 일이 되었다. 이처럼 사진은 친숙한 매체로 자리 잡았기 때문에 오히려 오늘날 예술로서의 가치를 인정하는 것이 어려운 실정이다.

초상 사진으로 유명한 세네갈의 사진작가 마마 카세(Mama Casset)도 처음엔 식민 시기에 사진관에서 스튜디오 사진을 찍던 경력으로 사진 기술을 접하기 시작해 작고한 후에야 사진작가로서 이름을 알렸다. 말리의 작가 세이두 케이타(Seydou Keita)는 아프리카 부르주아의 일상을 담는 사진사로 작가로서의 경력을 시작했다. 이 모든 사진 작업은 예술 작품으로 받아들여지기 이전 식민 시기 아프리카인의 일상사를 알 수 있게 해주는 중요한 문화인류학적 자료로서 유럽에서는 1990년대 이후 연구되었다. 대표적으로 알랭 두그(Alain D'Hooghe)와 장 프랑수아 베르네(Jean François Werner)의 연구가 식민의 폭압적인 환경에서 초상 사진과 가족 사진이 아프리카인의 정체성 회복을 위한 이미지로 어떤 역할을 했는지를 보여주었다.

독립 이후 프랑스어권 아프리카 국가들이 스스로에 대한 시선을 구축하기 위해 노력하는 과정에서 사진은 매우 중요한 역할을 했다. 그러나 독립 후의 공간, 그 안에서의 일상을 담아 보이는 현대 아프리카의 사진작업들에서는 카오스의 도시, 게토, 떠도는 사람들의 모습 등 불완전한 근대화로 인한 혼돈과 같은 포스트콜로니얼 시대의 징후들이 엿보인다. 이 같은 양상은 현대 아프리카 사진계에서 명성을 얻고 있는 즈웰레투 음테트와(Zwelethu Mthethwa)의 작업이나 우체 옥파 이로하(Uche Okpa Iroha)의 작품에 잘 나타나는데, 그들은 대도시 변두리의 게토의 모습, 혼란 그 자체인 도시 풍경을 작품의 주요 주제로 다루고 있다. 스스로의 이미지를 회복하기 위한 자화상에서 아프리카의 모습은 변모하고 꿈틀대면서도 포스트콜로니얼 시대의 좌절과 환멸이 드러나고 있다. 세네갈의 부나 메둔 세예(Bouna Medoune Seye), 코트디부아르의 도리스 아롱 카스코(Dorris Haron Kasco) 등 흑아프리카 작가들의 사진 작업은 이러한 혼

그림 34 도리스 아롱 카스코, 〈아비장의 광인들〉 시리즈, 흑백 사진, 1994.

**그림 35** 부나 메둔 세예, 〈다카르 해안,
통나무배를 타고 가는 이민〉, 컬러 사진, 2013.

적을 잘 담아내고 있다.


## 2) 콩고민주공화국의 민중회화

현재 아프리카 현대 회화에서 가장 유명한 작가 중 한 명으로 꼽히는 쉐
리 삼바(Chéri Samba)는 팝아트, 포스터, 만화나 일러스트레이션을 연상
시키는 독특한 스타일의 회화를 추구하고 있는데, 그러한 화풍은 그의 경
력과 깊은 관련이 있다. 콩고민주공화국의 한 마을에서 광고판을 채색하

그림36 킨샤사 거리에서 볼 수 있는 벽화들, 2013.

그림37 쉐리 삼바, 〈에이즈는 10년이나 20년이 지나야 치료 가능할 것이다〉, 1997.

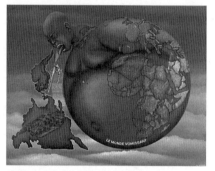

그림38 쉐리 삼바, 〈구토하는 세계〉, 캔버스에 아크릴, 200센티미터×240센티미터, 2004.

는 민중화가의 견습생이었던 삼바는 그림에 뜻을 두고 수도 킨샤사에 아틀리에를 열었다. 초기의 작업은 밀가루 포대자루를 이용한 회화 작품이 주를 이루었는데, 1980년대 유명한 간판 작가로 이름이 알려지면서 아크릴 물감과 캔버스를 사용하기 시작했다. 콩고민주공화국에서는 오늘날까지 상점의 간판이나 도시의 안내판은 모두 손으로 직접 그림을 그려 넣기 때문에 삼바의 작업과 같은 민중회화를 킨샤사 전역에서 쉽게 발견할 수 있다.

이와 같은 민중회화는 일상생활의 필요에 의해 발생한 아프리카 회화의 독특한 장르이다. 킨샤사의 시내에서 볼 수 있는 작은 상점들의 간판들은 모두 민중화가의 손에 만들어졌다. 간판을 만들 수 있는 재료가 부족한 상황에서 솜씨가 좋은 작가들이 판지나 포대자루에 상점에 붙일 수 있는 그림을 그려주는 일을 했으며, 이름난 간판 화가들에게는 주문이 쇄도하곤 했다.

쉐리 삼바의 작업은 1989년에 파리 퐁피두센터에서 열린 세계 현대미술전 '땅의 마술사들(Magiciens de la Terre)'을 통해 전 세계에 알려졌다. 그는 아프리카 작가로서는 최초로 그림에 텍스트를 넣어 작업을 했으며, 아프리카 대중예술풍의 회화에 텍스트를 이용한 강한 메시지를 조합시켜 아프리카의 문제와 문화 정체성을 명확히 표현하고자 했다.

쉐리 삼바나 모케(Moké) 같은 콩고민주공화국 출신의 화가들은 모두 간판을 그리던 민중화가로 우리나라 옛 극장 간판을 그리는 사람과 비교할 수 있다. 쉐리 삼바는 눈길을 끄는 강렬한 색채, 만화와 유사한 그림, 텍스트를 이용한 표현 방식 등 간판화에서 볼 수 있는 민중회화적 요소들을 이용하여 독특한 작품세계를 구축해가고 있다.

## 3) 폐품 예술

베냉의 젊은 작가 호뮤알드 아주메(Romuald Hazoume)는 식민주의의 노예제의 희생자를 기리며, 또한 그 후에도 계속되고 있는 아프리카 이민자들의 비참한 상황을 환기시키며 폐석유통을 이용해 현대판 아프리카 마스크라 할 수 있는 독창적인 작품들을 보여준다. 쓰레기 아티스트라고 불리는 아주메는 버려진 플라스틱 석유통을 변형시켜 마스크를 만드는데, 거기에는 토속신앙, 전통문화, 아프리카의 고유한 정신이 담겨 있으며 현대 아프리카의 사회적·역사적 문제에 대한 성찰을 보여준다. 그에게

**그림 39** 호뮤알드 아주메, 〈왕의 입(Bouche Roi)〉 중 다섯 개의 마스크, 1997년부터 제작, 폐석유통과 각종 재활용 제품

쓰레기 마스크의 제작은 신성 파괴에 가까운 작업이라기보다는 재활용된 쓰레기 같은 아프리카의 현실을 아프리카적 표현 방식으로 형상화해내는 작업이라고 볼 수 있다.

아주메는 1997년부터 무려 300여 개의 마스크를 제작했는데, 이 시리즈는 지금까지도 완결되지 않은 프로젝트로 진행되고 있다. 그는 아메리카 대륙에서 신대륙을 향해 노예운송선의 선창에 줄지어 앉아 아프리카 대륙을 떠나는 흑인 노예들을 표현하기 위해 마스크를 바닥에 쌓아 전시했다. 그는 인터뷰에서 이 작품은 궁극적으로 과거의 노예를 말하고자 함이 아니고 오늘날의 노예를 말하기 위함이라고 강조하면서, 아프리카 인을 죽이는 것은 아프리카의 '왕들의 입'이라며, 자기 배를 불리기 위해 국민을 팔아먹는 부패한 지도자들의 아프리카를 비판했다.

그의 작업에 이용한 폐 석유통은 사회적 맥락에서 특별한 의미를 지니고 있다. 특히 베냉의 포르토 노보(Porto-Novo)에서 석유통은 특히 상징적인 물건이다. 차를 갖고 있는 베냉 사람들의 90퍼센트가량이 불법 밀매 석유를 소비하고 있으며 그것을 운반하는 도구가 바로 이 폐석유통이기 때문이다. 이것은 밀매 석유 판매로 살아가는 수많은 베냉 사람들에게 생업의 수단이자 월급을 상징하기도 하고 생존을 위해 필수적인 물건으로서의 의미를 갖는다. 아주메는 밀매업자들이 과거 노예 주인이 자신의 노예들에게 표시를 하듯이 폐석유통에 자기 소유의 물건임을 표시하는 데서 영감을 얻어 폐석유통을 이용해 노예를 표현했다.

이와 같이 폐품을 이용한 예술은 아프리카 현대 미술에서 두드러지게 나타나는 경향으로, 회화나 설치 예술 등의 재료를 구하기 어려운 현실에서 작가들은 쓰레기를 재활용해 종이 박스에 그림을 그리거나 병뚜껑, 폐 석유통, 버리는 철사조각 등을 이용해 작업하는 것을 쉽게 발견할 수 있다. '재활용 아프리카 미술(Art africain recyclage)'이라는 용어가 만들어질 정도로 이 장르의 예술이 발전했다. 대표적인 작가로는 호뮤알드 아주메와 함께 가나의 엘 아나추이(El Anatsui) 같은 작가를 꼽을 수 있다.


## 7. 남아 있는 문제들

친족과 마을 중심의 흑아프리카 전통 사회가 만들어냈던 공동체의 미술, 효용성의 미술은 현대에 이르러 도시 간판 화가의 민중회화, 폐기름통을 다시 활용해 옛 마스크를 재해석하는 미술로 발전하고 있다. 식민 시대 아프리카인의 '원시성'을 담았던 사진은 점차 아프리카 부르주아의 초상 사진에서 식민 이후 혼란스러운 근대화를 숨기지 못하는 도시 풍경 사진으로 변화하면서 아프리카가 스스로의 이미지를 구축하는 데 중요한 역할을 하고 있다.

이렇듯 아프리카 미술의 스펙트럼은 광범위하고 역동적이며 이질적인 전통과 현대가 공존하면서 나름의 조화를 만들어내고 있다. 아프리카 미술이 앞으로 어떻게 나아갈지에 대해서는 많은 질문과 문제가 제기되고 있으나, 현대 미술의 화두가 되면서 아프리카의 정체성을 새롭게 그려내고자 하는 시도가 계속되고 있음을 이해해야 한다.

아울러 아프리카 미술의 다양성과 역동성을 이해하고 아프리카 예술의 현재와 미래를 전망하기 위해서는 세네갈의 다카르 비엔날레와 말리의 바마코 사진 비엔날레 등 아프리카 대륙에서 자발적으로 이루어지고 있는 예술의 장 및 세계와의 통로를 관심 있게 지켜보는 것이 필요하다.

# 참고 문헌

Amselle, Jean-Louis, 2005, *L'art de la friche, essai sur l'art africain contemporain*, Flammarion.

Anta Diop, Cheikh, 2000(1981), *Civilisation ou Barbarie: Anthropologie sans complaisance*, édition Présence Africaine.

Bernadac, Marie-Laure, 2005, *Africa Remix, l'art contemporain d'un continent*, catalogue d'exposition, Centre Pompidou.

Busca, Joëlle, 2000, *L'Art contemporain Africain: du colonialisme au postcolonialisme*, coll. ⟨Les arts d'ailleurs⟩, l'Harmattan.

Busca, Joëlle, 2000, *Perspective sur l'art contemporain Africain: 15 artistes*, coll. ⟨Les arts d'ailleurs⟩, l'Harmattan.

Domino, Christophe et Magnin, André, 2005, *L'art africain contemporain*, éditions Scala.

Falgayrettes-Leveau, Christiane(sous dir.), 1995, 2000, 2006, *Masques, suivi d'un texte de Leo Frobenius [1898]*, Musée Dapper.

Falgayrettes-Leveau, Christiane(sous dir.), 2004, *Signe du corps*, Musée Dapper.

Gaudibert, Pierre, 1994(1991), *Art africain contemporain*, coll. ⟨Diagonales⟩, éditions Cercle d'Art.

Hazoumé, Romuald, 2006, *La Bouche du Roi*, catalogue d'exposition, édition du Quai Branly/Flammarion.

Joubert, Hélène, 2006, *L'Art africain*. Scala.

Ouedraogo, J.-B., 2002, *Arts photographiques en Afrique*, L'Harmattan.

Paudrat, Jean-Louis, 2006, "Presence africaine dans les ateliers d'artistes," *D'Un regard l'Autre*, Coédition musée du quai Branly – RMN.

Pierrat, Emmanuel, 2008, *Comprendre l'art africain*, édition du Chêne/Hachette-Livre.

Visona, Poynor, Harris Cole, Blier Abiodun, 2001, *A history of Art in Africa*, Prentice Hall, Inc.

Willet, Frank, 1994(1971), *L'Art africain*, Thames & Hudson SARL.

*D'un regard l'Autre*, catalogue d'exposition, Coédition musée du quai Branly – RMN, 2006.

# 프랑스어권 흑아프리카의 딜레마

1975년 가봉의 오마르 봉고 대통령이 방한했다. 이른바 제3세계 외교의 성과였다. 그러나 아직까지 가봉을 포함해 프랑스어권 흑아프리카는 우리의 관심을 크게 끌지 못하고 거의 생소하게까지 느껴지는 것이 사실이다. 그나마 영어권 흑아프리카는 우리나라가 사실상 영어권이라서 그런지 여행기나 봉사활동 체험기가 자기계발서의 형식으로 가끔 출간되어 세간의 관심을 끌기도 한다. 반면에 프랑스어권 흑아프리카는 어쩌다가 신문이나 텔레비전에 보도될 때, 가령 세네갈이나 카메룬 또는 말리와의 국가대표팀 축구경기가 중계될 때 또는 코트디부아르가 월드컵 본선에 진출할 가능성이 스포츠 뉴스로 부각될 때 반짝 호기심을 일으킬 뿐이다. 하기야 미술이나 음악 분야에서 흑아프리카 전통 조각이나 리듬의 영향에 주목하기는 한다. 그러나 이것은 군이 프랑스어권 흑아프리카만의 것이라고 볼 수 없다. 거기가 어떤 곳인지 물으면 대개 에이즈, 학살, 부족 갈등, 빈곤, 국제 원조 등 거의 흑아프리카 전역에 해당되는 언급에서 더 나아가지 못하는 것이 일반적이다. 국제관계 또는 세계질서의 큰 틀에 끼워 맞춰서만 겨우 이해가 가능한 실정이다. 그러니만큼 일천한 이해의 풍토를 이겨내고 여러 영역에 대한 최선의 이해를 제시하는 작업이 요구된 지 오래이다. 이제 자그마한 결과들이 책으로 묶여 나왔다. 이는 프랑스어권 흑아프리카에 대한 몰이해를 극복하는 첫걸음이 될 것이다.

1885년 2월 26일 폐막한 베를린 회담은 영국, 프랑스, 독일, 포르투갈, 벨기에, 이탈리아에 의한 아프리카 식민지화의 출발점이었다. 프랑스는 서아프리카 프랑스회사(CFAO), 아프리카 서부 상사(SCOA)를 세워 수탈을 본격화했다. 다른 한편으로 프랑스는 여타의 국가들과는 달리 프랑스어 학교를 세워 동화정책을 시행했다. 그래서 식민지였다가 독립한 나라의 일반적인 근대화 과정, 즉 '식민지 경험-독립-부패와 독재'로 요약되는 과정에 프랑스어 상용이 더해진 것이 오늘날의 프랑스어권 흑아프리카라고 말할 수 있다.

이 지역의 입장에서 보면 프랑스어는 강요된 것이긴 하지만 상처뿐인 독립의 와중에서 얻은 유일한 전리품으로 간주될 수 있다. 그런 만큼 국제화의 도구로 선용할 여지가 없지 않다. 그렇지만 프랑스어 배후에는 프랑스어권이라는 신식민주의 제도가 있다. 식민지 지배국이었던 프랑스의 영향력은 건재하고 있다. 프랑스어권이라는 명칭의 이면에 식민주의의 잔재, 심지어는 더욱 세련된 식민지화 전략이 감춰져 있다는 것을 부인하기는 어렵다. 과거의 식민지 경험은 지나가지 않았다. 정치적으로 독립했지만 종속의 구조는 여전히 존속한다. 사회의 전 부문에서 자주성의 확립을 위한 줄기찬 노력이 절실히 요구된다. 여기에서 기억의 욕망, 기억의 의무가 비롯한다.

반면에 프랑스의 입장에서 보면, 식민지 지배의 기억을 은폐하거나 식민지화를 역사에서 주변화하려는 경향이 없지 않다. 게다가 이 지역에서도 독립 이후에는 정치권력의 부패와 독재로 인해 사회 전체가 병드는 것이 더 크고 더 시급한 문제로 대두했다. 흑아프리카 사회가 부와 권력을 다투는 과정에서 근대 개인주의와 이기심의 증대하는 영향 아래 불행히도 산산조각 난 것이다. 그렇다고 식민지화 이전의 전통으로 돌아갈 수 없다. 전통 문화의 힘만으로 전반적인 사회의 모순을 극복하려는 발상은 달걀로 바위를 깨려는 것과 같다. 이처럼 프랑스어권 흑아프리카는 기억과 역사 사이, 전통과 근대성 사이의 깊은 심연에서 어느 쪽으로도 나아가지 못하고 오랫동안 허우적거려야 할지 모른다.

이와 같은 암울한 전망은 예컨대 모순이 첨예화하는 1990년대에 르완다에서 일어난 집단학살(민족말살)에 의해 뒷받침된다. 이 사건의 원인은 투치족에 대한 후투족의 느닷없는 분노가 아니었다. 그것은 후투족 과격파 엘리트에 의해 오랜 시기 동안 준비된 작전이었다. 그 목적은 어떤 경우에도 권력을 나누어 갖지 않고 자기들만의 것으로 영속화하려는 데 있었다. 이 사건의 가장 참혹한 결과는 여성에게서 뚜렷이 드러났다. 국제연합의 통계에 의하면, 르완다 집단학살에서 살아남은 여성 중 80퍼센트가 성폭행을 당했고 절반 이상이 에이즈에 걸렸다. 1994년의 90일 동안 25만에서 50만 명의 여성이 강간당했고 1만 5천여 명의 여성이 임신했다. 작전에 따라 병사들이 성의 포식자로 변한 것이다.

이 사례는 프랑스어권 흑아프리카의 한 나라가 잘못 출발했고 거짓과 음모와 부패로 얼룩졌다는 사실을 여실히 보여준다. 실제로 프랑스어권 흑아프리카 사회는 국가에 따라 정도의 차이는 있겠지만 일당독재, 부족주의에 기반을 둔 떼거리 정치, 군대의 매수가 횡행했다. 이로 인한 빈곤, 폭력, 밀고, 부패, 전횡이 상존했다. 대다수의 희생에 기반을 둔 일부의 권력 독점이 일상적으로 악의 씨앗을 퍼뜨렸고, 극단적으로 말해서 나라 전체가 거대한 강제수용소, 이른바 '열대의 강제노동수용소'로 변모했다.

한편으로는 준비 없이 퍼져버린 자본주의로 인해 속물근성, 출세욕, 전통의 망각이 팽배해졌고, 다른 한편으로는 봉건적 사고방식이 여전히 광범위하게 존속했다. 이 와중에서 매춘, 빈곤, 실업, 풍속의 전반적인 타락이 조장되었고 사회는 모든 것이 매매될 수 있는 시장바닥 같은 것이 되었다. 이처럼 부패와 독재로 얼룩진 병든 프랑스어권 흑아프리카 사회는 그야말로 표류하는 난파선처럼 보인다. 더 심하게 말하면 '덴마크는 감옥'이라는 햄릿의 대사처럼 정의를 주장하다가 부족주의에 희생된 수감자 수백 명이 자신의 배설물을 뒤집어쓰고서 허우적거리며 죽음만을 기다리는 감옥 같은 곳으로 여겨진다.

개인의 배움에 시간이 걸리듯, 국가의 근대화 수업에도 시간이 필요하다. 문화의 교차로니 도가니니 하는 표현은 현실의 혼돈, 혼란, 불확실을 호도할 위험성이 있다. 두 정체성의 마주침과 관련해 호미 바바가 역설하는 잡종성 또는 복합 상태는 최종적인 목표일 수는 있어도 기본적으로 과정상의 암담한 현실이 간과될 여지를 내포하고 있다. 이 수업의 관건은 문화들 사이의 소통을 넘어선 차원에 놓여 있다. 이 수업에서 핵심은 식민지 기억의 재해석, 과거를 정확히 알고 새롭게 보고자 하는 필요와 의지이다. 달리 말해 정복자의 우월성을 전제하고 식민지 주민은 열등한 것으로 규정하는 식민지 가치체계를 뒤집어엎는 사고방식의 확산이다.

이를 위해서는 잘못된 근대화 과정을 가슴 아리게 곱씹는 것이 필수적이다. 물론 누구나 현 흐름에 묻어간다. 아무리 잘못된 것일지라도 근대화의 물결에 휩쓸려가는 수밖에 없는 측면이 있다. 그러면서도 이게 아니라는 의식, 그리고 무엇이 제대로 된 근대화이고 이를 위해서는 어떻게 해야 하는가를 끈질기게 모색하는 태도가 절실히 요구된다. 오직 이 관건에 대한 오랜 숙고를 통해서만 전통적인 가치체계의 완전한 이해와 근대성으로의 개방이 맞물리는 어떤 변증법적 해결의 실마리를 붙잡을 수 있을 것이다.

사회와 정치에 뿌리를 내리지 않거나 삶의 장면들에 대한 깊은 경험을 담아내지 못하는 글은 엄정하게 말해서 글이 아니다. 그리고 실재의 장소는 언제나 상상의 장소와 맞물리게 마련이다. 또한 이 사이에 글 쓰는 사람의 무의식에 상응하는 제3의 관념, 즉 내면의 관념이 개입한다. 이처럼 세 가지 요소를 아우르는 글쓰기에 의해 변화 가능성의 세계라는 특수한 공간이 열린다. 이 공간에서는 타자의 차원이 결정적인 역할을 하지만 이와 동시에 자기의 재구성도 이루어진다. 어떤 곳이건 그 정신 또는 진수는 바로 이 언어의 공간에 있다고 말할 수 있다.

타자와의 진정한 마주침도 바로 이 공간에서 일어나는 것이 아닐까? 아프리카의 '우분투(ubuntu)' 정신, 서로를 위해 살고 있다는 정신의 이해, 그곳 사람들과의 솔직한 대화도 이 공간에서야 가능해지지 않을까? 프랑스어권 흑아프리카라는 지역의 정수도 이런 방식으로 파악되는 것이 아닐까? 왜 프랑스어권 아프리카를 연구하는가? 이 물음에 대해 패권과 자원을 위해서가 아니라고 대답할 수 있을 때 비로소 온갖 부조리와 고통 속에서도 웃음과 유머를 잃지 않을 타자의 향기를 느낄 수 있게 되지 않을까?

프랑스어권 흑아프리카 사람들의 의혹 어린 시선을 떨쳐버리고 이 지역과 진정성 있는 관계를 맺으려면 이러한 대화의 정신을 출발점으로 삼을 필요가 있다. 이 책에 실린 글들은 하나같이 우리와 프랑스어권 흑아프리카 사이의 사심 없는 대화에 입각해 있고 그런 만큼 지역 연구의 새로운 지평을 열어젖힐 기운을 함축하고 있는 것으로 평가하고 싶다. 또한 이 책의 필자들은 저마다 자기 이해의 관점에서 프랑스어권 흑아프리카의 특성을 분야별로 충실히 보여주고 있다. 이는 18세기 프랑스의 위대한 철학자 디드로가 말한 대로 '펜을 든 정직한 사람'의 할 일, 즉 "미덕을 사랑받을 만한 것으로, 악덕을 가증스러운 것으로 만들고, 가소로운 것을 부각시키는" 일에 전혀 소홀함이 없었던 덕분일 것이다.

끝으로, 이 책의 각 필자가 들려주고자 한 프랑스어권 흑아프리카 사람들의 육성이 있다면, 그것은 무엇일까 생각해본다. 일단은 광범위한 부족주의의 끊임없는 폐해를 비롯한 근대화의 고통이 역설적으로 새로운 근대화 방식 및 지역 질서의 창출에 이바지할 것이라는 작지만 강한 목소리이다. 이는 개인의 존엄성을 훼손하지 않고 빈부 격차를 줄이고 윤택하지는 않지만 행복한 삶을 보장하는 방안의 구상과 다름없다. 더 나아가 국가주의의 한계에 대한 극복의 열망이 근대화의 딜레마로 말미암을지 누가 알겠는가! 모순의 강도가 더 높고 희생이 훨씬 더 많음으로 해서 오히려 해결의 빛을 끌어낼 가능성이 더 많지 않겠는가!

아프리카의 미래는 어둠 속에 빛이 잠재된 형국이라고, 어둡고도 밝다고 단언할 수 있다. 이에 덧붙여 폭력성은 덜해 보이지만 천박하기는 훨씬 더한 한층 세련된 자본주의 풍토 및 전근대적 부족주의의 잔재에 대한 경고의 목소리도 울려나오는 듯하다. 이 경고의 목소리에 뒤이어, 누구나 희망을 잃을 수는 있지만 누구도 희망을 잃게 할 권리는 없다는 절규의 목소리도 들려온다. 또한 강대국 위주의 세계 질서를 살아내면서, 『전쟁과 평화』에서 포로로 끌려가는 피에르 베주코프처럼 "삶의 부당한 고통까지도 포함하여 삶을 사랑해야 하리라"고 속삭이는 듯하다. 이러한 말들을 듣게 해준 이 책의 필자들에게 그리고 이 육성의 주인공들에게 우리는 감사해야 할 것이다.

# 글쓴이 소개(글 게재순)

## 이영목

학력: 서울대학교 불어불문학과 졸업

　　　서울대학교 대학원 석사 졸업, 동대학원 박사과정 수료

　　　프랑스 파리7대학 문학과 불문학 박사

현직: 서울대학교 인문대학 불어불문학과 교수

박사학위논문: 「백과전서 시기의 디드로의 정치사상의 원칙」(1999)

저서: 『프랑스어권연구』(한국방송통신대학교, 2010)

논문: 「문화다양성, 인간의 기본권, 톨레랑스」(2007)

　　　「정치적 정체성과 상상력: 알베르 메미와 아쉴 음벰베의 경우」(2011)

　　　「파농의 문제적 정체성: 알베르 메미의 '파농의 불가능한 삶'의 비판적 독서」(2013)

　　　「소설, 공간, 정치: 모하메드 딥의 '알제리 3부작'의 공간 묘사」(2013) 등

## 오은하

학력: 서울대학교 불어불문학과 졸업

　　　서울대학교 대학원 석사 졸업

　　　프랑스 파리3대학 불문학 박사

현직: 인천대학교 불어불문학과 교수

박사학위논문: 「장 폴 사르트르의 소설 속의 여성 인물들」(2011)

논문: 「식민주의, 언어, '프랑스어권' 흑아프리카」(2011)

　　　「『알토나의 유폐자들』의 부재하는 어머니」(2012)

　　　「사르트르의 시선과 관계의 윤리: 『구토』에서 『자유의 길』로」(2013)

　　　「아니 에르노의 '평평한' 글쓰기: 계층 이동의 서사, 『자리』와 『한 여자』」(2013) 등

## 노서경

학력: 서울대학교 불어불문학과 졸업

　　　서울대학교 대학원 서양사학과 박사

현직: 서울대학교·강릉원주대학교 강사

박사학위논문: 「프랑스 노동계급을 위한 장 조레스의 사유와 실천(1885-1914)」

저서: 『지식인이란 누구인가』(책세상, 2001)

역서: 이브 라코스트, 『이븐 할둔: 역사의 탄생과 제3세계의 과거』(아마, 2012)

　　　쥘리앙 방다, 『지식인의 배반』(이제이북스, 2013)

**이규현**

학력: 서울대학교 불어불문학과 졸업

　　　서울대학교 대학원 석사 졸업

　　　서울대학교 불문학 박사

현직: 덕성여자대학교·서울대학교 강사

박사학위논문: 「기욤 아폴리네르의 想像 世界 研究:『알콜』과『칼리그람』을 중심으로」(1994)

저서:『한국근대문학의 프랑스문학 수용』(공저, 서울대학교 출판문화원, 2009)

논문: 「경계인의 공간-잇시아 제바르의 〈스트라스부르의 밤들〉을 중심으로」(2012) 등


**심재중**

학력: 서울대학교 불어불문학과 졸업

　　　서울대학교 대학원 석사 졸업

　　　서울대학교 불문학 박사

현직: 서울대학교·서울여자대학교·상명대학교 강사

박사학위논문: 「르네 샤르, 역설의 시학」(1995)

역서: 엘렌 달메다 토포르,『아프리카: 열일곱 개의 편견』(공역, 한울, 2010) 등

논문: 「콩고의 작가 치카야 우탐시: 폭력적 현실과 의식의 착종」(2011)

　　　「미그리튀드, 혼종적 정체성의 미로」(2012) 등


**강초롱**

학력: 서울대학교 불어불문학과 졸업

　　　서울대학교 대학원 석사 졸업

　　　프랑스 파리7대학 현대문학과 불문학 박사

현직: 서울대학교·중앙대학교·명지대학교·상명대학교 강사

박사학위논문: 「시몬 드 보부아르의 자서전 담론: 여성적인 것에 대한 글쓰기, 주체성 그리고 상호주체

　　　성」(2010)

논문: 「에고트립 랩에 나타난 공동 발화행위로서의 서술전략」(2012)

　　　「시몬 드 보부아르의『피뤼스와 시네아스』: 윤리적 실존주의의 밑그림」(2013) 등

**김태희**

학력: 홍익대학교 불어불문학과 졸업

　　　프랑스 파리1대학 영화학 박사

현직: 한국외국어대학교 강사

박사학위논문: 「'시네마토그라프', 로베르 브레송에게 있어서 우연의 아이러니컬한 글쓰기」(2005)

저서: 『영화이론과 연출』(만남출판사, 2008)

논문: 「영화기법과 모럴의 문제」(2008)

　　　「프랑스의 'X등급' 영화 심의 제도」(2010)

　　　「영화의 예술성에 대한 최초의 법적 판단사례 연구」(2013) 등


**심지영**

학력: 서울대학교 불어불문학과 졸업

　　　프랑스 파리1대학 미술사학과 학사 졸업

　　　프랑스 파리7대학 현대문학과 석·박사

현직: 아주대학교 불어권협력센터 전임연구원, 방송통신대학 강사

박사학위논문: 「화가들의 일러스트레이터, 호안 미로(Joan Miro): 동양의 관점에서」(2009)

논문: 「프레데릭 브륄리 부아브레: 아프리카 베테문자의 발명과 역사 그리기」(2010)

　　　「교과서를 통해 본 세네갈의 프랑스어 교육」(2011) 등

서울대학교 불어문화권연구총서 2

# 검은, 그러나 어둡지 않은 아프리카
프랑스어권 흑아프리카 연구의 이해

2014년 4월 7일 초판 1쇄 발행
2015년 12월 30일 초판 2쇄 발행

지은이 이영목·오은하·노서경·이규현·심재중·강초롱·김태희·심지영
펴낸이 윤철호, 김천희
펴낸곳 (주)사회평론아카데미

편집 이선엽, 고하영
표지 본문 디자인 김진운
본문 조판 디자인 시
마케팅 박소영

등록번호 2013-000247(2013년 8월 23일)
전화 02-2191-1133
팩스 02-326-1626
주소 121-844 서울특별시 마포구 월드컵북로12길 17(1층)

ISBN 979-11-85617-04-6 93930

이 논문 또는 저서는 2007년 정부(교육과학기술부)의 재원으로 한국연구재단의 지원을 받아 수행
된 연구임 (NRF-2007-361-AL0016).
This work was supported by the National Research Foundation of Korea Grant
funded by the Korean Government (NRF-2007-361-AL0016).